ZHISHI JIUSHI KUAILE
JIAOSHI ZHUANYE CHENGZHANG DE KECHENG YU GUSHI

知识就是快乐

教师专业成长的课程与故事

陈彩燕◎著

广东高等教育出版社
Guangdong Higher Education Press
·广州·

图书在版编目（CIP）数据

知识就是快乐：教师专业成长的课程与故事/陈彩燕
著. —广州：广东高等教育出版社，2017.11
ISBN 978 - 7 - 5361 - 5963 - 1

Ⅰ.①知⋯ Ⅱ.①陈⋯ Ⅲ.①师范大学 - 人才培养 - 文
集 Ⅳ.① G658.3 - 53

中国版本图书馆 CIP 数据核字（2017）第 163268 号

出版发行	广东高等教育出版社
	地址：广州市天河区林和西横路
	邮政编码：510500　电话：（020）87554152　87551163
	http://www.gdgjs.com.cn
印　刷	佛山市浩文彩色印刷有限公司
开　本	787 毫米 ×1 092 毫米　1/16
印　张	17.75
字　数	330 千
版　次	2017 年 11 月第 1 版
印　次	2017 年 11 月第 1 次印刷
定　价	42.00 元

序 一

黄甫全

很高兴看到陈彩燕研究员以《知识就是快乐——教师专业成长的课程与故事》为名，整理多年的成果结集出版。这是迟来的作品，我欣然为之作序。

多年前我曾经上过陈彩燕的课和指导过她的论文。1996年她在岭南师范学院（原湛江师范学院）教育系任教时攻读硕士研究生课程班，我给这个班讲授《课程与教学论》。课余，她喜欢带着问题和我探讨。后来，她来到广州，做了一段时间的记者、编辑，时时写些随笔、短评类文章，并每期寄给我。2001年，她通过全国统考，入读华南师范大学课程与教学论专业，成为一个全日制硕士研究生。学术是个人思想史与生活史的展开，她的成果带有其个人丰富的深刻的生活体验。文如其人，人如其文。就我所知，想谈谈对其人其文其事的理解。

陈彩燕有理想，带着深沉的情感情怀信守初心。志存高远，成就了她读大学的一段传奇经历，支撑了她从中师生和小学教师到博士、研究员的历程，"知识就是快乐""远方的追求"是她的课程与成长故事。这点大家从她的自序中也可以看出来。她在攻读硕士研究生阶段，有几件事给我印象尤为深刻。

一是她作为硕士研究生发表了多篇较高水准的课程理论学术论文。其中之一是在《华东师范大学学报（教育科学版）》上发表《知识就是快乐——一种关于幸福的知识价值观及其课程新形态》一文。这是非常难得的。该文从她本人的读书体验出发，基于人类的知识生存方式及知识价值观的发展，阐释了"知识就是快乐"的意义，并提出实现"知识快乐观"的课程新形态——学习化课程。该论文也集中体现了她的研究特点，基于个人生活体验并置于一定的理论范畴去提出问题和建构观点。课程基本理论部分的其他文章如《论整合课程与分科课程的并存关系》《自我课程策划：意义、可能性及其实现》《课程·视野·发展——对课程价值的阐释》《经验课程中的知识——关于轻视知识倾向的讨论》等，体现了她对课程问题的深刻研究与创新追求。这些论文都是在最新一轮基础教育课程改革的背景下形成的，有很强的现实针对性；提出"自我课程策划"概念，引进"视野"概念阐释课程价值，在国内亦属少见。

二是她对教师发展问题的敏感性。2001 年 9 月刚入学，她便和我谈了一个庞大的计划——"全国中小学教师生存状况调研"，并研制了详细的调研提纲。我以不具备"可行性"给予否定，并"笑谈"这是"唐·吉诃德"式的浪漫。但实际上，这是她的一种教师发展情结所在——作为曾经的小学教师，她深谙中小学教师生存与发展之不易。她拟从此入手，引起上级对教师生存状况问题的重视及基于此解决教师发展问题。若干年后，"中小学教师生存状况调研"成了教育部的委托课题。她关于教师发展问题的文章富有真知灼见，其中有两篇被转载，并作为教师培训教材。这显示了她在教师发展问题上的敏感性。这种敏感性源于她的经历及对教师的"同情"。

三是她洋洋洒洒写了 17 万字的硕士学位论文《关于整合课程的知识观研究》，让我欣喜。这是一篇很有理论价值的学位论文。论文以整合课程为线索，从多个视角（特别是从文化教育学的角度）、多种方法看待课程形态的知识问题，在该领域确实是凤毛麟角的。论文在选题和研究的展开上抓住两条线索——以知识再概念化为特征的知识观和整合课程的编制——建构整个论文的框架。匿名评审论文的两位专家对该论文给予高度评价，认为"论文阐析思路清楚，观点鲜明，内涵丰富，论述详细，结构严谨，论证充分，说服力强；论文的理论分析和推证严密正确，所引用的资料翔实可靠，反映了作者具备广博的知识储备，宽厚的专业基础，扎实的理论功底，较高的思想立意和成熟的分析概括能力以及较强的教育理论问题研究能力"。"该研究在全面阐述和评价各种知识与课程理论中，辩证地审视各种新与旧、中与西、现代与传统的理论与观点。研究者从历史、哲学、文化多视角审视教育的开放性，以及对非此即彼的对立思维的批判性，使研究能显示出令人注目的锋芒。研究者力图从一个新的角度——关系的视角来提出自己独特的知识分类与课程编制的框架，体现了其追求创新的研究精神。整个研究思路清晰，论据充分，层层展开，论证深刻，文笔亲切而优美，反映了研究者扎实的理论功底和研究能力。"

也正因为此，我对她是充满期望的。硕士毕业那年，因为全情投入学位论文的创作，她忽略了找工作。后来又因为种种复杂的原因，她一直在教务处工作。然而，她选择了艰难地坚持，在烦琐繁重的教学管理工作之余"不分昼夜地沉浸下去"，坚持学术阅读、思考与写作，而且还在职攻读了教育学原理专业博士研究生，延续她对学问的热爱。同时可喜的是，她把自己的研究成果应用于实践，开展高师人才培养模式改革，也慢慢地结出了果子。她把对专业的爱和对学生的爱，结合在一起，在宁静致远中追求远方。

　　本书中的课程基本理论、教师专业发展、高师人才培养模式改革三部分文章一脉相承。在课程改革背景下，课程素养和课程意识是教师专业发展的重要组成部分，课程论与教师专业发展理论是科学开展高师人才培养模式行动研究的理论基础。这些成果也是陈彩燕实现其专业发展的历程及感悟，是她丰富阅历与潜心研究的结晶。本书既是课程论著作，也是中小学教师包括师范生实现专业发展的生动阐释，相信它对课程与教学论专业研究者有启发作用，对中小学教师、师范生的发展有参考作用。

　　天道酬勤亦酬善！前方有着更吸引人的勤善境界！

（黄甫全系华南师范大学教育科学学院课程与教学系主任、教授、博士生导师）

2017 年 2 月

序　二

林伟贞

　　彩燕研究员是我的大学同学，我们是多年的好朋友。大学毕业后，我们都全情投入教育事业，虽然从事的范畴略有不同，我从事基础教育实践，老老实实做好一名小学教师；彩燕则向更专业的方向探索，孜孜不倦，在高等师范学院深耕。20多年来，彩燕同学从中师生、小学教师，到大学本科生、硕士生、博士生，一直坚持读书，在成长的道路上一路向前，虽然过程艰辛，但她乐此不疲。坚持学习、坚持研究，使彩燕同学理论研究日渐得心应手；重视实践、勤于积累，使她著作成果丰硕。

　　彩燕的成长可以说是一个传奇，是一个很励志的故事。她是20世纪80年代的中师生，本硕博阶段分别攻读教育管理、课程与教学论、教育学原理专业，先后从事小学教师、大学教师、记者编辑、教学研究与管理等工作。无论从事什么工作，她始终是勤奋的阅读者与写作者，快乐的知识追求者，执着坚韧的理想主义者。我每每和一线教师、同事好友分享她的成长故事，都是满怀敬佩与羡慕。我敬佩她对教育真谛的孜孜以求，敬佩她坚毅的性格，我羡慕她在不易的求学和工作道路上屡遇良师，每个事业进步的台阶都能克服困难成功跨越。是什么促使彩燕同学一步一步走向成功成熟呢？我想她在自序《知识就是快乐——我的专业成长的课程与故事》中已有了清晰的交代。

　　阅读专著，品味日常交往中的彩燕，我想她有以下几个特点：

　　生命不息，学习不止。怀着小学生的态度，敬佩老同学的情感，我激动地阅读彩燕的专著。彩燕同学强烈的自我成长欲望，坚毅的性格，在她的专著的文字中凸显。作为一位学者，她对学习的热情，让我动容。她提到"几乎在本职工作之余不分昼夜地沉浸下去，有时甚至觉得连多说一句话的时间也没有，由此造成同事误解颇多。那是一段心很痛的日子，因为忙碌中不时升起的学术宏愿让我泪流满面。或许正因为痛苦，我选择了艰难地坚持"。读她这样的文字，我泪流满面，敬佩满怀。

　　慎独向上，宁静致远。彩燕这本专著的写作与出版，实属不易。作为一个年幼孩子的母亲、一个教务处的管理人员、一个曾经在职攻读博士学位的学生，时间总是困迫的。同为母亲，我理解她。一方面是成长的不可逆，唯恐错失年幼孩子的最佳教育时机；另一方面是她的先生最近八年都在外地工作，她要负起照顾好家庭的责任……她是高等师范学院的教学管理人员，强烈的职业责任感和教育理想，使她沉得住气，静得下心，不断走向远方。

"如切如磋，如琢如磨。"春秋《诗经·卫风·淇奥》里的这句话，我想是拿来形容彩燕治学态度的最好表达。彩燕对课程的深入研究，面广点深；对教师专业发展的思考和探索，既能对接新时代教育发展要求又接地气，理论联系实际；对高师人才培养模式的研究充分凸显她的教育专业功底和教育责任感，有理论高度，同时具备行业人才培养的前瞻视野。阅读彩燕的文字，我受到一次深深的专业思想和专业技能的洗礼。我想，师范教育若能做到像彩燕想的那样，将更具魅力。

读一本书，读一个人；读一本书，读一个行业。知识是快乐的，彩燕是快乐且充满魅力的。知识是快乐的，彩燕所呈现的教育成果是诱人的。每次与彩燕交流，她都充满教育理想，意气风发。我想，一个脚踏实地、务实求真的教育人一直有对远方的追求，是一种最佳的职业状态。彩燕就是这样的。祝贺彩燕！

（林伟贞系广州市越秀区中星小学校长，华南师范大学兼职教授、兼职硕士生导师，广州市基础教育名师）

2017 年 2 月

知识就是快乐

——我的专业成长的课程与故事

（自序）

本书是我多年从事课程基本理论、教师专业发展研究以及开展高师人才培养模式改革行动研究的论文集，也是我个人生活史的另外一种展开，是我以追求知识为乐，从一名中师生和小学教师成长为博士、教授的课程与故事。收入本书的文章，除个别略作修改外，其他基本上保持原貌。

全书分为四个部分：课程基本理论、教师专业发展、高师人才培养模式、其他类。说是学术论文，其实写的是我的心灵与生活。我做研究的特点是基于个人生活体验去提出问题和建构观点。如《知识就是快乐——一种关于幸福的知识价值观及其课程新形态》的立论起点就是我追求知识的快乐体验；《自我课程策划：意义、可能性及其实现》的选题源于我少年时就开始的自我课程策划：没有它，读中师的我不可能考上大学及实现自己的梦想；《倡导体验式的教育学术论文风格——作为读者、作者与编辑的体验》是我集读者、作者和编辑三种身份于一身，追求人性化阅读与写作并努力践行的体验。

课程是一种阅历，是"跑道"及在"跑道"上"跑"的过程，经历及"跑"的过程构成个体的发展资源。我把个人的成长历程及体验化作对教师专业发展的关注与热爱，研究成果深受中小学教师认可，其中《新一轮课程改革背景下教师发展路向探讨》被《教师专业发展的理论与实践》[①] 一书转载，并作为上海市教师培训教材。我把个人的专业发展体验与研究成果应用于教学管理实践，积极推动高师人才培养模式改革，于是有了《尽早谋划人才培养蓝图，探索人才培养模式改革》《完善中小学教师培养模式的思考与探索——以广东第二师范学院为例》《大学生，承担起你的课程责任——致大学新生》等文章。所以，本书中的课程基本理论、教师专业发展、高师人才培养模式三部分文章一脉相承，即我把个人生活体验上升到课程理论、教师专业发展研究，并以此作为理论基础，开展高师人才培养模式行动研究。

---

① 华东师范大学情报研究所，上海市教师进修院校图书资料协作会. 教师专业发展的理论与实践 [M]. 上海：东华大学出版社，2004：15－16.

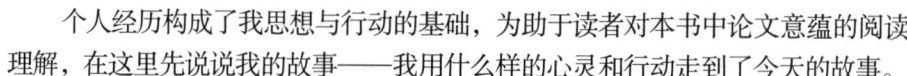

个人经历构成了我思想与行动的基础，为助于读者对本书中论文意蕴的阅读理解，在这里先说说我的故事——我用什么样的心灵和行动走到了今天的故事。

一、我的故事：一个中师生的成长历程

我是 20 世纪 80 年代的中师生，本硕博阶段分别攻读教育管理、课程与教学论、教育学原理专业，先后从事小学教师、大学教师、记者编辑、教学研究与管理等工作。无论从事什么工作，我始终都是勤奋的阅读者与写作者，快乐的知识追求者，执着坚韧的理想主义者。这些经历中，给我深刻影响的是我获得读大学合法权的过程——两张大学录取通知书被封锁、我"秘密潜逃"求学并被家乡的教育局追寻的历程。

1985 年，第一个教师节，我初中毕业。当时，在一片尊师重教的舆论中，家乡的教育局试行让中师学校提前择优录取，于是我成了师范生，人生轨迹由此被改写。1988 年和 1989 年，家乡的教育局连续两年收藏了我的大学录取通知书。第一次，是 1988 年我中师毕业被保送读大学的录取通知书。那个夏天，我满怀喜悦地等待，踌躇满志地构想着大学梦。可是，我不曾等到我的通知书，后来多方打听才知道，录取通知书早在 8 月初便发到教育局，教育局把它收藏起来了。地方教育局以欠缺小学教师为由，粉碎了我的大学梦，我毫无心理准备地成了一名小学教师。

教育局第二次收藏的是我小学任教 1 年后偷偷报考的录取通知书。因为有了第一年通知书被收藏的经验，这一次我和亲人主动出击。我与我的录取通知书依然戏剧性地擦肩而过。我清晰地记得那年那日的情境：1989 年 9 月 3 日下午——我们事先咨询了华南师范大学通知书寄出的时间并估计了送达时间，我和亲人辗转县教育局招生办、人事股、成人教育股几个部门，通知书恰好在这几个部门与我们错位"旅行"（后来才知道我的录取通知书也正好那天下午与我同时到达）。我们重新去到人事股，股长手里正好攥着我梦寐以求的东西，我的亲人想抢过来，只是不成功，但幸运的是瞥见了上面的入学报到日期和一些注意事项。当时离开学尚有 10 多天时间，那段日子亲人天天在奔波，为了我的入学通知书。教育局始终立场坚定，以我学历已达标和欠缺小学教师为由断然拒绝给我入学通知书，即便是"辞职也不得"。亲人说这"实属难得"，希望能"网开一面"，对方回话"若这样，我如何管理教师"。

1989 年 9 月 16 日，在规定的入学报到的日子，我满怀前路未卜的悲壮和孤独，"潜逃"到华南师范大学，谎称录取通知书被盗，没想到异常顺利地办理了入学手续。大约过了半个学期，我又被抛入一种颠沛流离的状态。

家乡的教育局三番五次致信华师教务处、党委办等追问我的去向，强烈要求我回去任教。我挥泪狂书5 000字诉说求学经历与梦想，系领导同情我的遭遇，让我留了下来。但家乡的教育局未几又来信要我回去，后来亲人找到省里一位领导协调，口头达成定向培养协议，事情才了结。这时，我的大学生活已过了将近一学期，我才终于可以结束秘密求学、时常默默哭泣的日子。对于一个充满梦想并且只有通过读书才能实现梦想的女孩来说，等待、追寻两张录取通知书的过程曾是怎样的希望与失望交织的痛苦历程。今天，它成了我人生的宝贵财富。前前后后、许许多多的细节，足可以写成一部有宏大的历史背景及丰富的人性展示并反映命运真相的小说。

二、我的"课程"："远方"的课程目标及自我课程策划

对这段经历，我有很多思考，它在许多层面具有解剖意义。从课程论与教师专业发展的角度看，我能冲破当时终结性教师教育制度的束缚，得益于我的课程目标与课程策划，自我策划及自我设计的课程帮助我实现了专业发展。

1. 我的课程目标与动力——渴望远方

我出生成长在大海边，小时候，我常常望着远方的海天相接处出神，思考海有多"远"、天有多"高"。从初中起，我开始了广泛的阅读。通过阅读，我更加向往外面的世界。加上总是遥遥领先的成绩，我开始有了很大的人生抱负——到远方去，到很远很远的地方去。

渴望远方成了我的课程目标。"远方"有多远？其概念是空灵的相对的，远方没有尽头，远方有更远的远方。小时候的我，"远方"概念中物理的成分较多，就是想到外面看看，想到远方旅游；后来，"远方"概念中心理的精神的东西更重要一些。我觉得要自我实现，要活出真我风采。这样的课程目标主导着我的自我课程策划。

2. 我的课程策划

对"远方"的追求是我发展的不竭动力与源泉。读书深造是我实现自己人生目标的基本路径。我除了学好课程表上规定的科目，还自学了课程表外的课程。刚入读中师时，一想到远方梦的破灭，我便倍感压抑和痛苦。在经过思考与比较后，我开始自学高中英语（师范学校与普通高中课程最大的差别便是不开设英语课程），并博览群书，包括经济学方面的书。若不是在中师时的先见之明，我后来便不可能考上大学。1989年高考政治科目第一次增加了经济常识，而我是考试前一个月才知道，而且当时我在繁重的小学语文教师岗位上。

在大学里，我继续安安静静地读书，听各种各样的讲座，积极参加自己感兴趣的社团活动。我所读的书大概是三个三分之一：教育学（我的专业）、哲学（我感觉到它有用）和文学（我的爱好）。较为广泛的阅读为我以后胜任各种工作打下了良好的基础，也让我保持灵性。

两张大学录取通知书被封锁及秘密至华师就读并被"追捕"的经历给了我非常深刻的心灵体验。在追求远方的过程中，我经历了许多。这经历便是我的"课程"，是我自主策划的课程，是我作为一个教师的专业成长故事。

经历了这么多后，我反而生成了一种师范教育情结，对中小学教师有特别的亲切感。2011 年开始，我致力于推动高师人才培养模式改革。2014 年后，我希望能有更多的行动，能为师范生的成长做点什么，于是我在《广东第二师范学院学报》上策划了"人文教育阅读专栏"，并着手撰写《师范生人文教育读本》。下面谨以"人文教育阅读专栏"中的第一篇文章《远方的追求》作为本自序的结尾。

远方的追求

远方，是物理的也是心理的；远方，是相对的也是变化的。不同原点有不同的远方，不断前进便会有更远的远方。

我出生成长在海边，少年时候的我爱坐在沙滩或堤坝上，面向一望无际的大海，对着海天一色处遐思：远方在哪里？远方有什么？

因为十几岁时一个独特的际遇，我萌生当作家和到远方漂泊的梦想。那是教师教育还是终结性教育的年代，我在小学教师的岗位上偷偷报考大学——大学是我的远方，在家乡教育局封锁我的录取通知书时我又偷偷"潜逃"至大学读书；校长报告我"失联"，最后教育局根据那张录取通知书找到我的行踪，反复来函到我就读的大学催促我回去小学任教。母校体会我求学心切，开始并不大理会教育局的函件，后来函件升级至第三、第四封时，他们只好表示爱莫能助（小伙伴们看到这里不要觉得奇怪，存在就是合理，这在当时有其制度环境与社会氛围。限于篇幅和主题，此处省略几千字）①。

---

① 我时常反思这段求学经历，这在后来人的眼里简直是匪夷所思。其实，这是当时的一种制度设计——终结性的教师教育制度与刚性的人事制度——一个"公家人"要流动是多么艰难，个体的自主选择是多么有限。反思我那个年代中师生的命运，我觉得自己是曲折中的幸运儿。社会是如来佛的掌心，每个人的成长离不开它的规定性。30 多年来，我欣喜地感受到社会的进步，那就是个体选择的空间越来越大。其空间越大，个体便越能自主地追求自己的"远方"；当然，其空间越小，个体的抗争便越艰辛与悲壮。今天，我自豪的是，我经历了这个艰辛与悲壮的历程，它们构成了我的课程和发展资源。

就在这去留未定的过程中，就在觉得继续深造无望而又没有尊严回到故乡时，我决定到远方漂泊和萌生做作家的梦想。豪情万丈却又行囊空空，浪漫而悲壮，我大概觉得当作家才能留在远方漂泊，在漂泊中才能更好寻找写作灵感，然后靠写作谋生和实现对远方的渴望。

夜深人静，远处传来火车清晰的鸣叫，我无从入眠，一遍遍构思一个漂泊的故事：一个女孩，站在船头甲板上，眼含热泪，目眺远方，风吹乱了她的头发，她全然未觉。汽笛鸣起，其他的乘客纷纷拥向码头，她从现实中惊醒，她的站在哪里？她的远方在哪里？那里有什么？这样的文字写了一遍又一遍，稿纸撕了一次又一次。每次总是在写到要到站时戛然而止，因为我确实不知道要到的那个地方应该叫什么地方，那个地方有什么风土人情。故乡的生活经历只给我关于海和船的概念，有限的文学阅读只扬起我精神向往的风帆，并未赋予我当作家的足够丰富的知识和素材。后来，在众多人的帮助下，我终于可以留下来继续读书，关于远方的梦想越加清晰起来。我知道自己的不足，也知道只有通过阅读才能满足我对远方的好奇。我比任何同学都能安静地读书，也比任何同学都清楚地知道要读什么书。

我后来读了一些书，发现杰出人才都读万卷书行万里路，阅历丰富，唯独康德例外——他一辈子都蛰居于故乡柯尼斯堡，从没出过远门，却建立了庞大的无人能超越的批判哲学理论体系。通过旅行，获得的是物理的远方；通过阅读，获得的是心理的或精神的远方。康德通过超越于常人的阅读，也获得了超越常人的心理的远方。美国传奇女诗人狄金森（Emily Dickinson，1830—1886，又称狄更生）有一首诗——《没有一艘船，能像一本书》：

> 没有一艘船
> 能像一本书
> 也没有一匹马
> 能像一页跳动的诗行一样
> 把人带向远方
> 静静地打开一本书吧
> 阅读这条路
> 最穷的人也能走
> 不必为通行税伤神
> 静静地打开一本书吧
> 这是何等节俭的车
> 承载着人的灵魂

正是阅读把我们带向更深远的远方，一艘船、一匹马只能带人到物理的远方——再远也是有形的可以丈量的，只有精神的远方无形因而无限，真正的远方是精神的，精神的远方帮助我们更好走向物理的远方——心路通了地上的路自然也通。

渴望远方乃人性使然，追求远方的过程有欢乐有悲伤——外面的世界很精彩，外面的世界很无奈。想想纵横几万里中个体也就占据三五尺，上下五千年中个体也就生活几十年，以有形有限去追求无形无限，苦乐自知。有两个事件对我影响深远，或说这两个事件支撑了我对远方的追求。

一是中师时父亲写信教导"要做对社会有用的人"。那是春节过后的学期，我写信倾诉对家的思念，等待父亲回信"安慰"，没想到反被父亲"教训"了一顿，说想家会影响学习，希望我切断这个心，专心学习，长大"做对社会有用的人"。当时觉得很委屈，但几年前的某一天，我突然意识到这句话对我的意义。时间越经久，我越感觉到这句话带给我的好处。一个人若是老看重个人名利得失，做事只考虑"对自己有用"，心中没有别人，肯定走不远，也过不好。

二是我25年前"秘密潜逃"去求学时离开课室离开学生的情境。当时，我不能和他们有只言片语的解释，只说老师要去一个很远很远的地方，可能回来也可能不回来。离开课室并走出校门的那一刻，学生一个个的小脑袋挤满在课室门口和窗台上，疑惑地看着我离去。我眼里噙满泪水，不敢回头，更不用说对他们挥挥手。他们是一群三年级的小学生，我只和他们接触不到两个星期，未曾记齐他们的名字。直到今天，我记不起他们中的任何一个，我记得的是他们的整个群体。我后来钟情于到师范院校中去做老师，大概与这个情境有关。我要拿点什么去承载这份经历？或许这便是爱，对教育的爱，对学生的爱。

远方的追求是个过程。正是父亲的教导及一种爱，让我坦坦荡荡地走过春夏秋冬，让我选择远方而无惧风雨兼程，让我执着并逐渐走向心中的远方。思想有多远，行动有多远，今天我希望通过行动研究走向远方。

今天，是2015年第一天，我选择在这一天写下开篇的话，记下追求远方的感悟，是因为我要从2015年开始做一件我一直想做的事情——通过人文阅读培养人文情怀，是因为我希望做一个对你们有用的人，是因为我爱你们——爱让我们走向远方。

作者

2017 年 2 月

目　录

第一部分　课程基本理论

知识就是快乐

　　——一种关于幸福的知识价值观及其课程新形态 ················ （2）

自我课程策划：意义、可能性及其实现 ···················· （13）

论整合课程与分科课程的并存关系 ······················ （22）

课程·视野·发展

　　——对课程价值的阐释 ···························· （31）

经验课程中的知识

　　——关于轻视知识倾向的讨论 ······················ （41）

从知识、经验到发展资源

　　——论教师的课程观转向 ·························· （51）

当代英国大学课程改革与启示 ························ （59）

香港岭南大学博雅教育课程实践与启示 ················ （68）

费尼克斯的知识分类与课程编制理论述评 ·············· （77）

创新教育：文化哲学的解读

　　——兼论小学创新教育的文化特征 ·················· （87）

创新与视野：创新人才培养的思考 ···················· （98）

基础教育课程改革的回顾与思考 ···················· （106）

课程知识选择：文化分析的视角 ···················· （116）

研究性学习的意义、特点与实施理念 ················ （124）

经历·成长·课程 ································ （130）

第二部分　教师专业发展

新一轮课程改革背景下教师发展路向探讨 ······················ （134）
教师生存现状与教师发展
　　——课程改革中教师发展主要矛盾的思考 ··············· （141）
广东省农村教师继续教育课程实施现状及需求的调研分析 ······· （149）
优化培训的物理空间是改进农村教师培训的关键
　　——空间哲学的视角 ································· （158）
《在校园里"养心"》序言 ······························· （164）

第三部分　高师人才培养模式

尽早谋划人才培养蓝图，探索人才培养模式改革 ·············· （168）
完善中小学教师培养模式的思考与探索
　　——以广东第二师范学院为例 ······················· （172）
《教师教育课程标准（试行）》的课程理念解读与贯彻
　　——以广东第二师范学院为例 ······················· （179）
教师教育改革：实践取向还是理论取向？ ···················· （190）
教师教育实践课程改革的冷思考 ·························· （198）
"国考"下的高师院校课程与教学改革 ······················ （208）
现代职教师资培养模式探讨 ······························ （216）
大学生，承担起你的课程责任
　　——致大学新生 ··································· （221）

第四部分　其他类

倡导体验式的教育学术论文风格
　　——作为读者、作者与编辑的体验 ··················· （226）
教育叙事研究探源 ··································· （234）
"关系人"的存在方式及其教育意蕴 ······················· （242）
现代学校制度建设：人性利己性的视角 ···················· （252）
双语教育：跨文化教育功能及其实现 ······················ （260）

后记 ··· （266）

第一部分　课程基本理论

知 识 就 是 快 乐①

——一种关于幸福的知识价值观及其课程新形态

摘要：学习化社会，人类的知识生存方式及知识观的演变要求确立一种"知识就是快乐"的知识价值观。"知识快乐观"的实质是人的学习本性的实现和超越，表现为知识作为结果的快乐与知识作为过程（即求知）的快乐。与这种知识价值观相对应的是一种新的课程形态——学习化课程。学习化课程的产生具有历史必然性，其内容是整合各种有利于增进人的幸福的知识，其方法是"主体学习"与对话学习。

关键词：知识；知识价值观；幸福；知识就是快乐；学习化课程

一、人类的知识生存方式及知识价值观的发展

千禧年之初发起的声势浩大的学生"减负"运动倾向之一，是把读书、学习与负担等同起来。这种理论倾向涉及对知识价值的看法与体验，是对"苦学观"的强化，也是物质丰富后人们浮躁心态及"玩派"作风与生活方式的反映。一般而言，物质充裕使人面临两种可能：一是"饱暖思淫欲""乐不思蜀"的同时向动物界急速回归；二是人在基本需要前所未有地完满实现这一前提下思考人生的意义，获得前所未有的高质量的幸福人生。② 但现实生活中，我们更多地看到了"饱暖思淫欲"的"玩派"；在物欲横流的滚滚红尘中，人们常受蒙蔽，而忘记了追寻生活的真正意义。另外，人类已进入信息时代，"知识生存"成为人的基本生存方式，学习成了每个人的终身课题，学习与生活、生活与学习日益密切地结合在一起，社会变成了学习化社会。在这样的背景下，我们思考知识的价值与幸福生活问题，有着迫切

---

① 本文为黄甫全教授主持的研究课题的阶段成果之一。基金项目：广东省教育科学"十五"规划资助重点课题，编号：J2A02004；全国教育科学"十五"规划教育部资助重点课题，编号：DHA030146。

② 檀传宝. 信仰教育与道德教育［M］. 北京：教育科学出版社，1999：156.

的意义。

知识论问题一直是哲学、社会学与教育学的关注点。在西方哲学史上，哲学家们对于"什么是知识"有着各种各样的回答，具有代表性的是理性主义和经验主义两种对立的本体论知识观。这是 17 世纪以来人类广泛认同的两种知识范式。到了 19 世纪末 20 世纪初，出现了以詹姆斯和杜威为代表的新知识观，他们认为知识的标准既不是主观的理性形式，也不是客观的感觉经验，而是是否能够产生令人满意的行为结果。这可以看作是工具主义价值论的知识观。20 世纪人们对知识的看法林林总总，充满了争论。如知识社会学家曼海姆、舍勒，科学哲学家波普尔、费耶阿本德以及后现代主义思想家波兰尼、福科、德里达、利奥塔等都从不同的角度反对理性主义和经验主义的知识概念，力图在新的认识论和社会政治背景中揭示人类知识包括科学知识的社会性质、历史性质、意识形态性质、权力性质等。20 世纪的知识观开始关注知识与社会、知识与人的关系问题，开始关注知识的情感价值与个人意义。如舍勒把知识划分为拯救的知识（knowledge of salvation）、文化的知识（cultural knowledge）、事实的知识（knowledge that produces effects）。[1]波兰尼针对"客观主义"科学知识观的弊端，提出了"个体知识"（personal knowledge）的概念。他说："（personal knowledge）这两个字看起来是互相矛盾的，因为人们总是认为真正的知识是非个人的（impersonal）、普遍的（universally）和客观的（objective）。通过修正认知的概念可以消解这个矛盾。"[2] 他认为，科学知识以至所有的人类知识，从根本上都是个体精神活动的产物。利奥塔在《后现代状态：关于知识的报告》中，批判了科学知识的统治，强调以原始口述传统为特征的"叙事知识"，倡导叙事知识中所包含的关于正义、幸福、价值和伦理的知识观念。同时他还提出"差异知识论"，以批判科学知识权威的控制，主张个体的知识自由。[3] 从对知识观的历史梳理中可以看出，知识论的进化与社会的发展具有历史的逻辑的统一；社会转型必然会带来知识转型，知识转型是社会转型的一个组成部分和最后

---

① SCHELER M. Problems of a sociology of knowledge［M］. FRINGS M S, translate. London and Boston：Routledge & Kegan Paul，1980.

② POLANYI M. Personal knowledge：toward a post-critical philosophy［M］. London and Henley：Routledge & Kegan Paul，1958.

③ 薛晓阳. 知识社会的知识观：关于教育如何应对知识的讨论［J］. 教育研究，2001（10）：25 – 30；汝信. 现代西方思想文化精要［M］. 长春：吉林人民出版社，1998：413 – 426.

的结果。① 知识"范式转换"的基本态势是从本体论的知识观到价值论的知识观，从工具主义价值论的知识观走向人文主义的知识价值观，从客观主义的科学主义知识观到主客观相统一的整体知识观。

时代的发展要求个体产生更高层次的追求。否则，便如同"玩派"一样，逐渐把自己沦落为动物，把人的本质异化。在学习化社会，人的生存处境开始发生革命性的变革，由物质性生存图景向知识性生存图景过渡，由被物质所束缚转向被知识所统治。与其被知识所统治，不如享受知识，用知识发展自己，提升自己的精神境界与整体的生活质量。因此，我们需要思考一种关于幸福的知识价值观与生活观。"知识就是快乐"便呼之欲出。

二、"知识就是快乐"的意义阐释

知识就是快乐，这里的快乐不是物质欲望得到满足的自然性、即时性的快感，而是超越了感官快乐与物质快乐的精神愉悦体验或幸福感。"知识就是快乐"是一种知识价值观，或是价值性的知识观。它代表知识论的未来发展趋势，反映了"后现代"的需求与追求。② "知识就是快乐"是知识回归本体与知识回归生活的价值观，它表现为知识作为结果与知识作为过程的快乐，是对人的学习本性的实现和超越。

（一）"知识就是快乐"的表现

1. 知识作为结果的快乐

一个人拥有的知识（如心理学的知识）决定其生活得是否有尊严与快乐。知识就是快乐，首先是知识作为一种结果给知识拥有者所带来的快乐。人是有缺陷的动物，他既无雄鹰的翅膀，又无猛兽的威力；人生于世上，必然会经历许多的困惑和遭受无往而不在的限制，而人又生来渴望自由。解决

---

① 石中英认为，知识形态和社会形态有高度的相关性。在某种意义上，完全可以将知识转型看作是更大范围内社会转型的一个组成部分、一个先决条件或一个最后的结果。参见：石中英. 知识转型与教育改革［M］. 北京：教育科学出版社，2001：30.

② 薛晓阳在《知识社会的知识观：关于教育如何应对知识的讨论》一文中认为，人对知识的关注有两种基本形式，也就形成了两种不同的知识观：一是本体论的知识观，一是价值论的知识观。价值论的知识观是能够隐喻未来知识社会前景的一种知识哲学。黄济先生在其《教育哲学通论》（第462页）也有相关的论述："目前在知识论上的争论，重点已不在知识的来源（本体论知识观的主要内容，笔者注）问题上，而是什么知识最有价值的问题。"

这一问题的唯一途径是人对"符号"文化的创造与把握。知识正是文化的表征方式之一。"正确的知识应当能产生自由，因为它能把人从无知的偏见中解脱出来"①。快乐正是与自由有关。自由是心灵的空间。物质世界是有形的因而也是有限的，精神空间是无形的因而也是无限的。人的精神空间的大小，与知识密切相关。"智者无惑"，人只有获得对己对人对自然对社会的深刻认识，才能自由；即只有获得关于客观世界和主观世界的知识，我们才能超越"有形"看到"无形"，超越"有限"走向相对的"无限"，才能"随心所欲而不逾矩"，才能真正快乐。正如卡西尔在描述海伦·凯勒终于懂得语词亦即符号的运用这决定性的一步时所说的一样："她懂得了，词的用途不仅是作为机械式的信号或暗号，而是一种全新的思想工具。一个新的天地展现在眼前，从今以后这个孩子可以随心所欲地漫步在这无比宽阔而自由的土地上了。"② 知识作为一种思维工具，它给了我们思考的自由，给了我们解释与解决人生与社会问题的武器。

现代社会进步标志之一是它给了我们相对较大的自由度，我们要有能力善用这种自由。自由具有"双重意义"，如"人在文艺复兴以前的社会中（主要指中世纪）缺乏自由，但却处于稳定的社会结构中；社会虽然严格地规定了每个人的社会身份和地位，不允许越雷池半步，但同时也给予个人以保障和安全感，使人不用为自己的前途、命运操心。在文艺复兴和宗教改革两次浪潮的冲击下，人们在个人情感的表达和宗教信仰方面获得了自由；资本主义的发展又使得人们在经济上、政治上获得自由。但这一自由的结果使个人陷入了孤立无依的境地……此时，竞争代替合作，个人奋斗代替了社会安排；以往的精神支柱被摧毁，而新的支柱尚未建立；自由给人们带来的不是幸福，而是惶惧不安、孤独、恐惧、焦虑和怀疑③。这种情况用来描述我国现在的情况也是非常适合的。在我国市场经济日益成熟的条件下，在人才自由流动日益成为趋势的情况下，有人获得了充分的自主，也获得了快乐和幸福；有人却没有利用好这个自由，反而被抛到生活的"苦海"里而陷入焦虑和痛苦中。为什么会有如此的不同？"'知识就是力量'这句话在今天比在以往任何时候都有力量，……它事实上已经变成真理。……那些缺乏知识的人眼睁睁地看着自己的命运操纵在别人的手里，由别人根据自己的利益

---

① 黄济. 教育哲学通论［M］. 太原：山西教育出版社，1998：247.

② 卡西尔. 人论［M］. 甘阳，译. 上海：上海译文出版社，1985：45.

③ 弗罗姆. 逃避自由［M］//汝信. 现代西方思想文化精要. 长春：吉林人民出版社，1998：188.

来任意摆布"①。知识改变命运。拥有知识，才能使自己成为自己的主人，才能使自己获得广阔的生存空间，才能获得心灵的自由和恒久的幸福与快乐。

2. 知识作为过程的快乐

知识作为结果给了我们力量，带给我们幸福与快乐，但获得知识却是个艰苦的过程。知识作为过程的快乐即是求知的快乐，求知的快乐是对苦的超越。苦与乐是辩证的，没有苦，便没有乐。"No pain, no gain."劳（pain）也作"苦"解，不经过苦便没有收获的快乐。求知是个艰苦的过程，古今中外成大事者，无不付出了艰辛的劳动。但他们是快乐的，他们的快乐大多便是以过程为乐，以体验为乐。孔子"发愤忘食，乐以忘忧，不知老之将至"的乐学情境；朱熹《四时读书乐》——春季"读书之乐乐何知，绿满窗前草不除"，夏季"读书之乐乐无穷，拨琴一奏来熏风"，秋季"读书之乐乐陶陶，起弄明月霜天高"，冬季"读书之乐何处寻，数点梅花天地心"等表明学习确实是快乐之事。

知识作为过程的快乐是一种高峰体验，读书、求知过程中获得的乐是最深刻的快乐。这种快乐是你苦苦不得其解时从书中获得的灵感，是你与作者产生深深共鸣时的淋漓尽致，是你一时蒙蔽时转眼间看到的无限光明，是你"山重水复疑无路"时突然发现的柳暗花明，是你"独上高楼，望尽天涯路""为伊消得人憔悴，衣带渐宽终不悔"之后的"众里寻她千百度，蓦然回首，那人却在灯火阑珊处"。明朝王守仁的弟子王心斋的《乐学歌》概括了这种体验："不乐不是学，不学不是乐。乐便然后学，学便然后乐。乐是学，学是乐。呜呼！天下之乐，何为此学？天下之学，何为此乐？"②

求知的过程是苦乐同在的过程，苦不可避免，幸福快乐又是人性永恒的追求。这种追求只有化为对苦的超越，对苦的体验，以获得丰富深刻的体验为乐，才可达成。求知是人的本性，知识作为过程的快乐使人的心灵走向真实并获得最真实的快乐。柏拉图认为每个人的心灵都可以分为"爱智"（或"爱学"）、"爱敬"（或"爱胜"）、"爱利"（或"爱欲"）三部分，相应地有三种人和三种快乐。"三种快乐中，灵魂中那个我们用以学习的部分的快乐是最真实的快乐，而这个部分在灵魂中占统治地位的那种人的生活也是最快乐的生活"③。在"爱利"泛滥的今天，在因为"爱利"泛滥而造成一系列社会问题的今天，我们需要倡导与追求知识作为过程的快乐。

---

① 石中英. 知识转型与教育改革 [M]. 北京：教育科学出版社，2001：6.

② 卢家楣. 学习的苦乐观新论 [J]. 教育研究，2000（10）：48－53.

③ 柏拉图. 理想国 [M]. 北京：商务印书馆，1994：370，371，377.

从本质上看，知识的价值就在知识本身，就在知识作为一种过程带给求知者的深刻体验。在物质生活条件逐渐改善的时代，在个人闲暇时间越来越多的时代，个人应追求自己的精神生存质量，追求一种知识的真善美境界，建立一种关于幸福的知识价值观与学习生活方式。因为"如果爱利和爱胜的欲望遵循知识和推理的引导，只选择和追求智慧所指向的快乐，那么它们所得到的快乐就会是它们所能得到的快乐中最真的快乐；并且，由于受到真所引导，因而也是它们自己固有的快乐"。因为"如果作为整体的心灵遵循其爱智部分的引导，内部没有纷争，那么，每个部分就会是正义的，享受着它自己特有的快乐，享受着最善的和各自范围内最真的快乐"。① 人的本质在于人的"劳作（work）"，投入到对知识的"劳作"中，体验求知的快乐，我们便能寻求到最为真善美的生活和一种"高尚的生活"。②

（二）知识快乐观的实质是人的学习本性的实现与超越

学习是人的生命的本质，人只有凭借学习与创造才能使自身具有完整性，才能使人从本能中解放出来获得生存与发展的条件。人的学习本性区别于动物的学习本能。从学习内容看，人的学习是"符号"的学习，是"知识表征"的学习，是对文化的传承与发展；从学习目的看，人的学习不是为了被动适应与生存，而是为了主动地发展自己，主动地为自己和他人创造美好生活；从影响学习的因素看，人类的学习容易受到更多因素的制约，如自然的与社会的因素，人为的与非人为的因素，等等。因而人的学习比动物的学习复杂得多，困难得多。

知识快乐观的实质是人的学习本性的实现与超越。知识作为结果的快乐，反映了人的学习目的性的实现。人在求知的过程中，感受到人之为人的力量，感受到知识给个人带来的可以解释与解决社会和人生问题的快慰，感受到知识给自己带来的尊严。知识作为过程的快乐，是对人的学习本性的超越，是对生命的非功利性与审美性的实现。生命的本质是追求幸福与快乐。求知的过程是"痛并快乐着"，因为"痛"，所以更加"快乐着"，越艰辛的求知这样的体验便越深刻。所以从更深层意义上来说，知识快乐观是人的学习生命需求的满足，是对人的学习与"求乐"本性的实现和超越。人的学习生命是教育的出发点，如何实现"知识快乐观"应是我们思考教育与课程问题的路向之一。

---

① 柏拉图. 理想国 ［M］. 北京：商务印书馆，1994：370，371，377.

② 罗素认为，高尚的生活是受爱激励并由知识导引的生活。见：罗素. 真与爱：罗素散文集 ［M］. 江燕，译. 上海：上海三联书店，1988：11.

三、实现"知识快乐观"的课程新形态：学习化课程

在社会转型期以及由此而伴生的知识观转型，呼唤新的教育哲学观。在现代，教育不再只是社会发展的工具，还被赋予了改造和重建社会的职能；同样，教育不能再只是适应人性，还要引导人性的健康发展，使人生活得幸福与美满。教育哲学是引导教育生活的，它不只解释人性，更要提升人性；它不只解释生活，更要引导生活。

现代社会中人们脑海里充斥着太多的"物质与快乐"的知识，而缺乏对"知识与快乐"的密切关系的体验。学生厌学与此有关，"玩派"作风盛行也是与此有关。教育要能正确地引导人的心智生活，教育的意义正是通过那些使人品尝到智力快乐与心灵愉悦的学习，把人引导到作为一个整体的人类心智生活之中。① 现在很多教育思想与教育政策制度的立论基础是"苦学论"与"知识工具论"。这是片面的，是对人生的一种误导。我们对此要有一个辩证的认识。如果说知识作为结果的快乐体现了知识的工具价值，知识作为过程的快乐则体现了知识的本体价值。两者是相辅相成的，前者促进了人的生命存在的"保持"，后者则使人的生命存在得以"优化"。然而，在现实生活中，人们多是追求知识作为结果的快乐，而忽略知识作为过程的快乐。因为认识不到或体验不到知识作为过程的快乐，人们常会在求知的"苦"面前却步，这样既妨碍了知识的工具价值的发挥，也失去了对知识的终极关怀，从而失去了对人的终极关怀。"知识就是快乐"寻求的是人与知识，工作、生活与学习的内在统一。与它相统一的课程是学习化课程。下面对这种课程新形态在课程历史链条中的位置及内涵做初步的探讨。

（一）学习化课程产生的必然性：从历史中走来

从课程的历史看，一定的课程理念与范式都是特定社会的产物，不同的课程理念与范式蕴含着不同的知识观假设。如传统纯粹"工具性课程"所蕴含的基本假设是知识的确定性以及事物皆有"完全不变的秩序"。其基本特征是不断让儿童接受与消费它的知识，以儿童单纯的知识消费性生活替代享有尊严的人的丰富生活。任何一种课程形态的存在也是特定条件下课程与影响其发展的某些或全部因素（知识、学生与社会）取得平衡的结果，课程变革的原因是这种"平衡"被打破而引发的新的"平衡"需要。课程的发展史显示出两种平衡的趋势，一是课程发展的内部平衡，表现为课程与知识的

---

① 周国平. 教育引导人类的心智生活［N］. 光明日报，2002－10－22.

关系，沿学科课程—活动课程—结构化课程（学问中心课程）的脉络发展；二是课程发展的外部平衡，表现为课程与社会、与人的发展两者的关系，沿古典人文主义课程—功利主义课程—人本主义课程方向发展。不管是哪种平衡，都表现为课程"支点"或"重心"的转移与变化，时而为知识中心，时而为儿童中心，时而为社会中心，以增加课程的"适切性"。课程发展就这样表现为逻辑与历史的统一。课程的基础问题是人的问题、知识问题和价值问题，价值问题也是社会问题。当代课程发展的方向是融入时代精神及文化发展的需求，解构旧课程范式，建构知识、人与社会的发展三者"平衡"的新课程范式；课程研究的价值取向是课程的社会学研究与课程的主体化研究相统一。

课程的社会学研究是指课程研究要把握现代社会的各种倾向，融入时代精神。在现时代，人们面临的最大挑战是终身学习的需求和对幸福追求的"可望而不可即"状态。这两者要求我们要确立一种"知识就是快乐"的知识价值观。什么样的课程会使年轻人成为终身的学习者和快乐的学习者？学习化课程由此呼之欲出。

课程的主体化研究是指课程应指向真正的主体——学习者，课程的主体不是社会，也不是教师；课程的中心是学生的学而不是教师的教。19 世纪末 20 世纪初工具性课程极致化的后果是课程主体性的"弱化"或虚无化。"无人"的课程必然会遭受越来越多的批评及必须被改造。另一种"无人化"课程是教授化课程，这种课程的目的和目标是为社会的，甚至仅仅是为社会政治的。个人只是社会政治的工具，教师是社会政治的代表，课程是社会政治权力的体现，自然就是为教师传授的，而不可能是为学生学习的。① 这样的课程导致人的发展的畸形化，必然要求超越以教师为中心的"教授化"课程而走向以学习者为中心的"学习化"课程。一句话，学习化课程既凸显了教育与课程的主体性——学习者，也适应了人类终身学习与终身发展的需要及人对幸福生活的追求；学习化课程把学校学习、工作中的学习和终身学习联系起来，体现了课程作为一个整体的意义；学习化课程体现了课程发展自身的平衡趋势，它的产生具有必然性。

（二）学习化课程的内涵：面向现实，走向未来

学习化课程作为能增进个体幸福体验的课程，它要解决的问题是学习的结果与学习的过程如何给学习者带来快乐与幸福，以使学习能终身地进行。

---

① 黄甫全. 学习化课程刍论：文化哲学的观点［J］. 北京大学教育评论，2003（4）：90－94，99.

前者的实质是课程内容，即"教学什么"的问题，后者的实质是课程方法，即"怎样教学"的问题。

1. 学习化课程的内容：对"什么知识最有价值"的回答

伴随知识量的增加及社会的巨变，人们面临太多的选择而陷入选择的迷茫与痛苦之中，于是从斯宾塞时代开始，教育学者便不停地追问：什么知识最有价值？对这个的回答是决定"教学什么"的先在条件。价值是个发展中的概念，不同时代有不同的价值观念。1859年，斯宾塞在反复比较了各种知识对人类完满生活的几种活动的价值后，做出了不同凡响的回答："什么知识最有价值，一致的答案就是科学。"① 在我们这个时代，"完满生活"是超越生存而走向发展，是超越物质而走向精神，是超越平淡与肤浅而走向更深层次的幸福体验。在英国资本主义生产上升与繁荣时代，斯宾塞提出"科学知识最有价值"，是对那个时代"教育中装饰胜过实用"的否定与平衡。在走过近150年的科学理性主义横行的时光中，现代教育变得过于"实用"与功利化而造成诸多弊端，课程改革必须寻找一种新的平衡。平衡的趋势是增加一些给心灵以"营养"和给人幸福体验的教育，途径之一是充分认识各类知识的价值，在课程中整合各类知识。

不同的知识使我们获得不同的力量，全面的充分的知识才能给我们一种可持续发展的幸福。如古希腊，知识包括德性之知和知性之知。德性之知思考人的存在、人的终极观等与现实生活无关的问题。这类知识教给人们与人相处包括与自己相处的"仁"的力量，所以"仁者无敌"。知性之知是指与使用价值有关的知识，它让人获得与自然相处，从自然中获取人之所需的力量。到了近代，培根宣扬"知识就是力量"，知识被窄化为实用的科学知识，它强调的是知识征服自然、改造自然的力量。在现代，知识一般被分为自然科学知识、社会科学知识与人文知识，或把后两者合并，直接把知识划分为科学知识和人文知识。"科学是关于事实的知识"，"人文知识既是对命运的理解，又是对命运的参与行为"，"人文知识的基本问题不是真理问题，而是幸福问题"。人人渴望幸福，所以"人们关心的是：什么样的知识能够给人类创造比较好的命运"。"认识本质虽然重要，但策划幸福更重要，于是关于本质的知识（knowledge of essence）问题就让位给关于幸福的知识（knowledge of happiness）问题"② 。策划幸福既需要科学知识，也需要人文知识。然而，近几个世纪以来，科学知识"君临天下"，人类似乎获得对大自然无

① 斯宾塞. 什么知识最有价值？［M］//胡毅，王承绪，译. 斯宾塞教育论著选. 北京：人民教育出版社，1997：58，91.

② 赵汀阳. 知识，命运和幸福［J］. 哲学研究，2001（8）：36－41.

限支配的力量。现在，在各种天灾人祸面前，我们又很"无力"。"无力"不是因为我们知识多了，而是知识少了，我们既缺乏科学知识，更缺乏人文知识。只有获得了足够的整合的科学和人文知识，人们才能获得对自然对别人对自己的恰当的尊重，才真正有力量达到各种关系的和谐，才能找到一种真正幸福快乐的生活。即学习化课程内容是强调人文知识，强调科学与人文知识的整合。

2. 学习化课程的方法

学习化课程方法要着力解决的关键问题是学习的动机和学习的方法问题。构建学习化课程方法的依据之一是建构主义和经验主义的认识论。知识是建构起来的，不同的个体有不同的知识结构；现实生活世界的意义和价值，是人在亲身经验与体验中主动建构起来的，不同的个体有不同的建构方式与不同的体验方式。这要求学习化课程的基本方法必然是"主体学习"，包括教学的个性化、独立学习、学习方法的学习等。依据之二是事物的系统性与相互联系性。世间万物总是息息相关，人与物、人与人、物与物，事物之理（物理）与人心之理（心理）、自然科学与社会科学，都是相互联系与相互作用的，甚至显示出相同的趋势与原理。这要求学习化课程的具体方法是对话，师生对话、生生对话、人与自然对话，增加学生对各种"关系"的学习经验与体验。杜威、皮亚杰强调"相互作用是构成成长的核心"，布鲁纳认为"我们需要发展鼓励学生——学生与教师——学生对话的课程规划和教学策略。而且我们需要认识到人类学习大多来自这一相互作用——通过矛盾创造激发成长的困境"①。师生是以共同的历史为背景，依据"同理心"（人同此心，心同此理），参与到彼此的活动与对话之中，互相启发，通过多重解释与转换而寻求或创造意义和价值的。学习化课程方法的关键便是超越旁观者知识观，突出学习者主体，允许学习者"个体知识"占有一席之地，让学生自由表达自己对事物的理解与体验，让学生体验利用"个体知识"去发现知识、创造知识的乐趣及展现自我学习力量的愉悦情感，感受自我心灵的能力与心灵的成长，形成求知的内部动机。学习化课程就是这样为着增进人们对知识的体验与反思，寻找自己在复杂多变的社会中的安身立命之所的。

总之，在社会转型期，在学习化社会，关于知识的理论正面临着"范式的转换"，人的生存方式及对生活的追求也在发生着"范式的转换"。这两

---

① 多尔. 后现代课程观［M］. 王红宇，译. 北京：教育科学出版社，2006：87，171.

种"范式的转换"要求我们倡导一种"知识就是快乐"的知识价值观,要求我们主动体验知识的快乐。学习化课程是与此相对应的一种课程新形态,它从课程史中走来,其产生具有必然性;它针对现实和走向未来,要求我们探寻这种新型课程形态的内容和方法,帮助人们建立起一种以学习为乐的从容应对知识社会的生活与生存方式,建立起一种"以不变应万变"的从容气度。"不变"的是一种学习的态度与行为,"万变"的是知识的更新与社会的变革。

[本文原载于《华东师范大学学报(教育科学版)》2004 年第 2 期]

自我课程策划：意义、可能性及其实现

摘要：课程改革呼唤个体的课程策划。自我课程策划是个体根据自身的特点与生涯发展目标，为自己策划特定课程的教育策划活动。它对真正实现个性化课程和个性化发展具有重要意义。从行动主体看，它与官方的课程开发相对应；从实质看，它挑战传统学校课程的强制性、规范划一性；从功能和目的看，它指向个体主动发展与终身发展。课程政策和制度的变化使自我课程策划成为可能，学校变迁及其功能变化则使它成为必然和必需。要实现自我课程策划，课程再概念化是前提，加强对学生的指导是关键。

关键词：自我课程策划；课程政策；课程制度；学校变迁；课程再概念化

建立个性化的课程体系与修习计划，促进学生个性化发展是当前课程改革的着力点之一。它呼唤个体的课程策划。但目前对自我课程策划概念尚缺少理论上的自觉，因此有必要对其意义、可能性及其实现进行探讨。

一、自我课程策划的意义

随着普通高中课程实验方案的实施，大学人才培养方案越来越弹性化及选修课程比例增大，学生对课程的参与力度也越来越大。这赋予了个体自我课程策划的空间。目前，我国还没有对自我课程策划概念进行专门探讨，本文从教育策划和课程开发两个概念入手去阐释它。

课程策划隶属于教育策划。受教育体制与观念影响，教育策划21世纪初才开始引起关注。有作者认为，策划在本质上是当事人在某种社会制度下主动变革的要求，策划是民主政治的产物，策划总带有主观性。① 教育策划是教育策划者通过教育创意对特殊教育事件的决策所进行的有目的、有计划的预谋活动。② 教育策划是指策划者运用教育创意，借助科学的技术手段，对某一特定教育目标所进行的超前的构思和设计，以提出可供决策者选择的

---

① 葛大汇. 论教育策划［J］. 教育发展研究，2004（9）：54－55.
② 程晗. 中国教育策划探源［J］. 教育理论与实践，2000（10）：13－18.

策划方案，并付诸实施的一种系统性的教育科学与技术。① 由此可见，教育策划是一种具有主动性、主观性、创新性、预见性、科学性的活动。

课程开发是当前的热门概念，目前对它的理解多种多样，如有的着眼于教育行政部门或专家的课程开发活动，把它定义为："那些精心设计的活动的总和，通过它们设计出学程或教育活动模式，并提供给教育机构作为其学程或教育活动模式的方案。"② 有的从课程概念入手，提出："如果课程被看成是一种在学校指导下年轻人将获得的学习经验的计划，那么它的目的就是为排列和指导这些经验提供一种媒体。提供这种媒体并使其正常发挥作用的过程就是众所周知的课程开发。"③ 有的从泰勒原理出发，认为课程开发"是决定、改进课程的整个活动、过程，它包括确定课程目标、选择和组织课程内容、实施课程和评价课程等阶段"④。从这些定义看，课程开发的主体是教育行政部门、课程专家、同课程相关的各种专家以及教师。由他们开发出各种课程，供学生去参与（或必修或选修等），即课程开发的主体与课程学习的主体不是同一的，加上学生缺乏相关知识与指导及盲目选课，学生本质上仍然是课程的"受体"，学生在课程中的作用仍然是被动的。那是否应该有行动主体与服务对象同一的课程开发呢？答案无疑是肯定的，即学生作为主体，为自己策划（开发）课程。

据此，笔者认为，自我课程策划就是个体根据自身的特点与生涯发展目标，专门为自己策划特定课程的教育策划活动。其含义不仅是个体参与校本课程开发，更重要的是指向个体能为自己"度身定做"课程。自我课程策划的主体是学生，特别指向具有行动与责任能力的学生。从行动主体看，自我课程策划与官方的课程开发相对应；从实质看，它挑战传统学校课程的强制性、规范划一性；从功能和目的看，它指向个体发展并着眼个体主动发展和终身发展。"策划"是更具主动性、个体性的一种活动，如人们常说"人生策划"而不说"人生开发"，常说"自我策划"人生而不说"自我开发"人生。当前关注的正是学生作为主体的课程参与及其主动发展，故用"自我课程策划"而不用"自我课程开发"。

① 张光义. 试论教育策划的概念、特征及实践意义［J］. 教育探索，2004（2）：60－62.

② TAYLOR P H, RICHARDS C. An introduction to curriculum studies［M］. Windsor：NFER Publishing Company, 1979：48.

③ OLIVA P F. Developing the curriculum［M］. Boston：Little, Brown and Company, 1982：25.

④ 钟启泉. 课程与教学论［M］. 上海：华东师范大学出版社，2004：96.

教育官员、课程专家、教师的课程开发是面向社会或特定群体的，再好的学校课程方案，也很难全面考虑和充分满足个体的个性化发展需求。同时，许多相关的研究表明，自己控制课程的学生比那些依靠其他权威的人来控制自己所受教育的学生有更积极的学习过程和效果。① 因此，自我课程策划对真正实现个性化课程和个性化发展具有重要意义。学生要善于超越由他人规定的课程，根据个人特点与生涯发展需求，积极主动地为自己选择和策划课程。

自我课程策划意味着课程品质的转变，体现当代课程的自主品质。② 但是，当前的课程改革中，学生的作用仍没有得到充分重视与发挥，相当部分大学生既迷茫又不懂"自主"课程。为什么自我课程策划似"现"却"隐"？它可能吗？

二、自我课程策划的可能性

自我课程策划是历史地呈现的，它与课程政策、制度、学校变迁及功能的变化等联系在一起。

1. 自我课程策划与课程政策、制度的变化

自我课程策划实质是课程开发主体的扩大，是课程政策、制度变化的直接产物。课程政策决定课程决策的主体，在中央集权制的课程政策下，只有国家一个课程决策主体；在地方分权制的教育体制下，课程权力集中在地方教育行政部门；在学校自主型的课程政策下，课程权力主要在学校。课程政策通过决定课程开发的主体来影响课程。

我国自 1949 年至 20 世纪 80 年代中期，实行完全中央集权制课程政策，由国家决定全国的课程，地方和学校、教师没有课程开发的职责和权利。20世纪 80 年代中期到 20 世纪 90 年代末，我国课程政策仍以国家为主，允许一小部分课程由"地方安排"。新一轮课程改革明确规定课程实行国家、地方、学校三级管理体制，学校在执行国家和地方课程的同时，应视当地社会、经济发展的具体情况，结合本校的传统和优势、学生的兴趣和需要，开发或选用适合本校的课程。这给学生参与课程开发和个体自我进行课程策划提供了政策上的保证。没有课程政策的改变，自我课程策划在实践中便没有

---

① 江山野. 简明国际教育百科全书·课程［M］. 北京：教育科学出版社. 1991：45 – 47.

② 赵颖，郝德永. 当代课程的自主品质与自律途径［J］. 学科教育，2004（11）：10 – 14.

生存的空间。

从我国课程政策的变迁看，课程决策主体迁移路向是：国家—地方—学校—个体，课程决策权日益下移。可以预见的是，个体将日益从"缺席"状态走上前台发挥作用。随着我国民主化进程的加快和学生参与意识的增强以及课程建设的需要，个体课程策划将日益明显。

自我课程策划也与课程制度的变化相关。课程制度是学校落实课程计划和课程方案，有效促进课程开发、课程管理与课程评价的一系列规范和行为准则，是学校实现课程自主更新的机制。它有国家课程制度与学校课程制度之分。① 课程制度与课程政策一脉相承。与实行中央集权制的课程政策相关，我国长期以来只有国家课程制度，学校课程制度缺失，因此课程的规范划一性与强制性有余，而个性化不足，学校、学生缺少个性化课程开发的机制。

这种课程制度是工业社会的产物。其特征是：在价值取向上，强调满足社会发展需要，很少考虑个体发展需要，用统一的规格制定培养目标和内容；在课程设置上，以学科中心主义思想为主导建构学科课程体系。随着社会发展，这种课程制度的弊端逐渐显露出来。

我国有学者指出，现时代教育制度正处于由强制性教育制度向自主性教育制度变革过程中。自主性教育制度就是以个人自由以及人与人之间的权利平等为基础，以确保教育中的个人自由和权利平等以方便有效谋取自己的教育利益为特色的教育制度。② 课程制度是教育制度的一个重要组成部分。强制性教育制度通过设计大一统的课程体系和标准，限制学生的个性追求和表达，限制学生自主活动的私人空间和自身的价值追求。如一考定终身的高考制度设置迫使学校和个人学习片面追求考试价值就是最明显的表现。在这种教育制度下，个体在课程策划方面哪敢越雷池半步？

目前，自主性教育制度渐露端倪。如近几年来一些高校改革招生方式、试行自主招生制度等，2010 年颁布的《国家中长期教育改革和发展规划纲要（2010—2020 年）》鼓励继续深化高等教育考试招生制度改革及探索建立现代学校制度。这将逐步导致课程规范性、强制性的解体，有利于学生自主性的发挥。课程政策和制度的变化使自我课程策划成为可能。

2. 自我课程策划与学校的变迁

自我课程策划反映了课程从被强迫实施到自由选择、学生从被动走向主动的过程。这个过程也与学校的变迁联系在一起。学校始于人类知识及其传

---

① 郭元祥. 学校课程制度及其生成［J］. 教育研究，2007（2）：77 – 81.
② 康永久. 教育制度的生成与变革［M］. 北京：教育科学出版社，2003：422.

播的专门化要求，是有计划、有组织、系统地进行教育教学活动的重要场所和专门机构。随着社会的变迁，学校的存在基础及功能发生了变化。

首先，随着技术发展与网络时代的到来，人们获得知识的渠道与场所早已超越课堂与学校，学校已经不是垄断知识的机构。知识爆炸、信息社会、终身学习社会的出现蚕食了学校的地位，学校逐渐丧失了它的正统性。

其次，在社会结构变化与文化多样化背景下，学校存在的依据变得不明确了。"二战"以后起支配性作用的意识形态，就在于针对国家权力的专制性压抑，倡导个人的自由。这种理念促进了教育的"私事化"与市场化，由此引起课程公共性与规范性的解体。这是学校存在的中枢问题。如日本提出了"学校群"构想，把历来的学校功能分割成三块：以往学校教育承担的"语言能力""逻辑思维能力""日本人的精神"的教育作用"苗条化"为"基础、基本教室"（必修，由文部省管辖）；它的周边配置从事人文、社会、自然科学和艺术教育的"自由教室"（自由选择，民间教育产业）；从事各种例行活动与俱乐部活动的"体验教室"（自由选择，社区与民间团体）。由这三个"教室"的"网络"构成"学校群"。[①] 这种构想从根本上撼动了学校教育的构造与课程的基本框架。我国目前越来越多的各类课程的校外教育机构及其招生的火爆现象（民间教育产业），可以看作是这种"学校群"出现的端倪。还有终身教育、终身学习概念的提出，也从根本上改变学校存在的时空方式与要素。

再次，学校存在基础的变化促进学校功能的变迁。20 世纪以来，学校教育从重视政治功能到逐步突出经济和文化功能；从强调社会发展功能到强调促进社会发展与促进个体发展的功能相统一，个体发展功能逐步被提出来。在我国基础教育课程改革中，强调课程的价值转型——从考试价值到发展价值，对课程的个体发展功能给予了应有的重视。同时，由于终身教育与终身学习成为现代人的生存和发展的必需，学校的基本功能"更要求唤醒和逐渐提升学生的学习需求与能力，逐渐完成从受教育者向主动学习、自主抉择、健康发展的转换，即学生自我教育与自我超越能力的提升"[②]。这些都要求个体在课程中获得决策权和主动地位，课程需要有个体的自我策划而非单一的被动的强制的"国定""地定"和"校定"课程；要求个体有课程策划的能力，以应对终身学习和终身发展的需要。即学校的变迁及功能变化使自我课程策划成为必需。

---

① 佐藤学. 课程与教师 [M]. 钟启泉，译. 北京：教育科学出版社，2003：130.
② 叶澜. 终身教育框架下学校功能的变化 [J]. 上海教育，2005（1B）：28 – 29.

三、自我课程策划的实现

自我课程策划尽管具有必然性和必要性，但其仍未引起重视和远未实现。这主要是因为：一是旧政策、旧制度、旧课程实践造成的旧课程观念束缚着人的行动；二是课程策划是一门技术，学生缺乏相关的知识和指导。因此，课程再概念化是自我课程策划实现的前提，加强对学生的指导是自我课程策划实现的关键。

1. 课程再概念化：自我课程策划实现的前提

课程概念是伴随着教育实践历史地形成与变迁的。制度化学校教育产生之前，人们不像现在这样按既定的方式去理解课程。从古希腊时期智者的演说式教育，到中世纪时的教会学校教育，学习都是非常个体化及私密的。教学过程是一群游学的学生从一个城市游历到另一个城市，从一个导师转到另一个导师。在这个过程中，没有顺序的概念，没有"结束"的概念。学生根据自己的意愿选择教师和学习的地方。所以，"课程"（curriculum）一词从英语词源看，含有"人生之阅历""个人履历"的意味。课程是个体自己"经历"出来的，没有外在强迫性。

"课程"作为教育术语出现，是在宗教改革以后的大学教育之中。宗教改革带来了教会对大学的权力和国王权力的控制。由教会与国王的权力所控制的课程被比喻为让大学教授和学生进行教学的学程的赛马跑道。这样，"课程"意味着制度上所规定的学科课程的含义便固定下来。"课程"这一术语中蕴含着"强制"的语感，其历史根源便在于此。①

19 世纪末与 20 世纪初欧洲的"新教育运动"与美国的"进步主义教育运动"表现为一些教育家的教育实验与课程策划活动。随着进步主义教育的形成和普及，美国在 20 世纪初，课程意味着制度上所规定的学科课程这一含义有了改变。教育行政所规定的教育内容和学校教师所创造的内容有所区别。教育行政所规定的教学大纲叫作"课程标准"，学校教师所创造、学生所经验的课程叫作课程。"学习经验之总体"这一课程内涵就是在这个过程中形成的。进步教育运动是"把个人和各种制度从压制人的生活形式的束缚下解放出来的那种广泛努力的一个部分"②。在这种教育中，教师是课程开发的主体，儿童的地位和作用受到重视。约翰·杜威（John Dewey）更为经

---

① 佐藤学. 课程与教师［M］. 钟启泉，译. 北京：教育科学出版社，2003：176.

② 赵祥麟，王承绪. 杜威教育论著选［M］. 上海：华东师范大学出版社，1981：431－432.

验赋予"主动性、理智性和整体性"的特性，主张制定心理化（psychologized）与方法化（methodized）的教材，同时实施主动学习（active occupations）。① 在此，学生参与课程获得了理论支撑，个人性课程翻开了历史新的一页。

受"苏联卫星上天"事件影响，经验课程概念一度沉寂，自 20 世纪 70 年代开始获得新的生机。个人努力在课程中的作用得到充分重视。如保罗·弗莱雷（P. Freire）在《被压迫者的教育学》中提出了解放教育的课程研制思想：引入文化民主化观念，视个体为文化的创造者、批判者；主张课程研制不能只以上层社会和统治阶级的需要或以文化制度、内容、规范为依据，而应从个体自己的文化氛围、现实生活与环境中确定课程的来源。以派纳（W. Pinar）为首的"概念重建主义"研究者则力图以新的个人性对抗存在性课程，以寻求使个体从工具理性及意识形态的桎梏中获得解放的课程。后现代主义课程论者认为课程应具有"适量"的不确定性、异常性、无效性、模糊性、不平衡性、耗散性与生动的经验，② 还有"课程为精神旅程"③ 的观点，把课程置于动态的自主的过程中，向静态的、控制的课程传统提出挑战，从而在某种程度上恢复了课程是"履历""阅历"的原本之义。日本学者佐藤学主张重新审视课程，扩充课程观，提出了冲破"公共框架""教育计划"之课程观的三个视点，即"教师构想的课程""作为儿童学习经验之总体的课程""作为师生创造性经验之手段与产物的课程"，④ 从而使"学生的课程"占有一席之地。

从上文可以看出，课程概念随着课程实践变化而不断地"再概念化"。不同课程概念，其实践中个体的参与度也不同。"履历"课程观源于非制度化教育中个人化的学习实践；"强制性的学科课程"观源于中央集权的强制性课程实践，在这种实践中，不可能存在自我课程策划的概念；经验课程或个人性课程则首先源自理论家的课程理想，然后才影响课程实践。

由于 1949 年以后我国较长时间内实行全国统一课程，课程被理解为教育行政部门规定的教育内容，是"制度化知识"，教师和学生对于课程没有任何自主选择的余地。在这种"强制"的课程语感中，不可能生成自我课程

---

① 赵宁宁. 存在性符号的人性化历程：课程研究问题史的文化哲学考察 [J]. 教育理论与实践，2007（1）：57 - 61.

② 多尔. 后现代课程 [M]. 王红宇，译. 北京：教育科学出版社，2006：250.

③ 多尔，高夫. 课程愿景 [M]. 张文军，张华，余洁，等译. 北京：教育科学出版社，2004：349.

④ 佐藤学. 课程与教师 [M]. 钟启泉，译. 北京：教育科学出版社，2003：17 - 21.

策划的观念，也不可能有相关的实践。在我国，要让学生参与并自主决定课程，顺利实现课程个性化，必须对课程进行再概念化，促进课程观念更新。当前这个过程正在展开。如有学者超越知识课程与经验课程的争论，提出：课程即发展资源，发展资源是指对学生的身心素质的形成与完善具有价值、意义或促进作用的"养分"或原材料；人类精神文化（知识）、生活经验、生活环境等，都可以是学生的发展资源。① 这种认识大大地拓展了课程的外延与课程策划的视野。但是，由于学科课程观念太根深蒂固，课程"再概念化"还要从当前的课程改革实践需求出发去深化，才能突破旧实践造成的旧观念的束缚，自我课程策划才能成为共识并找到行动方向。

2. 加强对学生的指导：自我课程策划实现的关键

策划是主体性很强的工作，自我课程策划是一门技术，关键要加强对学生的指导。《普通高中课程方案（实验）》中指出，学校要"建立行之有效的校内选课指导制度，避免学生选课的盲目性，学校提供课程设置说明和选课指导手册，并在选课前及时提供给学生。班主任及其他教师有指导学生选课的责任，并与学生建立相对固定而长久的联系，为学生形成符合个人特点的、合理的课程修习计划提供指导和帮助"。要指导学生形成自我教育自我策划的意识，掌握自我课程策划的技能。

目前，有学校基于"让每个学生拥有主动发展的品质，为每个学生奠定生涯成功的基础"的办学理念，开发校本课程对学生进行自我策划教育。其自我策划教育校本课程有自我策划教育本体课程、基于学科学习的自我策划教育模块课程和主动发展选择性课程三种。其中，自我策划教育本体课程是一门系统指导学生策划高中三年学习以及未来人生，学会正确认知、选择策略、设计规划、制订计划、实现策划目标的系统性课程，主要内容为指导学生"认识自我、认识高中学习的特点、认识文化基础与专业发展的关系、认识情感培养对学业成功的重要性"② 四个方面。这种理念和实践切中了自我课程策划的要义。

课程具有生涯发展特性。生涯是个人一生职业、休闲、社会与人际关系的总称，是个人的终身发展历程。③ 若说高中生因为现实的原因，主要考虑

① 陈佑清. 课程即发展资源：对课程本质理解的一个新视角［J］. 课程·教材·教法，2003（11）：10－14.

② 汪明霞. 自我策划教育校本实践研究［J］. 现代中小学教育，2010（5）：8－10.

③ 申仁洪. 论基础教育课程的生涯发展特性［J］. 教育理论与实践，2007（4）：49－52.

学业和高考的话，大学生的课程策划则需要全面考虑生涯发展。但当前许多大学生仍习惯于考虑课程与考试的关系，为混学分而选课，对课程与发展的关系缺乏认识，拿到的学校"课程菜单"越长便越无所适从，更不用说基于个人生涯发展主动策划"菜单"以外的课程。因此，要指导大学生认识自我并确立"个人发展愿景"，指导大学生认识课程的功能、课程与培养目标及发展的关系，学会把课程策划与人一生的可持续发展联系起来。

总之，在"应然"追求与"实然"条件中，自我课程策划正在走来。课程政策和制度的变化使自我课程策划成为可能，学校的变迁及功能变化则使自我课程策划成为必然和必需。更新课程观念和加强对学生的指导，自我课程策划才能化为现实。

（本文原载于《教育理论与实践》2012 年第 1 期）

论整合课程与分科课程的并存关系①

摘要：整合课程是在分科课程的"语境"中产生的。整合课程既是一种课程设计理论（理念），也是一种课程形态。整合课程与分科课程的并存有历史的和人性的依据，两者都是观照和解决人与文化之间的关系问题。整合课程与分科课程的并存关系表现为：理论（理念）与实践的辩证统一和时空的统一性，两者的区分是相对的。探讨清楚两者关系的具体表现形式，有助于深化教师对综合课程的认识。

关键词：整合课程；课程整合；分科课程；并存

整合课程②是在分科课程的"语境"中产生的。在当代课程理论与实践中，它们都表现为一种并存的关系。但学界对它们并存的基本依据、它们是怎样"并存"的，缺少具体而深入的研究和阐述。强调课程的综合化是本次新课程改革实验的亮点之一，广大教师对实施这种课程仍有相当大的困惑。深入具体地探讨整合课程与分科课程两者的并存关系，有助于深化教师对综合课程的认识，增强课程实施的信心。

一、国内外学者对整合课程与分科课程并存关系的认识

学者们对整合课程与分科课程的并存关系基本达成了共识。他们大都认为，分科课程与综合课程有各自的独立价值，都有自身存在的依据。在课程编制上，大多数学者主张应该两者并存。如江山野、里宁主张"最好是把综

---

① 本文为黄甫全教授主持的研究课题的阶段成果之一。基金项目：广东省哲学社会科学"十五"规划资助项目，编号：02H8；教育部2002年度人文社会科学规划资助项目，编号：02JA880017。

② 这里的整合课程与综合课程、统整课程同义，都是对应于英语中 integrated curriculum。关于 integrated curriculum 与 curriculum integration 的名称翻译问题，详见黄甫全教授的《整合课程与课程整合法》一文（《课程·教材·教法》1996年第10期）。我同意该文的观点，故在文章题目及论述自己观点时用整合课程或课程整合。有时用"综合课程"或"统整课程"是为了尊重有关文件的表述和其他学者的观点。

合性的课程和分科开设的课程结合起来"①，丛立新认为"课程在今后的发展，仍将在分科与综合这一基本关系的作用中实现，两种课程也将共同存在"②，台湾学者游家政则说"统整课程并非要取代分科课程，而是要弥补分科课程的不足"③。这些认识主要是基于这样的理解，即把整合课程看作是一种新型的课程形态（实体），是与分科课程相对应的一种课程形态。

对两者并存关系的认识蕴含在对整合课程内涵与方法的理解上，具体是要不要考虑学科界限，由此形成了两种整合的观点与做法。一种是以现行的学科界限为基础，以合并、融合或广域课程的形式整合课程。目前在整合课程实践中也多是这两种。另一种是从一开始便不用考虑现在的学科界限，根据新的理念如民主社会价值观，重构新的课程整合框架。其代表人物是James A. Beane，他认为"课程统整是课程设计的理论，透过教育工作者与年轻人共同合作而认定的重大问题或议题为核心，来组织课程，以便促成个人和社会的统整，而不考虑学科的界限"④。在 Beane 看来，前一种做法不能叫作"课程统整"，而应称之为"多学科式"（multidisciplinary）或"多科目式"（multi-subject）课程。Beane 的观点与杜威的整合课程论一脉相承。他把课程整合看作是"课程设计的理论"，深化了我们对整合课程的认识，但他抽空了课程改革的"语境"，无视分科课程的实践惯性，否定了当今世界范围内的大部分课程整合实践的看法又较为极端。从学科界限看，我宁愿把整合课程的这两种方式理解为一个连续体，是原有的分科界限逐渐缩小的过程。打破学科界限的主题中心课程或一体化课程是预示着未来的一种理想课程形态，以现有的学科界限为基础的整合课程则是一个过渡阶段，是迈向理想状态的必经之途。是否考虑学科界限，不能作为整合的标志，只是反映整合程度的不同而已。从整合课程的意义及思维过程来看，不考虑学科界限是不可能的，因为学科已成为我们思考整合的一个参照点。

二、整合课程与分科课程并存的基本依据

整合课程与分科课程并存有深刻的历史依据和人性的依据。分科课程是

---

① 江山野，里宁. 改革课程结构 扩大学生的知识领域［M］//瞿葆奎. 教育学文集·课程与教材：上. 北京：人民教育出版社，1989：472.

② 丛立新. 课程论问题［M］. 北京：教育科学出版社，2000：196.

③ 游家政. 学校课程的统整及其教学［J］. 课程与教学季刊（台湾），2000，3（1）：24.

④ BEANE J A. 课程统整［M］. 林佩璇，等译. 台北：学富文化事业有限公司，2000：36.

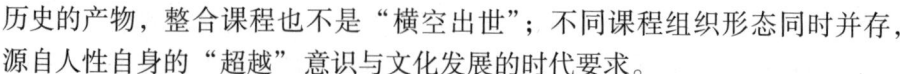

历史的产物，整合课程也不是"横空出世"；不同课程组织形态同时并存，源自人性自身的"超越"意识与文化发展的时代要求。

1. 历史的依据

在具体的时空里"分科"与"整合""总是"交织在一起的。古代的课程是以整体、综合为特征的，但是，无论是我国古代的"六艺"（礼、乐、射、御、书、数），还是古希腊的"七艺"（算术、几何、天文、音乐、文法、修辞、辩证法），它们形式上是分科设置的，彼此也有自己的独立性。近代课程的根本特征是分科，这是近代科学对自然界进行分门别类研究成果的直接体现。在这一时期，恰恰也孕育了整合课程产生的土壤。对于分科课程的一统天下，作为分科课程重要理论奠基者的赫尔巴特，也十分清晰地意识到分科并非完全合理。所以他提出了整合的设想，与其弟子齐勒创立了一种通过"教材联络与教材中心"，把各学科统整起来的设想。在他们之后，还产生了各种各样的课程整合理论，如地理中心整合论、儿童中心整合论、结构中心整合论、认知—情意整合论等。在当代，课程整合的趋势越来越明显。在课程实践中，呈现出整合课程与分科课程并存的局面。所以，在课程历史上，"分科"与"整合"总是交织在一起的。分科课程的历史中蕴含着整合课程的理想，分科课程理论中蕴含着课程整合的理论；整合是相对分化而言的，有什么样的分化就必然伴随着什么样的整合，课程整合内在地包含着课程分化。这反映了事物发展的辩证法。因为整合与分化作为课程的两极，总是"一极已经作为胚胎存在于另一极中，一极到了一定点时就转化为另一极，整个逻辑都只是从前进着的各种对立中发展起来的"①。分科课程从整体中诞生出来以后，在知识分化的过程中，分科课程离整体越来越远从而显示出越来越多的弊端，到了"一定点"需要转化为"另一极"，所以整合课程成了当今世界各国课程改革的重要方面。

2. 人性的依据

人的本性使人对新的领域产生好奇并出现探究的兴趣。无论是近代以来的分科课程，还是正日渐向我们走来的整合课程，它们反映的都是人类探求自身与探索世界的需要，反映人类永不停息的进取与超越意识，也反映人类认识的成果，即文化发展的进程。人是"符号"的动物，人性就是文化性，文化性就是人性。文化是人创造的，可文化一旦被创造出来又变成了人的一种宿命，人的生存与发展都与此有关，都与社会文化及在此基础上形成的个

---

① 中共中央马克思恩格斯列宁斯大林著作编译局. 马克思恩格斯选集：第 3 卷 [M]. 北京：人民出版社，1995：531.

体文化密切相关。从课程历史上看，课程内容与组织形式是与文化或知识发生的量变与质变纠缠在一起的，但实质上，又是与人对自身的认识与全面发展的追求密切联系在一起的。具体表现为：分科课程体现的是"理性发展"与"科技文化"连续同一，"整合"体现的是"人性实现"与"文化发展"的连续同一；两者都是观照和解决人与文化之间的关系问题。

"课程的实质是从一种文明所累积进来的文化发展中抽译出来的"①。"课程内容是教育化的文化"，"文化实际上是人类发展成果的'外化'，文化的内核凝结着人类发展的成果"②。人类的认识总是有"限度"的。从理想的角度看，课程反映的是当时人类认识的"最高"成果，课程的目的都是要以人类认识的"最高成果"去促进人性的完美发展的，社会文化或教材是个体自我发展和自我实现的养料。分科课程的内容是以系统的科学文化知识为对象的，是以科学知识为唯一合法知识型的结果。它是理性认识与科技文化发展的产物，也是以发展人的理性为目的的。学科知识代表了人的理性发展的最高成果，所以分科课程体现的是"理性发展"与"科技文化"连续同一。

文化是发展的，人对自身的认识也是逐渐深化的，课程的变化对此步步相随。古代的整合课程是人类认识初级阶段的表现，是以人类对人自身与外部世界的模糊、朦胧、不精确认识为基础的；近代分科课程是人类对于自然、社会及自身的认识，尤其是对于自然的认识从整体、笼统到分化，而且在分化的程度上达到前所未有的深度和高度的结果；当代课程整合是在人类对世界的认识更加充分与全面，在知识高度分化基础上进行的，它完全区别于古代的混沌式的综合。每一时代要实施的课程都被认为是最好的最"进步"的课程，分科课程在实施之初也是如此。可是到了今天，对人的理性的片面强调与单一的科技文化发展，已造成了大家有目共睹的不良后果。所以20世纪以来，出现了很多反理性的哲学流派。在对人性的认识上，出现了各种各样的更为"复杂"与"全面"的人性观，如"文化人""意义人"假设等；在知识观上，用"文化"知识观来反对理性知识观。体现在课程内容与组织形态上，反对科学知识对人文知识的压制，主张课程知识的多样化与各种知识的整合；反对分科课程在肢解知识的同时肢解人性，主张课程应促进人性的充分实现而非理性的片面发展。这样，便提出了课程整合的要求。所

---

①　麦克唐纳. 课程论［M］//瞿葆奎. 教育学文集·课程与教材：上. 北京：人民教育出版社，1989：185.

②　黄甫全，王本陆. 现代教学论学程［M］. 北京：教育科学出版社，1998：64，62.

以，"整合"体现的是"人性实现"与"文化发展"的连续同一，反映了人类对人性认识与文化发展的新成就。

分科课程与整合课程都是观照和解决人与文化之间的关系问题。在需要以全部的理性反对宗教神学的年代，在需要科学来改善物质生活的时代，人们追求的是理性发展与科技文化的整合同一。分科课程在其发生之初体现了这种进步趋势。可是，随着工业化的发展，各个分化的学科课程因过于专门化，而肢解了学科之间的联系，造成了人与文化的分离以及人的知、情、意发展的分离。整合课程就是要弥补分科课程的这些不足而不是全面取代它。文化是一个整体，人类知、情、意的和谐发展是个整体统一的过程。当今时代人类个体的幸福生活有赖于整体精神结构的改善，这要求教育课程能为学生的全面和谐发展提供整体的内容与时空方式。整合课程反映了时代的这种需求，追求的是人性的全部实现与多样化文化的整合。"整合课程追求的最高理想，就是实现儿童与文化的整合，让教育内容成为儿童自由和谐全面发展的优化的环境、土壤和养料"①。

整合课程与分科课程并存，体现的也是整合的思想。整合课程与分科课程的关系，反映了整体与部分、归纳与演绎、综合与分析、目的与手段的辩证关系，也反映了人才成长的"博"与"专"的辩证关系。

三、整合课程与分科课程并存的表现形式

1. 并存于理念与实践的辩证统一关系中

整合课程与分科课程并存于理念与实践的辩证统一关系中。首先，大多数课程理论在目标、理念上都是整合的，不管其课程框架是主张分科课程还是整合课程。如斯宾塞是主张分科课程的，但其课程目标"为完满生活作准备"是整合的。实际上，学者们大多从一个统整的目标出发，探寻几个大的学习领域或合科，然后再细化成传统意义上的分科课程。如哲学知识论的重要代表人物之一费尼克斯（Phenix）从培养完整的人的目标出发，提出了其课程框架。这个框架便是经由六大学习领域（意义模式）而至学科的，这些学科便大都是分科的（见表1）②。

---

① 黄甫全. 整合课程与课程整合法［J］. 课程·教材·教法，1996（10）：6-11.

② PHENIX P H. Realms of meaning：a philosophy of the curriculum for general education ［M］. New York：McGraw-Hill Book Company，1964：28.

表 1　意义的逻辑分类

意义的领域	学　科
符号的	普通语言、数学、各种系统的符号形式
经验的	物理科学、生命科学、心理学、社会科学
审美的	音乐、视觉艺术、运动艺术、文学
共智的	哲学、心理学、文学及宗教等存在的方面
伦理的	道德与伦理的各个具体领域
概要的	历史、哲学、宗教

　　由此也可以理解为，这个课程框架在理念上是整合的，在实践中是分科的。从本义上看，Phenix 是要从知识与人的发展关系这个维度去探讨课程整合的，但最终还是要落到学科的"传统"中。这说明我们的脑海中深深烙上了分科的"印痕"，这是我们思维中跳不出的"语境"。整合，是人们思考课程问题的出发点。Beane 强调："课程统整不像许多教育工作者所想象的仅是重新安排课程计划的方法而已。它也是一种兼容并蓄的课程设计理论，涵盖了学校的教育目标、学习的本质、知识的组织与应用，以及教育经验的意义等特定观点。"① 这个概念本身反映了课程统整更多是一种理论，是基于整合理念而进行的课程统整实践。从这个意义上看，课程史上从来便不缺乏课程整合的理论。整合课程与分科课程并存于理念与实践的辩证统一关系中。

　　其次，在实践中，整合课程与分科课程也总是很难脱离干系。即便是在实施分科课程的时候，我们脑海里也要有整合的概念。这个概念便是一种普遍联系的意识。因为知识总是一个系统，把知识放在一定的"知识脉络"与具体情境中，学生更容易理解与把握。这是课程实施中要有的"整合意识"。缺少这种意识，即便是整合课程，也容易实施得"支离破碎"；有了这种意识，即便是分科课程，也会达到好的整合效果。"大道无形"，这"无形之道"便是整合的方法和理念。在理论研究与课程实施中，把握整体观与整合观，我们才能做好这个"有形的"工作。所以，我们说，整合课程与分科课程并存于理念与实践的辩证统一关系中。从理念角度看，所有课程都应是整合课程。

---

　　①　BEANE J A. 课程统整［M］. 林佩璇，等译. 台北：学富文化事业有限公司，2000：166.

2. 并存于时空统一性中

整合课程与分科课程的并存关系表现为时空统一性，是指分科课程与整合课程的阶段性比例问题。如2001年6月教育部颁布的《基础教育课程改革纲要（试行）》中明确指出："小学阶段以综合课程为主，初中阶段设置分科与综合相结合的课程，高中以分科课程为主。"即两者的并存具有阶段性特征，在不同的学习或发展阶段，两者的比例关系不同。随着学习程度或教育阶段的上移，整合课程的比例越来越小，分科课程的比例越来越大。

2003年4月教育部颁布的《普通高中课程方案（实验）》，高中突破性地以"学习领域"来设置课程门类，并且建构了"立体结构"：学习领域下面由"科目"组成，"科目"下面由"模块"组成。即高中课程设置了语言与文学、数学、人文与社会、科学、技术、艺术、体育与健康和综合实践活动八个学习领域，每个领域由课程价值相近的若干科目组成，每一科目由若干模块组成。做出这样的调整，可以更好地反映现代科学综合化的趋势，也与对高中教育的定位与培养目标有关。《普通高中课程方案（实验）》中明确指出："普通高中教育是在九年义务教育基础上进一步提高国民素质、面向大众的基础教育。普通高中教育为学生的终身发展奠定基础。"高中教育既然是"面向大众"的"基础教育"，就必然要"构建重基础、多样化、有层次、综合性的课程结构"。

这样，对整合课程与分科课程关系的理解也可以转化为对通识教育和专业教育、基础教育与高等教育、大众教育与精英教育关系的理解。Beane把通识教育与课程统整、全国课程与课程统整结合起来理解，依据也是在此。他说："在中小学，以议题为中心的通识教育，必须包含近乎课程的整体，并支配整个学校的课程表。当青少年进入高中时，他们的抱负也许会朝特定科目的方向发展……不过，这种专门化的课程至多只能占学校方案中的一部分……正确地来说，分立的科目课程应当被理解为：内容和技能的抽象组织，意味着更高层次的专精和分化的追求。"[①] 分科课程意味着更高层次的专业教育、高等教育或精英教育，整合课程更多地体现在通识教育、基础教育或大众教育中。由于不同层次教育有不同的培养目标，这样，整合课程与分科课程的并存关系也表现为与人的发展阶段以及培养目标的辩证统一。基础教育应是通识教育，处理的是"博"的问题，以整合课程为主；高等教育是专业教育，要直面"专才"培养目标，以分科课程为主。这是思考整合课

---

① BEANE J A. 课程统整［M］. 林佩璇，等译. 台北：学富文化事业有限公司，2000：160-161.

程与分科课程比例的一个基本原则，即通识教育的成分越多，整合课程的比例便越大；越是精英教育（当然，精英教育要以较好地完成普通教育为基础），分科的成分便越多。这是就不同层次教育而言的。

就同一层次教育如专业教育而言，也有整合课程与分科课程比例关系的阶段性问题。专业教育中的专业基础学习，一般适合在较早一段时间以整合课程的形式出现。

所以不管是就整个教育系统的连续性，还是就同一层次教育的不同阶段而言，整合课程与分科课程都有一个比例关系，两者统一于具体的时空中。

3. 整合课程与分科课程的并存是相对的

整合课程与分科课程的并存是相对的，即整合课程与分科课程的区分是相对于不同的参照标准而言。同一个科目，依据不同的参照点，既可以是整合课程，也可以是分科课程。如德国的哈尔尼斯（W. Harnisch，1787—1864）最早提出的综合课程设想中有"世界科"这门整合课程，它"包括理科和社会科的内容，如地理学、矿物化学、物质学、动物学、人类学、民族学、国家学、历史学等"①。在这里，相对于世界科，理科与社会学是分科课程；相对于地理学、人类学等，它们又是整合课程。又如生物学，相对于动物学、植物学而言，它是整合课程；相对于综合理科，它又是分科课程。这样的例子我们还可以举出很多。这说明，分科课程与整合课程的区分是相对的，有时甚至并存于同一对象中。整合课程有不同的"整"的程度，分科课程也有不同的"分"的层次。因而，有"整合视野中的分科课程"，也有"分科视野中的课程整合"。它们是并存的。这反映了人们认识事物的基本规律，抽象与具体、一般与特殊之间的双向运动。在分类上，有无限细化的可能，只要我们愿意和用得着，我们便可以对事物做无穷尽的划分，从而在相关事物间构成一个归类的链条。在这个链条中，整体与部分总是相对的，整体相对于更大的整体而言，是部分；部分相对于更小的部分而言，是整体。体现到课程理论上，则整合课程与分科课程的并存总是相对的。实际上，课程研究者在勾勒课程框架时，大多是从整体到部分、从综合到分化的顺序考虑问题的，始于最高层次的整合，止于就当时而言是最低层次的分科。

综上所述，整合课程与分科课程的并存有深刻的历史与人性论的依据，两者的并存关系是辩证统一的，区分是相对的，它们并存于时空统一性中，

① 范树成. 国外综合课程的理论与实践［J］. 外国教育研究，1990（1）：31–36，11.

并存于理念与实践的辩证关系中。认识清楚这两者并存关系的实质及其具体表现形式，有助于深化对整合课程的理解，增强实施课程结构改革的自觉性与自信心。

［本文原载于《华南师范大学学报（社会科学版）》2004年第3期，人大复印资料《教育学》2004年第9期全文转载］

课程·视野·发展

——对课程价值的阐释

摘要： 对什么样的课程能更好地促进学生的发展，当前存在分歧。课程理想与改革行动中默认了课程与发展、视野与发展的关系，但对于三者的内在联系，在理论上尚未自觉、系统地揭示出来。从课程与文化的关系看，课程与视野具有内在一致性。从对杰出人才成长过程的分析看，杰出人才都具有大视野，大视野促进大发展。拓展视野是内在于人性超越性的基本需求与表现。关于课程价值的争论可以统一于"视野"概念，课程价值的大小体现在其给学生提供的时空体验中，致力于开阔学生的物理视野和心理视野并使两者相互作用的课程才能更好地促进学生的发展。

关键词： 课程；课程价值；物理视野；心理视野；发展

课程改革是为了更好地促进学生发展，但对什么样的课程能更好地促进学生的发展，存在分歧。开阔学生视野是许多教育家的课程理想，也是当前课程改革行动的基本取向或目的，这等于默认了视野与发展的关系。但课程、视野、发展三者到底有什么关系，目前在理论上尚未自觉、系统地揭示出来。本文以"视野"为中介概念，探讨三者的内在联系，为阐释课程的价值提供一种新视角，以利于解决课程价值争论中的分歧。

一、课程与发展：课程概念中的课程价值争论

在学界，其实有三种课程观及相应的课程价值观。

一是学科课程或知识课程观。其认定课程是"知识"或"法定知识"或"所有学科（教学科目）的总和"，认为"知识之于人（尤其学生个体）的发展，是基础，是中心，是水之源、木之本"。①

二是活动课程或经验课程观。其认为课程是学生的经验或体验，是生

---

① 王策三. 认真对待"轻视知识"的教育思潮：再评由"应试教育"向素质教育转轨提法的讨论 [J]. 北京大学教育评论，2004（3）：5－23.

活，是阅历；认为关注学生生活世界、关注学生经验的课程更能"为了每位学生的发展"。

三是"发展资源"或"发展指南"的课程观。其认为"课程即发展资源"，"发展资源是指对学生身心素质的形成与完善具有价值、意义或促进作用的'养分'或原材料"。[①] 当代课程的本质既不能定性为"知识"，也不宜概括为"经验"，当代新课程是用以促进学生各项基本素质主动发展的指南。[②]

无论哪种课程观，对课程的价值都隐含着"促发展"的假设，只是立场不同。学科课程主张理论知识（间接经验）更能促进学生的发展；经验课程主张基于学生经验或面向"生活世界"的知识才能促进学生的发展。无论是"知识发展观"还是"经验发展观"，在实践中都可以找到反证。如若认可前者，那为什么在这种实践中会有那么多弊端呢？如何解释实际存在的"高分（知）低能"现象？若后者为真，那美国在20世纪60年代教育改革为何要"回归基础"（back to basic）？我国大陆和台湾为何会担心"安乐死"？再实事求是地看，在传统学科课程中成长起来的学生，也有"快乐"地发展而且不缺"情感态度价值观"的，新课程实践中也不一定人人能达到"三维目标"。这至少表明，知识与经验、知识课程与经验课程对学生发展的价值不是对立的，或是课程与发展并非简单的线性关系或"假设"，还涉及课程价值的实现问题。

"发展资源观"则认为人类精神文化（知识）、生活经验、生活环境等，都可以是学生的发展资源；发展资源只是影响学生发展的一种外在条件，发展资源的发展价值的实现取决于发展主体与之进行的相互作用；发展资源（课程）与实际发展之间的关系，要通过分析人的发展过程来理解。本文正是站在这个立场上展开探讨。[③]

开阔学生视野是许多教育家的课程理想，也是当前课程改革行动的基本取向或目的，这等于默认了视野与发展的关系。但课程、视野、发展三者到底有什么关系，目前在理论上尚未自觉、系统地揭示出来。以"视野"作为

---

① 陈佑清. 课程即发展资源：对课程本质理解的一个新视角 [J]. 课程·教材·教法，2003（11）：10－14.

② 廖哲勋. 我对当代课程本质的看法（上、下）[J]. 课程·教材·教法，2006（7）：10－16；课程·教材·教法，2006（8）：3－7.

③ 这个立场也是泛化的课程观立场。笔者认为，无论从课程改革的理想（更好地促进学生发展），还是从实际存在的课程行为（如呼吁学生、家长、社区人士等参与课程开发）看，课程必然要超越传统"学校"的时空范畴去理解。

中介概念，探讨三者的内在联系，有助于理解"什么样的课程能更好地促进学生的发展"问题。

二、课程与视野：基于文化的内在一致性

"视野"一词，在英语中，可以用 eyeshot、visual field、field of vision、horizon 等词来表示，指称"视野、视界、目力所能及的范围"。在中文中，"视野"有两个含义：一是指眼球固定注视一点时所能看见的空间范围；二是指思想或知识的领域，如扩大学术视野。① 前者是本义，指称物理上的空间范围，可称为物理视野或自然视野；后者是引申义，指称心理上或精神上的范围，可称为心理视野或知识视野。从自然目力出发，一个人所能看见的范围总是十分有限和具体；心理的"范围"则可以超越关山阻隔，超越时空限制，超越身体限制。时空范围是视野的基本表征。文化哲学的代表人物恩斯特·卡西尔（Ernst Cassirer）把空间区分为行动的空间与抽象的空间，② 物理视野与行动的空间相联系，心理视野则与抽象的空间相承。

从文化分析看，不同类型的文化如东方文化与西方文化、中国文化与印度文化、游牧文化与农耕文化等，形成的时空历程不同。不同时代、同一时代不同地域，文化特征有别。文化的差别实质是文化时空的差别。文化时空，既有物理上的意义，也有心理上的意义。由此可见，文化与视野在时空特征方面具有一致性。一定的文化蕴含一种时空方式与进程，即总是表征一定的视野，不同的文化蕴含不同的视野。

课程与文化有着天然的联系。课程内容是对社会文化的选择，课程本身就是一种文化。③ 课程文化包含两方面的含义：一是课程作为文化；二是课程作为教育学化了的文化。④ 不同学科课程揭示不同的文化内容。文科关注人文世界，理科关注自然世界；中文学科，更多的是反映中国文化，而英语则可以原汁原味揭示英语国家的情况；学习地理可以"纵横几万里"，学习历史可知"上下五千年"。因此，一种课程就是一种视野，不同课程中蕴含

① 辞海编辑委员会. 辞海：下 ［Z］. 上海：上海辞书出版社，1999：4504.

② 卡西尔. 人论 ［M］. 北京：西苑出版社，2003：75－77.

③ LAWTON D，GORDON P. Dictionary of education ［M］. London：Hodder & Stoughton，1993：66；黄甫全. 课程本质新探 ［J］. 教育理论与实践，1996（1）：21－25.

④ 郝德永. 课程与文化：一个后现代的检视 ［M］. 北京：教育科学出版社，2002：374－392.

不同的视野。课程中表达的文化时空决定课程视野的大小，不同类型课程、不同学科可以给学生不同的视野。学科课程主要表征的是理论知识或间接经验，反映认识的抽象空间与影响人的心理视野；活动课程则更多与行动的空间和物理视野相联系。

三、视野与发展：基于杰出人才成长过程的分析

视野与发展的关系是解释课程价值及其实现的关键。为什么许多教育家的课程理想及当前课程改革行动都致力于开阔学生的视野？为什么视野可以促进人的发展？对杰出人才的成长过程做分析，有助于回答这些问题。

（一）课程理想与改革行动对视野与发展关系的默认

致力于开阔学生的视野是许多教育家的课程理想。如洛克倡导旅行是必要的教学科目，认为在不同的文化间旅行获得的经验对绅士培养、对个体发展具有重要意义。蔡元培在其倡导的学习科目中，对历史、地理课程的意义给予充分的强调，如认为地理的"要义在使知今日中国疆域之大略，五洲之简图，以养成其爱国之心，兼破其乡曲僻陋之见"[1]。陶行知提出了"六大解放"（解放眼睛、双手、头脑、嘴、空间、时间）以解放儿童的创造力。他说："从前的学校完全是一只鸟笼，改良的学校是放大的鸟笼。我们要解放小孩子的空间，让他们去接触大自然中的花草、树木、青山、绿水、日月、星辰以及大社会中之士、农、工、商、三教九流，自由的对宇宙发问，与万物为友。解放了空间，才能搜集丰富的资料，扩大认识的眼界。"[2] 联合国教科文组织倡导国际了解课程："为了熟悉其他社会而能够到国外游历的学生仍然是少数。但是全部学生都应该有机会通过他们的学习计划了解自己文化以外的文化，从而能够意识到人类的统一性，即意识到适用于所有人的那种基本相同的生活条件和愿望。"[3]

在实践中，学校一般都会悬挂中国与世界地图让学生"胸怀祖国，放眼世界"。《基础教育课程改革纲要（试行）》中指出："要积极开发并合理利用校内外各种课程资源。学校应充分发挥图书馆、实验室、专用教室及各类教学设施和实践基地的作用；广泛利用校外的图书馆、博物馆、展览馆、科

① 陈侠. 课程论［M］. 北京：人民教育出版社，1989：63.
② 方明. 陶行知教育名篇［M］. 北京：教育科学出版社，2005：325.
③ 联合国教科文组织国际教育发展委员会. 学会生存：教育世界的今天和明天［M］. 北京：教育科学出版社，1996：285.

技馆、工厂、农村、部队和科研院所等各种社会资源以及丰富的自然资源。"当前，许多大学也都把具有"国际视野"或"开阔视野"作为人才培养目标之一和课程改革的行动取向。如香港岭南大学把"具有国际视野及能从不同的文化角度了解问题"作为理想毕业生的素质和能力之一；如上海交通大学长期积极拓展国际化办学层次，逐年提高海外游学比例；国内9所一流高校携手成立九校联盟（即签订《一流大学人才培养合作与交流协议书》，开展课程学分互认和学生第二校园学习交换）等等。这些陈述与行动把开阔视野作为课程的目的，默认了视野与发展的关系。为什么？为什么开阔视野如此重要？

（二）大视野与大发展：基于杰出人才成长历程的分析

个体的发展遵循一定的规律。纵观杰出人才的成长历程，可以发现他们或"读万卷书"或"行万里路"或更多是两者兼而有之。如孔子周游列国及其"游教""游学"方式培养出"贤人七十二"；如司马迁"穷天人之际，通古今之变"，成为伟大的史学家和杰出的思想家；如文艺复兴时期的大家，很多都是做过跨国旅行的人；如达尔文在22岁时作为一名非专业的博物学者离开英国，在持续5年的海外航行后，他作为一名年轻的大科学家回国，他称这次航行为"一生中最重要的经验"①。笛卡儿在其带有自传性质的《方法谈》中指出："一到年龄容许我离开师长的管教，我就完全抛开书本的研究。我下定决心，除了那种可以在自己心灵或者在世界这本大书里找到的学问以外，不再研究别的学问。于是趁年纪还小的时候就去游历，访问各国的宫廷和军队，与气质不同、身份不同的人交往，搜集各种经验，在碰到的各种局面里考验自己，随时随地用心思考面前的事物，以便从中取得教益。"② 钱学森说他在科学方面取得如此大的成就，得益于小时候不仅学习科学，也学习艺术，培养了全面的素质，因而思路开阔；在加州理工学院到各个系听课让他"大受教益，大开眼界"③。还有我国那一个个逝去的大家，哪一个不是"博古通今，学贯中西"？这说明杰出人才都游历广泛，具有开阔的视野。

---

① 帕尔默. 教育究竟是什么：100位思想家论教育［M］. 任钟印，诸惠芳，译. 北京：北京大学出版社，2008：142.

② 肯尼. 牛津西方哲学史［M］. 韩东晖，译. 北京：中国人民大学出版社，2006：109－110.

③ 涂元季，顾吉环，李明. 钱学森的最后一次系统谈话：谈科技创新人才的培养问题［N］. 人民日报，2009－11－05（11）.

对人才的成长其实可以做大胆假设。孔子若一直待在正规的学校里传道授业，也不可能有"贤人七十二"和文化传承上的杰出贡献；达尔文若不曾有这持续 5 年的海外航行经历，便不可能有物种进化论。再考察我国近现代教育史上三个杰出人才最多的人物群体——"庚子赔款"部分款项资助的那批留美学生、抗日战争期间西南联大培养出的一批毕业生和"文革"结束恢复高考后的 1977、1978 级大学生，他们若没有留美获得的开阔视野的机会，没有抗日战争期间学校辗转南迁的经历，没有"文革"十年的曲折经历后才获得的来之不易的读书机会，大概也泯然于其他群体。他们的发展与成就的根源之一在于他们从"行万里路"和"读万卷书"中获得的开阔的物理视野和心理视野。

我国近代以来历次课程改革都是由一些"睁眼看世界"的名人学者倡导的。他们视野开阔，思想活跃。他们提出的课程理想渐渐演变成正式的课程。见多识广，见异思迁，有开阔视野的人更容易有创新思想和行动。这也说明了视野与发展的关系，大视野促进大发展。

（三）视野促进发展的机制

为什么大视野促进大发展？视野是怎样促进人的发展的？这是人性的超越性使然，也可以从物理视野与心理视野的关系中得到解读。

1. 拓展视野：内在于人性超越性的基本需求与表现

人的局限性与生俱来。蔡元培说："世界无涯涘也，而吾人乃于其中占有数尺之地位；世界无始终也，而吾人乃于其中占有数十年之寿命；世界之迁流，如是其繁变也，而吾人乃于其中占有少许之历史。"[①] 这表现了人的具体生活时空的有限性。培根提出的"假象"说（种族假象、洞穴假象、市场假象和剧场假象）则说明了人的认识局限性。这些假象无可避免，因为每个人从小都有自己特定的生活时空与经验。从原始生态看，正是身体直接经历的生活时空的有限性（物理视野）决定人的认识局限性（心理视野）。但是，人是要寻求超越的。人具有"向广度进军"的种种需求和行为，具有走出狭窄空间的种种冲动。[②]

人的这种超越天性自小便表现出来。如婴儿喜欢被竖着抱起来，是因为这样视野更开阔，可以看到更多更远的东西；在家里哭闹的孩子一被带到户外便破涕为笑，是因为他渴望外面的世界，户外广阔的空间让他心情愉快。

---

① 聂振斌. 文明的呼唤：蔡元培文选［M］. 天津：百花文艺出版社，2002：37.

② 博尔诺夫. 教育人类学［M］. 李其龙，等译. 上海：华东师范大学出版社，1999：86–87.

正如成人虽然在一个小房间中生活，但他需要开窗户以远观周围的生活环境那样，也如人们虽然生活在并不宽广的确定地区之中却总要挂上全国地图以至世界地图一样。

人还通过创造"符号"来突破自身局限性。文化哲学的观点认为，人在进化过程中变成了一个有缺陷的"动物"：他既无生来可以御寒的皮毛，也无翅膀如鸟那样可在天空飞翔，更无鳃鳍可如鱼那样在水中遨游。在这种"先天"不足的情况下，人必须设法"争取"自己的生存。这个过程便是对"符号"的创造与掌握的过程。人创造和掌握了"符号"，便"不再生活在一个单纯的物理宇宙中，而是生活在一个符号宇宙中"[①]。由此，人获得了超越。人，既有开阔物理视野的需求，也有拓展心理视野的需求。

人也正是通过拓展视野来实现自身发展的。人的成长是时间在一定空间中的展开，空间存在具有时间性，时间进程也是不断拓展空间的过程。如胎儿瓜熟蒂落来到这个陌生好奇的世界，婴儿开始接触到的是一个在时间和空间上都极其有限的环境。这个环境，随着他自身能力的增强，不断扩展。当婴儿学习抓、爬、行走、说话的时候，他经验的内容与范围便扩大了，他生命的时间与空间便扩展了。待儿童掌握了文化"符号"，有了阅读甚至外文阅读的能力时，他便会借此了解外面广阔的时空，视野进一步开阔。符号是文化的表征，只有在文化活动中，人才能摆脱与生俱来的局限性，获得真正的"自由"与解放。所以，人的成长与时空拓展是同步的。发展的实质是人超越自身局限性的行动与结果，表现为视野的展开。拓展视野是内在于人性超越性的基本需求与表现。

2. 物理视野与心理视野的关系

物理视野与心理视野的关系本质上是心身关系的具体化。心身问题即探究心理的与物理的属性之间的关系，并由此去获得一种不仅是对心理世界本质的，而且也是对物理世界本质的更好的理解。目前对心理物理关系的观点有相关论与同一论，后者认为"心灵的本质是心理的东西同一于物理的东西"[②]。语言分析也可以让我们得出相同的观点。如"井底之蛙""一方水土养一方人"等反映的便是这样的概念。

正如心身不可分一样，物理视野与心理视野密切相关。个体所处的环境直接影响他的内在体验，"目既往返，心亦吐纳"，自然环境造就了精神环境，通过开阔眼界可以打开心胸。从物理视野看，人类都是在一定的时间空

①　卡西尔. 人论［M］. 甘阳，译. 上海：上海译文出版社，1985：33.

②　阿姆斯特朗. 心理与物理的偶然等同论［M］//高新民，储昭华. 心灵哲学. 北京：商务印书馆，2002：13.

间中生存，生存的物理空间决定人的心理发展空间，心理空间反映人的物理生活空间。正如经常参与国际旅行的人，你让他有"小农意识"不容易；足不出户的农民，你让他具有世界视野，也不大可能。脑科学的相关研究成果也指出："益智是大脑在对比反差环境中产生的积极的生物反应，在这种环境中变化是可测的、全面的、协同的。"① 相反，一个人长期处于一成不变的单调环境中，会渐趋麻木和保守。

从心理视野看，知识面广的人其心灵也容易通达；知识面狭窄会造成心灵的狭窄，心灵的狭窄又会妨碍我们对其他知识与观念的吸纳，影响智力与生活的品质。如斯诺说，人文文化与科学文化的两极分化"对于我们个人，对于我们社会都是损失。同时，还是实际应用上的、智力和创造力的损失"②。狭窄易产生趋同，狭窄不可能产生创新。

从杰出人才成长的过程看，理论创新是在广阔的不同的空间中"看"出来的。而据考察，"理论"在词源上与"旅行"存在着发生学意义的交织，最早的理论概念正是旅行的原始注疏和原型图像。理论（theory）一词源自希腊语（theoria），意思是"观点""视域"，theoria 的动词词根为 theoreein，本义是"观看""观察"。在古代希腊，"理论"原指旅行和观察活动，具体的行为是城邦派专人到另一城邦观摩宗教庆典仪式。其原初意象指在空间上的离家与回归，强调不同空间差异所产生的距离、转换。简言之，理论即旅行——指脱离中心、离开家园熟悉的环境，到另一个陌生的、异己的文化空间的旅行。旅行作为空间实践，是个体的实践行为，经验的积累方式，是以自然之道求取文化之道的途径。③ 不同区域有不同文化特质，并赋予在那块土地上生活的人不同文化个性与视野。接触过多种文化或环境的人越有可能消除人与生俱来的自我中心和"狭隘性"。正是个体"旅行"于不同空间中，获得大视野，促进理论创新。旅行伴随身体的行动，是空间的移动，由此形成了知识的田野。知识者的旅行把物理视野与心理视野的拓展统一起来。

所以，见多识广，视野决定人的发展，大视野才有大发展。人领悟或经历的文化时空越大，差异越明显，发展的程度便越高。在此，也就明白，为什么许多教育家的课程理想都致力于开阔学生视野及视野促进发展的机制。拓展视野，其本质上是适应了人性的需求及人的发展需求。

---

① JENSEN E. 聪明的秘密：发掘大脑潜能的 7 个法则［M］. 杜争鸣，钱婷婷，译. 上海：华东师范大学出版社，2008：35.

② 斯诺. 对科学的傲慢与偏见：查·帕·斯诺演讲集［M］. 陈恒六，刘兵，译. 成都：四川人民出版社，1987：17.

③ 彭兆荣. 走出来的文化之道［J］. 读书，2010（7）：81 - 87.

四、对课程价值的阐释

一定课程中蕴含一定的视野，发展是视野的展开，个体具有大视野才有大发展。从这三者关系出发，知识与经验、学科课程与活动课程的价值可以得到很好的阐释。学科课程是符号学习，通过语言而了解的范围总是要比直接观察而了解的范围大得多。知识学习的价值就在于帮助学生突破身体及感官亲历的局限，在心理上扩大和加深视域，帮助做到"秀才不出门，能知天下事"。历史、地理一直在人们心目中占有很重要的位置，并曾被作为整合课程的核心（如19世纪末20世纪初齐勒的以"历史"为中心的整合论和麦克默里的地理中心整合论），正是与这两个学科的时空特性有关。如通过历史，人们可以对过去的文化存在事实进行观照和反思，给自己的生命存在打开一个更大的、超越于现实空间的时间范围，"历史因此引向越来越恰当的自我洞见"①。换言之，历史、地理学科可以给人更加开阔的心理视野。

那个体的经验有什么价值呢？杜威说："一个人接触人和物所获得的狭隘的经验，以及从知识传播中所获得的广泛的经验，这二者之间的关系，也可以表示近与远之间所要求的平衡。在大量知识需要传播的条件下，教育常有淹没学生的个人生动经验（虽然这种经验是狭隘的）的危险。充满经验的教师能够传播知识，激励学生通过感官知觉和肌肉活动的狭隘的门户，进入更完满、更有意义的人生。"② 语言提供给人的知识尽管广泛但只是空洞的形式，需要人以自己的生活去充实它。个体的生活经验尽管狭窄，但可以促进知识学习，促进对符号的理解。

人才的成长历程可以印证经验的发展价值。我们拿现在的学生与前面提及的我国三个杰出人才最多的人物群体比较。现在的学生从小学到大学都接受体制内的正规化的教育，即接受了更多的学科课程与"法定知识"的教育，那三个人物群体则经历了更多的"活动课程"或"旅行"课程（尽管这种课程可能超出了学校的范围，但其可以启示课程资源开发的思路）。通过感官学习，通过"活动"或"旅行"中身心参与的许多事件，后者接受教育的空间更加多样、广阔与具体。有了这样的"物理视野"基础，他们对知识的领会更深刻，更容易与"知识"发生相互作用，使知识课程的发展价

① 希尔贝克，伊耶. 西方哲学史：从古希腊到二十世纪［M］. 童世骏，等译. 上海：上海译文出版社，2004：414.

② 杜威. 天才儿童的思维训练［M］. 张万新，译. 北京：京华出版社，2001：266.

值能充分实现。而现在的学生缺乏理论与生活的结合，所学知识仅仅是考试的工具，经历的物理空间太狭窄，因而缺乏思想与行动的力量，导致知识的发展价值不能实现。再如我国 20 世纪 80 年代中期个别大学开始举办作家班，随着那代知青作家的离去，20 世纪 90 年代中期人们对"学校能否培养作家"产生疑问并展开讨论：主导作家创作活动的是在校期间积累的知识经验还是校园之外获得的活动经验和启示？共通的认识是两方面的结合是创作成功的关键。① 理论是生活经验得以深刻理解的前提，"行路"是书本知识现实化并形成完整知识的途径。因此，知识与经验、学科课程与经验课程相互促进对方发展功能的实现。

拓展视野，是人之自然的渴望。人，既需要通过身体的活动，也需要通过符号学习，来开阔视野。关于课程价值的争论可以统一于"视野"概念。课程价值的大小体现在其给学生提供的时空体验（物理视野与心理视野）中，体现在让学生不但用心灵，也用身体去接触广阔的时空。既能作用于学生心灵，又能作用于学生身体器官的课程或课程体系，才能使个体与发展资源容易发生相互作用，课程的发展价值才能实现。即致力于开阔学生的物理视野和心理视野并使两者相互作用的课程，才能更好地促进学生的发展。

[本文原载于《华南师范大学学报（社会科学版）》2012 年第 1 期]

---

① 昌切，董飞，曾宪旺，等. 珞珈代有人才出：关于武汉大学作家群的对话［J］. 长江文艺，1997（2）：51－55.

经验课程中的知识

——关于轻视知识倾向的讨论

摘要： 轻视知识的倾向发生在课程本质从内容到经验的转化之间，它源于对经验课程理论的误解。课程本质的转化具有必然性和实践的合理性，并受到知识观转型的支持。经验课程要改变的是内容课程中知识的组织与编排方式，知识在经验课程中依然处于核心地位。厘清课程内容、知识与经验、活动的关系，有利于消除轻视知识的倾向，促进经验课程理念的推广。

关键词： 内容课程；经验课程；知识；经验；课程改革

新课程改革中轻视知识的倾向及其可能造成的后果已引起学术界的重视。① 从课程论的角度看，轻视知识的倾向发生在课程本质从内容到经验的转化之间，与在这个转化过程中人们对经验课程理论的误解有关，对"活动"的误解和形式化操作有关。因此，必须深化对课程中知识的基础地位的认识，探寻知识在经验课程中的性质与地位，厘清课程内容、知识与经验、活动的关系。这样，才有利于经验课程理念的推广与课程改革的顺利进行。

一、知识：课程最直接的一级制约因素

课程的三大基础是知识、儿童和社会。人们大多认为这三者是对立的，影响课程发展的三大基础要素是平衡的。其实，这三者是在不同的层面上影响课程。从形式上看，课程表现为一种知识体系，课程研制的核心内容也就表现为对知识的选择与组织。知识是课程最直接的一级制约因素，其他因素则是通过赋予知识以某种价值取向及方法的方式来影响、制约课程的，是以知识为中介的二级制约因素。因为从内容上看，无论是哪种课程形态或课程

---

① 参阅：王策三. 认真对待"轻视知识"的教育思潮：再评由"应试教育"向素质教育转轨提法的讨论 [J]. 北京大学教育评论，2004（3）：5－23；孙喜亭. 基础教育的基础何在？（上）[J]. 教育理论与实践，2001（4）：19－23；孙喜亭. 基础教育的基础何在？（下）[J]. 教育理论与实践，2001（5）：14－18；孙喜亭. 再谈"基础教育的基础何在"[J]. 教育理论与实践，2003（8）：11－13.

编制理论都避不开知识，儿童、社会只是决定什么样的知识能够和应该进入课程的"两个门户"或"两道屏障"。儿童决定课程知识的选择与组织，这是知识进入课程的"第一道屏障"。课程编制的基础问题是"什么知识最有价值"，有价值的知识才能进入课程。不同的社会、不同的时代有不同的价值观，能解决社会、时代问题的知识是最有价值的知识，社会需求是知识进入课程的"第二道屏障"。在知识本位、儿童本位和社会本位三种课程设计观中，后两者事实上并不忽视知识，而是强调知识获得的途径与知识的呈现、组织方式。所以，在制约课程的三大要素中，知识是课程的最直接的一级制约因素，学生、社会是二级制约因素。①

知识是思考课程问题的核心，课程改革是对知识的再概念化、选择与组织。"不管教育是什么，它都必须关注对知识的传授"，"学校课程必须确保所有重要的知识不被忽视"。② 不管课程的内涵走得有多远有多广泛，课程的编制最终都离不开对知识或经验的选择与组织。

近几年来，在从"旧课程"到"新课程"的改革过程中，理论界多强调"会学"而忽视"学会"，强调"研究性学习"而忽视研究性学习赖以存在的知识基础。一些学者在批评"知识本位"的同时，把"知识"与"发展"对立，几乎把知识的价值也"全盘否定"了。这是对知识、儿童、社会三者对课程的影响缺乏深刻的认识所致。学生的发展既与掌握什么样的知识有关，又与怎样掌握知识有关。在"知识本位"课程中，过错不在于知识本身，而是这种课程对知识的选择与实施方式，使得没有价值的"旧知识""死知识"充斥于课程中，使得过于琐碎与零散的知识充斥于课程中；在课程组织和实施中脱离知识与人、知识与生活的联系。这些才是当前课程改革的针对点。

二、知识：依然是经验课程的核心

轻视知识的倾向发生在课程本质从内容到经验的转化之间。人们对内容课程中知识的地位容易达成共识，但对经验课程中的知识则充满误解。课程本质为什么要从内容向经验转化？这个转化有什么意义？经验课程是否忽视知识？若否，那经验课程中的知识是一种什么样的知识？这是我们需要解决的问题。

---

① 郝德永. 课程研制方法论 ［M］. 北京：教育科学出版社，2000：75－76.

② LAWTON D. Class, culture and curriculum ［M］. Lowdon：Routledge & Kegan Paul，1980：87.

1. 课程本质从内容到经验转化的简单回顾

关于课程本质的界说多种多样，但从本质上可以分为两种：内容说和经验说。① 前者视"课程"为"系统的知识、知性技能及情意内容的复合物"，所以也称为知识说课程；后者则强调"课程"为"经验与活动的教育性组织与计划"，所以经验课程（experience curriculum）也称活动课程（activity curriculum）。

知识说课程在我国有广泛和深远的影响。从课程发展的历史看，最先出现的是内容课程，其表征的是知识与课程的关系。经验说课程本质观是针对知识说课程忽视学习者的实际学习体验和学习过程的缺点提出来的，认为只有那些为学生经历、理解和接受了的东西，才称得上是课程，它表征的是学习者与课程的关系。

20 世纪以来，经验课程理论的发展大致可以分为两个阶段：一是杜威的经验课程论；二是 20 世纪中叶以来受知识观转型所支撑的经验课程论。如 20 世纪 70 年代以来，概念重建主义课程学派主张人的生活世界就是人所直接经验的世界，强调个体与社会整合，推崇存在经验，把经验课程演绎到一个新高度；后现代主义课程论者认为课程应具有"适量"的不确定性、异常性、无效性、模糊性、不平衡性、耗散性与生动的经验，② 扩展了活动课程的含义。

在实践领域，经验课程的发展一波三折，它在 20 世纪二三十年代达到鼎盛；20 世纪五六十年代受苏联卫星上天事件的冲击，它受贬抑；现在，在世界课程改革的大潮中，各地都积极倡导课程向儿童经验和生活回归，课程设计更接近经验课程的精神。在我国，20 世纪 90 年代初活动课程取代"课外活动"，在课程表中获得一席之地。在新一轮课程改革实验中，综合实践活动被列为从小学到高中的必修课，活动课程的地位被进一步提升。忽视知识倾向恰恰产生在这个时候，发生在课程本质从内容到经验的概念转移过程中。这表明，课程观"从知识到经验的转化，……在中国则是正待解决的"③。

2. 杜威经验课程论中的知识观

杜威是经验课程论的集大成者与创立者，在经验课程发展方面具有重要的地位。经验课程有没有忽视知识呢？必须回到杜威著作中去寻找答案。

---

① 孙宏安. 课程概念的一个解释 [J]. 教育研究，2000（3）：44 – 47.

② 多尔. 后现代课程观 [M]. 王红宇，译. 北京：教育科学出版社，2006：250.

③ 丛立新. 课程论问题 [M]. 北京：教育科学出版社，2000：96.

首先，杜威非常强调知识及知识的掌握，这是其经验课程的目的或立足点。杜威在其著作中，一而再，再而三地提到知识。如"掌握各种工具和操作过程的知识是不可缺少的。如果孩子满足了他的本能而制成一只箱子的话，他就有很多机会获得训练和毅力，……同时又学到很多知识"①。儿童在活动中"获得关于科学、地理和人类学方面的知识，远远超过他们从那些自称以知识为目的的教学中、仅仅从被指定学习的固定课本中获得的知识"②。儿童经验或活动只是获得知识的媒介与基础；"做中学"学的是知识，而不是别的东西。杜威课程理论的对立面不是知识，而是"传统教育"中课程知识组织的方式。他认为传统学校的弊端是各种"隔离"。一是学校与生活的隔离，"学校的最大浪费是由于儿童在学校中不能完全、自由地运用他在校外所得的经验；同时，另一方面，他又不能把在学校里所学的东西应用于日常生活"③。二是各种知识之间的隔离，即学科课程的弊端。他说"学校里的知识是孤立的，以其自身为目的"④，"儿童一到学校，多种多样的学科便把他的世界加以割裂和肢解"⑤。教育"常见的错误不在于把重点放在传授的事实与观念上，而在于以这么一种孤立的方式呈现，以致它们不能同直接有关的带有感情色彩的内容（尽管很狭窄）自发地联结起来"⑥。可见，杜威经验课程理论目的是促进知识的掌握和学以致用，他否定的是知识课程的组织方式，而不是知识本身。杜威的经验课程论是针对旧课程实践的问题提出的，这些问题在我国今日的教育实践中也广泛地存在，这构成了我国课程改革实践中求助经验课程理念的实践合理性。

其次，杜威的经验课程论中知识与经验是统一的。在杜威那儿，知识既指认识的结果，也包括认识的过程。如他说："知识表示各种运算（operation）和学科内容；……知识这个术语既有主动的意义，又有被动的意义。

---

① 赵祥麟，王承绪. 杜威教育论著选 [M]. 上海：华东师范大学出版社，1981：34.

② 赵祥麟，王承绪. 杜威教育论著选 [M]. 上海：华东师范大学出版社，1981：40.

③ 赵祥麟，王承绪. 杜威教育论著选 [M]. 上海：华东师范大学出版社，1981：52.

④ 赵祥麟，王承绪. 杜威教育论著选 [M]. 上海：华东师范大学出版社，1981：68.

⑤ 赵祥麟，王承绪. 杜威教育论著选 [M]. 上海：华东师范大学出版社，1981：77.

⑥ 杜威. 知识 [M] // 瞿葆奎. 教育学文集·智育. 北京：人民教育出版社，1990：241.

它既指运算或行动，即认识的过程；又指结果，即认识的内容。"① 杜威所说的"经验"，是主体与客体相互作用构成的统一体，同样具有主动和被动两方面的意义。同时，杜威看到了种族经验和个体经验、儿童经验和课本知识的关系。他说："儿童掌握了书籍和知识的符号，也为他们开辟了一条获得经验的道路。"② "凡能称为一门学科的，不论是数学、历史、地理或一门自然科学，必须一开始就从属于日常生活经验范围的那些材料中得来的。"③ 因此，在杜威的课程论中，其"经验"可以看作是一种外延扩大了的"知识"（扩大到个体知识和作为过程的知识），是与学生生活联系能使学生学以致用的知识。

再次，杜威强调知识与发展的关系。正如杜威早已知道别人对其理论的误解并竭力——澄清一样，他也早已预料到可能会出现忽视知识的倾向。他反复说："如果'旧教育'倾向于轻视能动的素质和儿童的现在经验固有的那种发展的力量，……那么'新教育'的危险就在于把发展的观念全然是形式地和空洞地来理解。……没有一个东西能够从无中发展出来，从粗糙的东西发展出来的只能是粗糙的东西。"④ 所以，经验课程"根本理想是把知识逐步地组织起来"，因为"如果不能积聚更多事实的知识和更多的观念，并把它们更好地、更有条理地整理出来，那么，这种经验是不会有教育意义的"⑤。"技能的获得，知识的占有，教养的成就，都不是目的：它们是生长的标志和继续生长的手段"⑥。可见，杜威是强调知识对儿童发展的价值的。他高瞻远瞩，早就指出轻视知识倾向的根源——"把发展的观念全然是形式地和空洞地来理解"。这是我们必须记取的。

经验课程对我国基础教育课程改革有重要的意义。它表明，知识对于课程是必不可少的，但知识成为课程是有条件的，知识成为课程的条件就是学

① 杜威. 知识［M］//瞿葆奎. 教育学文集·智育. 北京：人民教育出版社，1990：238.

② 赵祥麟，王承绪. 杜威教育论著选［M］. 上海：华东师范大学出版社，1981：147.

③ 赵祥麟，王承绪. 杜威教育论著选［M］. 上海：华东师范大学出版社，1981：366.

④ 赵祥麟，王承绪. 杜威教育论著选［M］. 上海：华东师范大学出版社，1981：86.

⑤ 赵祥麟，王承绪. 杜威教育论著选［M］. 上海：华东师范大学出版社，1981：369.

⑥ 赵祥麟，王承绪. 杜威教育论著选［M］. 上海：华东师范大学出版社，1981：249.

生的参与。只有知识与学生生活、经验相联系，只有学生以各种不同的形式和知识发生了相互作用，课程才真正存在。

3. 知识观转型对经验课程论的支撑及经验课程论中的知识观

课程本质从内容向经验转化，还有深刻的知识观转变根源。那就是，从理性主义知识观转变到"人化"或"文化"的知识观。

近代以来，在理性主义知识观的主宰下，知识被等同于真理，知识是客观的、普遍的，课程知识是专家型知识。这正是内容课程的知识观依据。理性主义知识观的绝对化孕育了它的对立面，导致 19 世纪以来西方非理性主义哲学的兴起。如致力于建立精神科学认识论的威廉·狄尔泰（Wilhelm Dilthey）说："精神科学的伟大成就，不是来自于单纯的理智的力量而是来自于个人生命的整体力量。""在一切理解中都有某些非理性的东西，正如生命本身是非理性的一样。"①

20 世纪中叶以后，后现代主义理论思潮对理性主义知识观发起了更猛烈的批评。如波兰尼针对"客观主义"科学知识观的弊端，提出了"个人知识"（personal knowledge）的概念。他说：""个人知识'看起来是互相矛盾的，因为人们总是认为真正的知识是非个人的（impersonal）、普遍的（universally）和客观的（objective）。通过修正认知的概念可以消解这个矛盾。"②现在，"个人知识"概念越来越得到认可。

恩斯特·卡西尔（Ernst Cassirer）认为人类文化"可以界定为我们的感觉、我们的经验、我们的情感、我们的愿望、我们的印象、我们的直觉体知和我们的思想观念的客观化"③。汉斯·格奥尔格·伽达默尔（Hans-Georg Gadamer）则说："甚至数学的历史或自然科学的历史也是人类精神史的一部分，并反映人类精神的命运。"④ 这些生动的表述把知识、文化与人联系起来，赋予文化以人的生命特征。同样，作为文化的知识也具有"生命"的色彩。这表明，人们对知识的性质与来源的认识越来越全面化与"人性化"。一切知识都是人的产物，知识不但是人类理性的产物，而且人的情感、意志

---

① 李超杰. 理解生命：狄尔泰哲学引论［M］. 北京：中央编译出版社，1994：104.

② POLANYA M. Personal knowledge：toward a post-critical philosophy［M］. London and Henley：Routledge & Kegan Paul，1958：Vii..

③ 卡西尔. 语言与神话［M］. 甘阳，译. 北京：生活·读书·新知三联书店，1988：147.

④ 加达默尔. 真理与方法：哲学诠释学的基本特征：上卷［M］. 洪汉鼎，译. 上海：上海译文出版社，1999：363.

等非理性因素也参与了认识的全过程。知识的性质与一定文化体系中的价值观念、生活方式、语言符号乃至人生信仰都不可分割，因而知识是"文化"的而非是"客观的"，是"文化涉入"的而非是"文化无涉"的。① 这样，知识观便实现了从理性主义知识观到"人化"或"文化"知识观的转型。知识观的转型使许多"被压抑的知识"和"被剥夺资格的知识"重新合法化，并进入课程。

所以，20世纪中叶以来，课程知识的内涵在发生变化，外延在不断扩大。知识已不仅仅停留在认知范畴，也不仅仅停留在知识是"真理"或"认识结果"的理解上，而是扩展到应用范畴。如现代认知心理学的广义的知识观把知识分为陈述性知识、程序性知识和策略性知识，从而把"知"与"行"统一起来。哲学视野中的知识不仅包括可以用言辞表达的显性知识，也包括缄默知识。社会学视野中的课程知识不再仅仅是制度性知识和学术性知识，还包括与社会生活密切联系，与学生需求密切相关的非制度性知识和非学术性知识；不仅包括上层阶级的知识，也包括劳动大众的常识。② 这些知识"合法地位"的获得，蕴含着课程编制必然要关注知识与学生、知识与生活的联系，关注学生的个人知识或经验，教学中采用允许学生主动参与和探究的方法。这便为经验课程或活动课程提供了强有力的支持，也扩展了经验课程的含义。

由此可见，课程本质从知识到经验的转化，两者并不是对立的，经验说是对知识说的发展。课程本质从知识到经验的转化是必然的。知识观的变化，要求重视学生活动与个人体验，这也正是经验课程的本来含义。"文化"知识观把知识与个人经验、个体活动联结起来，导致课程重心、组织方式的变化。经验课程的优越之处在于其不仅仅关注课程内容的选择，也关注课程知识的组织和教学，并尝试通过一种新的知识观，把知识与经验、好的课程与好的教学整合起来。

三、课程内容与经验、活动的关系

轻视知识倾向从理论走向实践，另一个原因是误解了活动及活动课程，即把活动理解为单纯的身体活动或让学生蹦蹦跳跳的各种外部活动，而忽视活动课程内容本身的设计。知识、内容与经验、活动应在什么样的层面上统

---

① 石中英. 知识转型与教育改革 [M]. 北京：教育科学出版社，2001：143 – 144.

② YOUNG M F D. Knowledge and control [M]. Sydney：Collier Macmillan，1971：11.

一，这既是认识问题，也是实践问题。

1. 内容和经验统一于课程编制过程中

"无内容的课程是不存在的"①，无论哪一种课程编制模式都不能没有内容。在现实中，内容和经验不是截然分开的。学生读一本书，就包含了经验和内容在其中，学习内容和经验组成了课程的主体，学生不可能只是单纯地参与学习而不参与一些活动或实践一些内容。同样，教师也不可能不涉及经验和活动而教内容。

课程是一个系统工程。课程编制需要考虑的因素有课程内容、课程经验和教育环境。② 课程内容实质上是知识，是使学生感到有意义并能掌握的知识。课程编制者必须清楚哪些是可供选择的，然后再从中选出那些最有价值的能帮助学生发展的内容。课程经验是影响学生对内容的态度及理解程度的重要因素。在课程经验的选择上，持经验课程观的教育工作者注重使学生投入到自身的学习活动中去，要求他们构建自己的课程意义和感悟，而不是单纯地接受别人的观点。

经验涉及课程中的教学要素，是教育心理学化的体现。"课程内容即学习经验"的取向充分尊重了学生在课程学习中的主体地位。课程内容的选择不仅仅包括作为结果的理论知识，也包括学生的各种经验，从而把直接经验与间接经验联系起来。在选择经验这个环节上，实质便是考虑知识与儿童、知识与生活的联系，考虑课程知识的组织与教学，即把泰勒模式中的学习经验的选择、学习经验的组织整合起来，以使学生有效地学习。

内容需要转换为学生的学习经验，学习经验是指学习者与其能主动产生反应的环境中的特殊条件、因素之间的相互作用或互动。从内容到经验的转化，需要对环境进行设计和开发。所以，环境也是课程编制必须考虑的因素。正如我们不能把内容从经验中割裂开来一样，我们也不能把儿童的学习与活动从产生它的环境中抽取出来。个体所处的环境直接影响他的内在体验，影响学生的学习发生过程。学科中心课程设计模式往往对教育环境没有给予足够的重视。以学生为中心的倡导者则更愿意为学生创设有意义的环境，给予个体成长的广阔空间，这样的环境构成学生学习经验的一部分。

没有内容的课程也就不成为课程，没有学习经验的课程就不可能传授给学生内容，同样，教师也不可能进行没有设定环境的课程教学。这样，课程

① 奥恩斯坦，汉金斯. 课程：基础、原理和问题 [M]. 柯森，译. 南京：江苏教育出版社，2002：268.

② 奥恩斯坦，汉金斯. 课程：基础、原理和问题 [M]. 柯森，译. 南京：江苏教育出版社，2002：229－236.

内容和课程经验便统一于课程编制过程中。在不同的课程编制阶段，考虑的主要因素不同。为了实现课程的目标，首先要考虑学习内容，即人类文化的基本成果。通过什么途径让学生掌握这些内容呢？这就必须考虑学习活动的方式与活动环境。所以，课程从本质上包括内容和活动。课程内容的基本性质是知识，它具有直接经验和间接经验两种形态。① 改变课程内容的组织方式即是改变知识的呈现形式及课程的实施环境，给学生提供广阔的时空，促进从知识向学习经验的转化。从这个角度看，活动课程优越于课堂教学之处在于其实施的时空超越性，人与人、人与环境、人与知识更容易发生相互作用。

2. 辩证理解不同课程类型中的内容与活动

为了消除对活动课程的误解及避免淡化知识倾向的产生，还必须辩证理解不同课程类型中的内容与活动的区别与联系。

一是学科课程中也有活动而且必须有活动。我国传统课程观是学科或知识中心的，教师在传授知识过程中，也少不了组织各种各样的活动，在"活动"中儿童必然在"经验"或"体验"着。如在低年级识字教学中，教师常会组织学生做各种"游戏"，提高学生兴趣，以帮助学生更好地识字。

二是活动课程中也有内容而且必须有内容。综合实践活动课程的内容具有整合性，它来源于该活动的目的，既包括知识与能力的因素，也包括过程与方法，情感、态度与价值观的方面。目前，一些课堂很"活跃"，但学生究竟学了什么？大家都说不清楚。出现了"有活无实""有形无神"现象。这便是实践中淡化知识倾向的最大表征，即空有活动的"形式"，没有明确的目的和内容。

三是活动课程中的"活动"不同于学科课程教学中的"活动"，学科课程中的"内容"也有别于活动课程的"内容"。综合实践活动课程中的活动比课堂教学中的活动有更灵活的实施方式和更广阔的实施环境。学科课程的内容需要对科学知识加以选择，要保持科学理论知识本身的逻辑结构，它包括三个方面：科学的基本事实，科学的基本概念，科学的基本原理和方法。活动课程的内容则是以直接经验为主的，直接经验选择的依据是生活的逻辑，它也包括三方面的内容：学生处理与自然事物关系的直接体验，学生认识与处理与自我关系的体验，学生处理与他人、与社会关系的直接体验。②

总之，淡化知识倾向是课程改革中出现的一股逆流，它不利于教育事业

---

①② 廖哲勋，田慧生. 课程新论［M］. 北京：教育科学出版社，2003：183，188－190.

和人的素质的健全发展，必须从理论上阐明这股思潮的前因后果，在实践中纠正它。

［本文原载于《湛江师范学院学报（社会科学版)》2005 年第 4 期，人大复印资料《教育学》2005 年第 11 期全文转载］

从知识、经验到发展资源

——论教师的课程观转向

摘要：课程概念是伴随着教育实践历史地形成与变迁的，当前我国课程观研究既同步又滞后于课程实践。我国教师的学科课程观念根深蒂固，仍不适应课程改革的要求。仅从知识或经验的角度去解释课程的价值及其实现，很难自圆其说。从知识、经验课程观转向发展资源课程观，可以拓展课程的外延与课程开发的视野，引导教师的课程行动。

关键词：课程观；课程实践；知识；经验；发展资源

课程改革至今 10 年有余，普遍反映教师在课程观念上仍不适应课程改革的要求。这说明相关研究成果未能转化为教师的课程知识，也反映课程观研究缺少对教师实践的关注。非新无以为进，非旧无以为守。要促进教师课程观念更新，首先要弄明白课程概念的变迁历史、我国教师旧课程观念形成的背景及课程观念转变的必要性、必然性。基于此，本文梳理课程概念转变的过程与背景，述评我国 20 世纪 90 年代以来的课程观研究及教师的课程观，并基于课程观念与课程实践的关系，说明课程观要从知识、经验观向发展资源观转变。

一、课程概念转变的历史：与课程实践的同步性

课程概念是伴随着教育实践历史地形成与变迁的，它不是固化的，也不是理所当然的。制度化学校教育产生之前，人们不像现在这样按既定的方式去理解课程。从古希腊时期智者的演说式教育，到中世纪时的教会学校教育，学习都是非常个体化的、私密的。教学过程是一群游学的学生从一个城市游历到另一个城市，从一个导师转到另一个导师。在这个过程中，没有顺序的概念，没有"结束"的概念。学生们根据自己的意愿选择教师和学习的地方。所以，"课程"（curriculum）一词从英语词源看，含有"人生之阅历""个人履历"的意味。课程是个体自己"经历"出来的，没有外在强

迫性。

"课程"作为教育术语出现，是在宗教改革以后的大学教育之中。宗教改革带来了教会对大学的权力和国王权力的控制。由教会与国王的权力所控制的课程被比喻为让大学教授和学生们进行教学的学程的赛马跑道。这样，"课程"意味着制度上所规定的学科课程的含义便固定下来。"课程"这一术语中蕴含着"强制"的语感，其历史根源便在于此。① 19世纪末20世纪初，美国科学管理的范式成了课程开发的主要范式，课程的控制性被加强。

19世纪末与20世纪初欧洲的"新教育运动"与美国的"进步主义教育运动"表现为一些教育家的教育实验与课程策划活动。如英国雷迪（C. Reddie）的阿博茨霍尔姆学校、德国利茨（H. Lietz）的乡村教育之家、法国德穆林（E. Demolins）的罗杰斯学校、比利时德可乐利（O. Decroly）的"隐修学校"、美国帕克（F. W. Parker）的昆西学校等。这些学校的课程设置具有很强的理想性、针对性，教育家或教师自觉为学生开发课程，教育中体现了教育家个人的办学理念。

随着进步主义教育的形成和普及，美国在20世纪初，课程意味着制度上所规定的学科课程这一含义有了改变。教育行政所规定的教育内容和学校教师所创造的内容有所区别，教育行政所规定的教学大纲叫作"课程标准"，学校教师所创造、学生所经验的课程叫作课程（curriculum）。"学习经验之总体"这一课程内涵就是在这个过程中形成的。进步教育运动是"把个人和各种制度从压制人的生活形式的束缚下解放出来的那种广泛努力的一个部分"②。在这种教育中，教师是课程开发的主体，学生的地位和作用受到重视。

《简明国际教育百科全书·课程》中区分了课程的存在性定义和个人性定义："根据存在性课程定义，课程内容要按照知识的种类加以确定和排列；反之，当课程以个人方式定义时，就需要了解学生的经验水平和具体地研究课程对于学生的意义。"③ 存在性课程指向具有强制性的学科课程，个人性课程指向学习者个体经验和主动参与。这高度概括了课程概念发展的这段历史。

受"苏联卫星上天"事件影响，经验课程概念一度沉寂后，自20世纪

---

① 佐藤学. 课程与教师［M］. 钟启泉，译. 北京：教育科学出版社，2003：176.

② 赵祥麟，王承绪. 杜威教育论著选［M］. 上海：华东师范大学出版社，1981：431－432.

③ 江山野. 简明国际教育百科全书·课程［M］. 北京：教育科学出版社，1991：64－66.

70 年代开始获得新的生机。个人努力在课程中的作用得到充分重视。如保罗·弗莱雷（P. Freire）在《被压迫者的教育学》中提出了解放教育的课程研制思想：引入文化民主化观念，视个体为文化的创造者、批判者；主张课程研制不能只以上层社会和统治阶级的需要或文化制度、内容、规范为依据，而应从个体自己的文化氛围、现实生活与环境中确定课程的来源。以派纳（W. Pinar）为首的"概念重建主义"研究者则力图以新的个人性对抗存在性课程，以寻求使个体从工具理性及意识形态的桎梏中获得解放的课程。后现代主义课程论者认为课程应具有"适量"的不确定性、异常性、无效性、模糊性、不平衡性、耗散性与生动的经验。① 还有"课程为精神旅程"② 的观点，把课程置于动态的自主的过程中，向静态的、控制的课程传统提出挑战，从而在某种程度上恢复了课程是"履历""阅历"的原本之义。

从上可以看出，课程概念随着课程实践变化而不断地更新，表现出与课程实践的同步性。"履历"课程观源于非制度化教育中个人化的学习实践，"强制性的学科课程"观源于中央集权的强制性课程实践，经验课程或个人性课程则首先源自理论家的课程理想然后才影响课程实践。

二、我国课程本质研究：与课程实践的同步性及滞后性

我国对课程本质的研究与理解表现出与课程实践同步的一面，也表现出滞后性。从 20 世纪 90 年代开始，关于课程本质的研究，便有许多成果。如认为课程应是指"在学校教育环境中，旨在使学生获得促进其身心全面发展的教育性经验体系"③；"课程是预期教育结果的重新结构化序列"④；课程本质内涵是"指在学校教育环境中，旨在使学生获得的、促进其迁移的、进而促使学生全面发展的、具有教育性的经验的计划"⑤；认为对课程的界说本质可以分为内容说和经验说两种。⑥ 针对当时国内较有代表性的"课程是知识、课程是活动、课程是经验"三种观点，有学者提出"课程是经验的观

① 多尔. 后现代课程［M］. 王红宇，译. 北京：教育科学出版社，2006：250.

② 多尔，高夫. 课程愿景［M］. 张文军，张华，余洁，等译. 北京：教育科学出版社，2004：349.

③ 靳玉乐. 现代课程论［M］. 重庆：西南师范大学出版社，1995：65.

④ 黄甫全. 课程本质新探［J］. 教育理论与实践，1996（1）：21 - 25.

⑤ 郝德永. 关于课程本质内涵的探讨［J］. 课程·教材·教法，1997（8）：5 - 10.

⑥ 孙宏安. 课程概念的一个解释［J］. 教育研究，2000（3）：44 - 47.

点"，"不仅可以包容用知识定义课程时所含的全部内容，更重要的是能够将学习者主动获取的过程也包括进去"，课程本质的定义"从知识转换为经验，是对于课程认识的进步"①，课程观"从知识到经验的转化，在中国是正待解决的"②的问题。"从重视知识和理性发展，到重视儿童的存在、儿童的经验和活动的价值，以及强调课程作为儿童自我实现的中介和手段，这无疑是课程观的一种进步"③。本阶段课程观研究的理路十分清晰，资料引证翔实，并指出课程观"从知识到经验的转化，在中国是正待解决的"这个十分有针对性的问题。

随着课程改革的展开，我国更加出现了对课程观的多样化探讨并引起争论。一是"知识"课程观与"经验"课程观、课程概念泛化与反对泛化的争论。"王钟之争"实质是知识课程观与经验课程观的争论。另有一些学者认为对课程观的多样化探讨是"概念泛化"，会导致一些危机，④并重申"课程即法定知识"⑤。这反映了新旧课程观念与课程实践的冲突。二是为超越学科课程与经验课程的二元对立而提出的"整合"课程观。如认为"课程即发展资源"，"发展资源是指对学生身心素质的形成与完善具有价值、意义或促进作用的'养分'或原材料"⑥；当代课程的本质既不能定性为"知识"，也不宜概括为"经验"，"当代新课程是在一定培养目标指引下，由系列化的课程目标、课程内容及学习活动方式组成的，具有复杂结构与运行活力的，用以促进学生各项基本素质主动发展的指南"⑦。这种课程观具体地指出学生的发展资源是系列化的课程目标、课程内容及学习活动方式。它的一个重大突破是提出"把促进学生主动参与学习活动作为构建课程的中心任务"。这正是当前课程改革的一个着眼点所在，也是对传统课程本质研究中

---

① 丛立新. 知识、经验、活动与课程的本质 [J]. 北京师范大学学报（社会科学版），1998（4）：25－30.

② 丛立新. 课程论问题 [M]. 北京：教育科学出版社，2000：96.

③ 郭元祥. 课程观的转向 [J]. 课程·教材·教法，2001（6）：11－16.

④ 汪基德，席琴. 教育学中概念泛化的趋势、危害及原因 [J]. 教育研究与实验，2003（3）：17－20；王娟娟. 课程概念的泛化及其危机 [J]. 当代教育科学，2007（8）：37－40.

⑤ 程天君. 课程："私人事件"还是"法定知识"：基于社会学的课程概念重申 [J]. 教育科学研究，2006（6）：16－17.

⑥ 陈佑清. 课程即发展资源：对课程本质理解的一个新视角 [J]. 课程·教材·教法，2003（11）：10－14.

⑦ 廖哲勋. 我对当代课程本质的看法：上、下 [J]. 课程·教材·教法，2006（7，8）.

忽视学生存在的一个重大突破，但"发展资源"或"发展指南"课程观当前未引起重视。三是在西方后现代主义课程观的影响下，认为课程是"事件"，是"阅历"。如有研究者批评"我国教育界似乎习惯了从学科知识的角度来诠释课程，把课程当作一种学校教育系统内的公共事件去理解"，提出把课程界定为"私人事件"和具有"私人性品质"①。这些都体现了课程本质研究与课程实践的同步性。

在一些方面，我国课程观研究又滞后于课程实践。一是对课程改革中的一些理论问题存而不论。如在学科课程、经验课程的争论中，两类课程各自是如何促进学生发展的，缺少充分的与令人信服的解释。二是关于课程概念泛化与反对泛化的争论也没有充分展开。从文献看，大多是认可课程概念泛化的。但对为什么课程概念要泛化，缺少实践取向的解释。三是课程观研究割断新旧课程观的联系。非新无以为进，非旧无以为守。新课程是伴随着对传统课程观的阵阵讨伐声推行的，课程观研究要"承旧"才能"启新"。相关研究没有分析教师的旧课程观念及其实践意义，各据一端的强势争论阻断了"接着说"的过程，也掩盖了其他一些理论研究的光芒。

三、教师课程观转变：从知识、经验到发展资源

（一）教师课程观念转变的滞后性

教师的课程观源于课程实践并影响课程实践。由于我国较长时间内实行中央集权的课程管理体制，教师的学科课程概念根深蒂固，滞后于新课程实施的要求。学科（知识）课程观在我国有广泛和深远的影响。这与中华人民共和国在成立初期完全"苏化"地取消了"课程"提法的"教学"概念体系有关。在相当长的时间内，学校课程只有学科课程。以这种事实为基础，教师的课程概念就等同于学科课程，教师建立的课程表象就是一门学科或课程表上的科目，课程被理解为教育行政部门规定的教学内容，是"制度化知识"。这种指向十分确定，所以课程也就缺少"问题"和"研究性"，课程实际上与教师无关。

20 世纪 90 年代初，我国活动课程终于在课程表中获得一席之地。在新一轮课程改革实验中，综合实践活动被列为从小学到高中的必修课，活动课程的地位进一步被提升。在课程指导思想上，积极倡导课程儿童经验和生活回归，课程设计更接近经验课程的精神。这样曾经起主导的"知识"课程观

---

① 熊和平，唐旭东. 论课程的私人性品质［J］. 教育导刊，2006（2）：12－14.

念明显地不适应当前课程改革的实践。"教师在课程改革中遇到的诸多实际困难，看似是操作方面的，实际上是由课程意识的缺乏造成的"①。课程意识的核心是课程观，课程观念决定课程行动。教师课程观念转变的滞后性影响了教师的课程参与力度。

（二）教师课程观转变：从知识、经验到发展资源

教师课程观转变是课程改革实践的要求。课程改革是"为了每位学生的发展"，教师的课程观转变要回归到对课程价值的认识，即什么样的课程才能更好地促进学生的发展。

1. 三种课程观的发展价值观

所有课程观对课程的价值都隐含着"促发展"的假设，只是对什么样的课程最能促进学生的发展，立场不同。学科课程主张理论知识（间接经验）更能促进学生的发展，"知识之于人（尤其学生个体）的发展，是基础，是中心，是水之源、木之本"②。经验课程认为关注学生生活世界、关注学生经验的课程更能"为了每位学生的发展"。无论是"知识发展观"还是"经验发展观"，在实践中都可以找到反证。如若认可前者，那为什么在这种实践中，会有那么多弊端呢？如何解释实际存在的"高分（知）低能"现象？若后者为真，那美国在20世纪60年代教育改革为何要"回归基础"（back to basic）？我国大陆和台湾为何会担心"安乐死"（指学生在各种形式的活动中轻松快乐地学，但课堂活动目标不明确，学生对知识的掌握不足现象）？

实事求是地看，在传统学科课程中成长起来的学生，也有"快乐"地发展而且不缺"情感态度价值观"的，新课程实践中也不一定人人能达到"三维目标"。这表明，知识与经验、知识课程与经验课程对学生发展的价值不是对立的，或是课程与发展并非简单的线性关系或"假设"，还涉及课程价值的实现问题。因为理论上再有价值的课程若其实现不了，也不能算是有价值的课程。

从课程发展史看，知识课程观是根本的，有根深蒂固的合法性。从赫伯特·斯宾塞（Herbert Spencer）的著名教育问题"什么知识最有价值"到迈克尔·阿普尔（Michael W. Apple）提出的"谁的知识最有价值"，课程都是围绕知识的价值建构的。就我国课程实践模式而言，无论是学校还是家

---

① 许洁英. 课程意识：新课程中教师发展的生长点［J］. 课程·教材·教法，2004（10）：78-81.

② 王策三. 认真对待"轻视知识"的教育思潮：再评由"应试教育"向素质教育转轨提法的讨论［J］. 北京大学教育评论，2004（3）：5-23.

庭，整体上都是知识发展观取向的。受考试文化和考试选拔机制的影响，知识与发展的关系根深蒂固。在这种观念与实践模式中，知识的发展功能通过考试去实现，而所谓"发展"无非是考取高分，获得上好学校的资格。所以现实中，升学考试科目有价值而非升学考试科目就没有价值。但这与理论上对知识价值的理解有异。这种知识发展观当前正面临严峻的挑战。

经验课程观只是知识课程观的延伸。"课程本质从内容到经验的转化具有必然性，它受到知识观转型的支持。经验课程要改变的是内容课程中知识的组织与编排方式，而不是知识的地位；知识在经验课程中依然处于核心地位"①。所以无论是"知识课程观"还是"经验课程观"，其本质上都是立足于论证知识对人的发展的价值，从这个角度看，两者的共识大于分歧。从课程价值实现的角度看，经验课程观更具有实践的合理性。理论知识是生活经验得以深刻理解的前提，生活经验是理论知识现实化并形成现实完整知识的内容和途径，两者共同构成完整的知识。仅从知识或经验的角度去解释课程的价值及其实现，各自都很难自圆其说，无助于摆脱实践的危机。

"发展资源"的课程观则认为人类精神文化（知识）、生活经验、生活环境等，都可以是学生的发展资源；发展资源只是影响学生发展的一种外在条件，发展资源的发展价值的实现取决于发展主体与之进行的相互作用；发展资源（课程）与实际发展之间的关系，要通过分析人的发展过程来理解。当前需要挖掘这种课程价值观的实践价值。

2. 教师课程观从知识、经验观向发展资源观转变，是当前课程实践的要求

三级课程管理体制对教师提出了课程开发的要求。课程开发是指有策略地组织学生成长与发展之基础的文化经验的活动。② 教师作为课程开发主体必须思考：什么是学生成长与发展的基础？什么样的课程对学生的发展最有价值？要带给学生什么样的教育经验？什么样的主题最值得探索？这些问题都涉及课程与学生发展的关系。

若继续坚持传统的课程观念，当下的课程实践将会面临很多困难。把课程当作是发展资源，可以突出从与发展的关系来理解课程的本质，便于从落实学生发展的角度去选择和组织课程内容。毫无疑问，知识、经验、事件等都可以是学生发展的资源。"课程是发展资源"，可以把知识课程观、经验课程观、"事件"或"履历"课程观的意义都包括进去，并互相促进对方价值

① 陈彩燕. 经验课程中的知识：关于轻视知识倾向的讨论［J］. 湛江师范学院学报（社会科学版），2005（4）：113 – 116.

② 佐藤学. 课程与教师［M］. 钟启泉，译. 北京：教育科学出版社，2003：34.

的实现，大大地拓展了课程的外延与课程开发的视野。课程改革目的是"为了一切学生的发展"，把课程看作是学生的发展资源，更切合当前课程改革的目的，也符合人才成长的规律。

知识的发展价值只是一种潜在的、可能的价值，要实现知识的价值，关键在于将知识与现实生活联系起来，引导学生一方面审视、反思现实生活境遇，另一方面观照知识的合理性与有效性，实现书本与生活的对话、知识与学生的视界的交融。从人才成长规律看，"杰出人才都具有大视野，大视野促进大发展"。"课程价值的大小体现在其给学生提供的时空体验（物理视野与心理视野）中，体现在让学生不但用心灵，也用身体去接触广阔的时空。既能作用于学生心灵，又能作用于学生身体器官的课程或课程体系，才能使个体与发展资源容易发生相互作用，课程的发展价值才能实现"①。把课程局限于学科知识范围，把学生的学习生活局限于课堂这一狭小的空间，是不利于知识价值实现与学生发展的。不能整天把青少年禁锢在书本上和屋子里，要让他们参加一些社会实践，打开他们的视野，增长他们的社会经验。因而，从有利于人的发展看，课程概念泛化具有必然性。正如陶行知说："从前的学校完全是一只鸟笼，改良的学校是放大的鸟笼。我们要解放小孩子的空间，让他们去接触大自然中的花草、树木、青山、绿水、日月、星辰以及大社会中之士、农、工、商、三教九流，自由地对宇宙发问，与万物为友。解放了空间，才能搜集丰富的资料，扩大认识的眼界。"② 把课程看作是发展资源，认真审视知识、经验、生活环境、各种事件的发展价值，可以扩大课程行动的视野。这是新课程实践的要求。

总之，课程概念是伴随着教育实践历史地形成与变迁的，我国教师的学科课程观念根深蒂固，不适应课程改革的要求。当前我国课程观研究既同步又滞后于课程实践。教师树立"课程即发展资源"的课程观，可以引导教师的课程开发行动。作为教师，要解放儿童的时间空间，让学生多阅读多经历多体验，开阔学生的视野，为学生提供丰富的发展资源。

[本文原载于《课程教学研究》2012 年第 5 期]

---

① 陈彩燕. 课程·视野·发展：对课程价值的阐释 [J]. 华南师范大学学报（社会科学版），2012（1）：40-44.

② 方明. 陶行知教育名篇 [M]. 北京：教育科学出版社，2005：325.

当代英国大学课程改革与启示[①]

摘要：通过对英国著名大学的案例研究，发现英国大学课程改革呈现以下特点：课程设置注重层次性与逻辑联系；课程设置与生涯发展、就业紧密结合，重视学生实践能力培养；课程实施空间广阔；重视发挥生活、活动课程的作用。英国大学课程改革的优势在于以大视野促进大发展。这启发我们：一是转变课程观；二是系统规划各类课程，开阔学生视野；三是通过各种形式，拓展学生学习空间，为学生提供丰富的发展资源。

关键词：英国；大学；课程改革；启示

20 世纪 80 年代以来英国政府开始干预和介入高等教育课程，努力在课程和工作世界之间建立外显的联系。在此背景下，英国大学课程改革呈现新的特点，如加强课程与工作世界的联系，加强课程与学习者的联系，注重操作能力的培养等。这在不同学校有不同的表现。下面通过案例研究，探讨当前英国大学课程改革特点与理念。

一、当前英国大学课程改革的特点：案例研究

（一）样本选择与简介

本文以牛津大学、剑桥大学、圣·安德鲁斯大学（University of St Andrews）、牛津布鲁克斯大学（Oxford Brookes University）、布莱顿大学（University of Brighton）等为样本进行分析。选择这五所大学作样本，是因为他们在英国乃至国际的影响度及代表性。牛津大学、剑桥大学的情况大家较熟悉，下面简单介绍其他三所大学。

圣·安德鲁斯大学，位于苏格兰东部城市圣·安德鲁斯，是由文学院、理学院和神学院组成的一所小型大学。它成立于 1413 年，是苏格兰历史最

---

①　本文是华南师范大学教务处委托课题"大学课程设置与管理的研究"子课题"英国著名大学课程设置与管理的比较研究"成果，接受华南师范大学资助。

悠久的大学。12%的本科生来自海外，教学科研质量都很高。

牛津布鲁克斯大学的前身是 1865 年建立的牛津艺术学校，现已发展成为英国最具特色的综合性大学，连续多年被《泰晤士报》评为最优秀的英国大学之一。高质量的教学以及良好的国际声誉吸引了来自全英和世界各地的学生。

布莱顿大学建于 1970 年，在改制为大学之前，曾是英国最佳技术学校（创立于 19 世纪）之一。布莱顿大学位于英国南部海岸。除了开设全日制课程外，还有很多培训班课程。学生就业率高，曾是《星期日泰晤士报》的"1999—2000 年度最佳大学"。

（二）课程改革的特点

1. 课程设置注重层次性与逻辑联系

英国大学重视课程层次，充分考虑课程间的联系，各年级课程前后递进，对每一门课程的先行课程和并行课程都有明确规定，课程设置由博到专，逐步递进。一般是一年级重基础（基础年）和课程广度，选修课从第二年开始，课程逐步转向专和深。同一课程可以在各个年级开设，但在水平层次上逐级递进。如牛津大学 2006 年 1 月修订的生物科学专业课程如下。[1]

第一年	第二年	第三年
4 门必修课程：细胞和基因；有机体；人口；计算和数据处理	2 门必修课程和 5 选 3 选修课程： 必修课程：进化和分类学；定量研究方法。 选修课程：细胞和发展生物学；动物生物学；植物学和微生物学；环境生物学；动物生物学和植物疾病。 项目工程（Project）开始	2 门高级选修课程：选读第二学年 3 门选修课程中的 2 门，在更高级水平上深入学习。 项目工程结束

牛津大学计算机科学专业，选修课在第二、三、四年开设，选修课比例越来越大。其开设各种课程及比例如下。[2]

---

① http://www.biology.ox.ac.uk/course_ structure.htm.

② http://www.admissions.ox.ac.uk/courses/comp.shtml.

第一年	第二年	第三年	第四年
核心课程：功能设计；数据结构和运算法则；程序设计；数字化硬件；微积分和线性代数；离散数学、逻辑和证据；计算模式	核心课程（50%）包括：目标定向规划；软件开发；协作系统；网络和操作系统。 选修课程（50%）包括：计算机结构学；计算机制图学；编译器和编程语言；高级数据结构和运算法则；正式程序设计；数字分析	选修课程（67%）包括：人工智能；计算机安全；目标定向设计；数据库；生物信息学和计算生物学；多种代理信息流逻辑；整数编程；计算复杂性；第二年选修课程的深化。 项目工作（33%）	选修课程（67%），例如：计算机直观显示；机械学习；信息修复；计算语言学；量子计算；数据和知识库理论；计算机形式查证；自动控制逻辑和游戏程序。 项目工作（33%）

圣·安德鲁斯大学生物学专业，其4年课程层次与功能是这样划分的①：

第一年（基础年）	第二年（学位专业决定年）	第三、四年（荣誉学位选择年）
学习6个模块课程。生物学范围内的课程有：细胞生物学和遗传学，分子生物学，有机体生物学或人类生物学。也可以到科学学院如化学、地理学、心理学选择其他课程，甚至也可以到人文学院修读2个模块课程。申请荣誉学位的学生必须通过量化研究方法模块考试，以保证他们能掌握现代生物学需要的基本计算技能	继续给予学生广泛的训练。志在拿生物学专业荣誉学位的学生要从以下6个模块中选择4个模块：生物化学和分子生物学，细胞结构与功能，比较生理学，生态学，进化生物学，动物学。继续开设统计学模块课程，训练学生的量化研究技能。还可以跨学院如从地理学、地球科学、心理学或化学学院选课	体验生物学的广泛领域。荣誉学位课程结构是：单一荣誉学位学生结合讲演、研讨会、辅导和实践作业研究过去两年学习过的模块，包括使用先进的现代技术和设备，使学生进一步在其选择的学位方面专业化，同时开设"最新进展"模块课程，使学生认识整个生物学领域的最新发展

2. 课程设置与生涯发展、就业紧密结合，重视学生实践能力培养

在英国政府干预和介入高等教育课程，努力在课程和工作世界之间建立外显联系的宏观背景下，各大学都紧紧把握就业市场的需要，把课程设置与生涯发展、就业联系起来。在这些大学的学生指导手册专业介绍中，都把课

---

① http://www.st-andrews.ac.uk/publications/pghandbook.

程与职业或生涯发展前景结合起来。如剑桥大学工程专业设置工程师语言计划课程：提供法语、德语和日语的专业课程，培养学生以后在世界范围内的市场取得成功所需的语言能力和文化意识。① 布鲁克斯大学商业经济学专业，在介绍了课程后，指出学生在银行业、新闻行业、经济顾问、教学和政府服务方面有广阔的就业前景。布莱顿大学的生物科学专业，提供的课程涵括现代生物科学的广阔范围，从分子生物学和细胞生物学到环境生物学和生态学等，使学生能根据自己的兴趣打下广阔的学科或专业基础，因而生涯发展机会广阔，包括教学、研究、环境工作和市场营销工作等。②

为了解决就业问题，课程设计重视发展学生专业知识、经验和技能，加强与企业联系。如开设基于工作坊的（workshop-based）课程，基于工业现场的（industry-based）课程、现场作业课程（industrial placement）、三文治模式课程（the sandwich mode）等等。这样，学生毕业后就可以学以致用，不会出现理论与实践脱节的现象。学生毕业后，就能立即上岗工作。

3. 课程实施空间广阔

英国这几所大学都十分注重为学生提供广阔的学习空间。表现为：课程实施空间突破了单一课室的限制而走向其他学习场所，如图书馆、实验室等；突破某一系、学院、某一学校的限制而走向跨系、跨学院选课，甚至跨校、跨国学习；突破书本学习的限制而走向广阔的"田野"，包括旅行、田野考察（fieldwork）等等。

如剑桥大学东方研究专业设置"国外生活和学习年"，学生都有机会到其研究的那个国家去游历，学习那个国家的语言和体验其文化。管理研究专业重视给学生提供刺激性的、激发思想的环境，一些课程的教学放到建筑上富有戏剧性的贾吉商业学院（Judge Business School）去进行。

布莱顿大学环境科学专业，在水平 1 阶段开设野外工作或实地调查课程，在英国考察以了解本土环境管理和污染情况，在水平 2 阶段开设范围广阔的短途旅行课程，学生根据自己的专业定向选择适合的远足路线。③牛津大学生物学专业也是如此。所有学生在一年级时都能到彭布鲁克郡（Pembrokeshire）做一周的实地旅行，研究生物学种类，三年级时可以到葡萄牙南部进行植物生物学考察（选修）。许多学生可以在英国或国外实施他们的研究项目。④

---

① 杨春梅. 英国大学课程改革与发展［M］. 北京：北京理工大学出版社，2006：168.

②③ University of Brighton undergraduate，2003：165，156.

④ http:// www. biology. ox. ac. uk.

圣·安德鲁斯大学化学专业，学生有机会到大学外的其他地方如公司或其他公共机构工作一整年。如果学生愿意，也可以到英国以外的其他国家去，获得体验外国生活的机会。① 在最后一年做项目研究也是如此，一些学生会到欧洲的合作机构或到合适的国际机构从事项目工作，以给学生提供在不同的语言和文化背景中工作的经验。

牛津布鲁克斯大学为了开阔学生视野，则鼓励学生交换到国外去学习，作为学生学位课程的一部分。该大学在欧洲、美国、加拿大和澳大利亚的合作机构共有 100 多间，学生在那儿获得的学分可以转为本校的学位课程学分。学生可选择的范围很大。这样做的好处很多，如让学生经历不同的教育和文化背景，获得专业领域的新视角，增加在国际市场上的就业机会，有广阔的就业前景，旅行和结识新朋友等等。②

4. 重视发挥生活、活动课程的作用

打开英国各大学网站主页或入学指南，可以发现上面都有关于"学校生活"的栏目。如剑桥大学主页上有"我们的生活"栏目，爱丁堡大学、牛津布鲁克斯大学等大学网页中有"学生生活"栏目等。在这些栏目中，主要介绍大学所在城市的环境和校园环境，校园丰富的生活设施和丰富多彩的校园活动、各种文体活动等。

把"生活"当作是大学学习的重要组成部分，这也是英国大学吸引学生的条件之一。正如牛津大学前副校长莫里斯·博拉所说："一所学院如果不能在学术要求之外为本科生提供丰富而有活力的生活，它就失去存在的价值。学院理念的核心是学院是一个各种兴趣交融的社团。……总之，学院在学生的学术生活之外，为学生提供富有激励的、文明的影响，丰富学生的生活。"③ 在这种理念指导下，牛津大学学生的课外活动丰富多彩，这是牛津大学的重要特色。牛津大学现有 200 多个俱乐部和社团组织，既有体育、音乐、戏剧方面的体育娱乐性组织，也有辩论、宗教、学术方面的组织，学生可以根据自己的兴趣爱好，参加各种课外活动，促进自身全面发展。

---

① http://www. st-andrews. ac. uk/publications/catarch/2006 – 07/STOP_ PRESS – ug – sem2. doc.

② http://www. brookes. ac. uk/international/exchanges/partners.

③ 刘宝存. 牛津大学办学理念探析［J］. 比较教育研究，2004（2）：16 – 22.

二、英国大学课程改革的优势：以大视野促进大发展

当前英国大学课程改革反映了一种综合的课程观：课程既是知识，也是一种经验，一种阅历，一种生活，是发展资源。学生从知识、经验、经历、生活中都可以获得发展资源。这种课程改革行动，优势在于以大视野促进大发展。

"视野"有两个含义：一是指眼球固定注视一点时所能看见的空间范围；二是指思想或知识的领域，如扩大学术视野。① 前者是本义，指称物理上的空间范围，可称为物理视野；后者是引申义，指称心理上或精神上的范围，可称为心理或精神视野。一个人物理视野的大小，便可以用他亲身经历过的时间空间来决定；一个人心理视野的大小，便由他可以领悟的时空来表示。物理视野与心理视野的拓展相辅相成。人生寻求发展的过程其实是拓展物理视野与心理视野的过程。当代英国大学课程设置注重课程的层次性与逻辑联系，课程设置以及知识学习由博而专，有利于拓展学生的学术视野或心理视野。其课程实施突破课堂、科目、专业、院校，甚至国家的限制，空间广阔，重视生活课程与活动课程、实践课程，则拓展了学生的物理视野。学科课程与活动课程互动平衡，促进学生物理视野与心理视野共同发展。同时，课程目标明确，每一门课程及其实施都与生涯发展紧密结合，体现了把课程当作是学生的发展资源的理念。

视野决定人的发展，大视野才有大发展。古今中外的"大家"，他们大多经历了"波澜壮阔的时空"。如孔子整理诗书乐礼，周游列国；如在中国近现代教育史上，"庚子赔款"资助的那批留美学生，抗日战争期间西南联大培养出的一批毕业生，"文革"结束恢复高考后的 1977、1978 级学生。这些群体后来都成为一股推动历史进步的可观力量。他们的发展与成就正是源于他们经历的广阔时空，从游历与读书中获得的物理视野与心理视野。接触过多种文化或环境的人无疑更具有开阔的视野，在与不同语言和文化背景的人交往交流时，越会认识到每个人的"片面性"，越有可能消除人与生俱来的自我中心与"狭隘性"。所以，见多才能识广，人接触或经历的文化时空越大，发展的程度便越高。英国大学的课程改革立足于让学生在广阔的空间中学习，在生活中学习，在工作中学习，有机会接触更多不同地方与国家的人和事，可以获得更丰富的学习经历与发展资源。其优势正在于通过课程给予学生大视野，以大视野促进学生大发展。

---

① 辞海编辑委员会. 辞海：下 ［Z］. 上海：上海辞书出版社，1999：4504.

三、启示

在一个开放的世界里，视野狭隘将是一件可怕的事情。解读英国大学课程改革特点与优势，得到几点启发：一是转变课程观；二是系统规划各类课程，开阔学生视野；三是通过各种形式，拓展学生学习空间，为学生提供丰富的发展资源。

（一）转变课程观

一定的课程观是课程改革的理论前提和基础。在我国，学科课程或知识课程的观念与操作方式根深蒂固。而且课程实施的时空狭窄，学生在封闭的环境中学习生活，容易变得视野狭隘，心灵压抑。这种课程观，在课程概念的历史变迁中逐渐显示出其不适应性。课程是一种阅历，是个体的发展资源，这样的课程观日益深入人心。

"课程"（curriculum）一词从英语词源看含有"人生之阅历""个人履历"的意味。制度化学校教育产生之前，学习都是非常个体化的、私密的。教学过程是一群游学的学生和一个导师聚集在一起，学生从一个城市游历到另一个城市，从一个导师转到另一个导师。"课程"作为教育术语出现，是在宗教改革以后的大学教育之中。由教会与国王的权力所控制的课程被比喻为让大学教授和学生们进行教学的学程的赛马跑道。这样，"课程"意味着制度上所规定的学科课程的含义便固定下来。"课程"这一术语中蕴含着"强制""控制"的语感，其历史根源便在于此。[1] 19世纪末20世纪初伴随美国工业化进程的需要，科学管理的范式也成了课程开发与设计的主要范式，课程的控制性被加强。由于我国1949年以后长期的中央集权式课程政策，我们的课程概念基本上停留在此。

随着杜威经验课程的提出及进步主义教育的形成和普及，课程意味着制度上所规定的学科课程这一含义有了改变。"学习经验之总体"这一课程内涵就是在这个过程中形成的。20世纪70年代以来，概念重建主义课程学派主张人的生活世界就是人所直接经验的世界，推崇存在经验，把经验课程演绎到一个新高度。后现代主义课程论者主张课程的丰富性、回归性、关联性和严密性，认为课程应具有"适量"的不确定性、异常性、无效性、模糊性、不平衡性、耗散性与生动的经验，[2] 扩展了活动课程的含义。此外，后

---

① 佐藤学. 课程与教师［M］. 钟启泉，译. 北京：教育科学出版社，2003：176.

② 多尔. 后现代课程［M］. 王红宇，译. 北京：教育科学出版社，2006：250 - 258.

现代主义课程学者还提出了5C的课程愿景，课程是"在跑道上跑"（curre-re，动态课程），课程是复杂系统（complexity），课程是宇宙论（cosmology），课程是会话（conversation），课程是共同体（community），还有"课程是精神旅程"的观点，① 把课程置于动态的自主的过程中，向静态的、控制的课程传统提出挑战，从而在某种程度上恢复了课程是"履历""阅历"的原本之义。

在我国，有学者从课程功能的角度提出：课程即发展资源，发展资源是指对学生身心素质的形成与完善具有价值、意义或促进作用的"养分"或原材料。② 把课程当作发展资源，可以从落实学生发展的角度去组织和实施课程，深化对课程的认识，拓展课程的外延。一旦从静态的狭隘的学科或知识课程观转变到动态的经验课程观，从被动控制的课程观转变到自主的"履历"课程观，课程行动的视野便会开阔，学生获得的"养分"便会增加。

（二）系统规划各类课程，开阔学生视野

不同的课程对拓展人的视野有不同的作用。人的精神生活空间（心理视野）与其知识的丰富性及深刻性密切相关。学科课程的优势在于拓展精神生活的空间与心理视野，获得"知识"发展资源。活动课程则有利于开阔行动的空间与物理视野，获得更多的"经验"发展资源，并促进知识发展资源的转化与利用，即活动课程对学科课程的实施有促进作用。两种课程对人的视野发展的作用方式不同。学科课程是通过作用于智力因素（如思维、想象等）再引起观念、行为的变化；活动课程是通过作用于身体感觉器官（直接经验）再引起个体心灵变化。两种课程的实施环境与体验方式不一样，而个体所处的环境直接影响他的内在体验。学生不但要通过大脑向书本学习，也要通过各种感官在生活中学习，在经历中学习，在做中学习。因此，要具体规划学科课程与活动课程或理论课程与实践课程，让两种课程保持深度平衡，相互促进。同时，要开设丰富多样的活动课程或生活课程，创造机会促进不同专业、不同学院的生生与师生交往，让学生在交往中取长补短，扩充视野，突破个体的局限性，获得发展。

现在高校也都普遍重视活动课。但是，一些活动在学校、二级学院、班集体之间雷同，一些活动目标不明确，一些活动为了撑场面强制性要求学生

---

① 多尔，高夫. 课程愿景［M］. 王红宇，译. 北京：教育科学出版社，2004：48－58，349.

② 陈佑清. 课程即发展资源：对课程本质理解的一个新视角［J］. 课程·教材·教法，2003（11）：10－14.

参加。必须牢记课程是学生的发展资源，活动课程也要有目标，要将专业培养目标和学生生涯发展紧密结合，系统规划活动课程，以保证在有限的时间里面开展有价值的活动，提高活动课程的效益。

（三）通过各种形式，拓展学生学习空间，为学生提供丰富的发展资源

1. 充分利用各种场馆，拓展学科课程的实施空间

在我国，学科课程的实施基本上只限于固定的课室、固定的教师，环境单调。课程实施效果涉及个体对整个事件的"身心参与"。即便是学科课程，也应尽可能在广阔的空间中实施。如英国大学的课程实施空间常常可以突破课室的限制而走向其他学习场所，如图书馆、实验室、一些刺激性的能活跃思维的环境等；突破书本学习的限制而走向广阔的"田野"，包括旅行、田野考察等。学生在广阔的空间中学习，更容易调动多种感官参与，接受教育的空间更加广阔与具体，对知识的领会更深刻，更能够学以致用。因此，要充分利用各种场馆，拓展学科课程的实施空间。

2. 发展各类合作办学与交流学习项目，拓展学生学习空间

在英国，大学生都有机会到校外、国外学习，这是拓展学习空间、开阔视野的很好方式。在我国，课程设置与实施整体上是封闭的，即便是广州大学城这样高校集中的地方，各校资源仍未能做到很好地共享。绝大部分学生，其被哪个学校、专业录取，便只能在那个学校、专业学习，便只能享受那个学校的资源。我国大学应改变这点，结合自身的情况，发展各种各样的合作办学、学生交换学习模式，让学生有机会跨校、跨省，甚至跨国学习，扩展视野。如可以联合几个办学优势明显、风气良好的省外同类院校，互相派遣一定数量学生到对方学校学习一段时间（一学期或一年），互相承认学分，以让学生获得更丰富的学习资源和开阔眼界。可以把这当作一个项目、一个课题来做，进行跟踪研究，看能否在高校扩招生源质量下降的情况下培养精英，培养具有开阔视野的人才。

树立世界视野，才能更好找到课程改革的坐标。英国大学的课程改革确实有值得我们学习的地方。当然，由于课程资源不同，英国大学的一些改革我们暂时做不到，但这是我们努力的方向，即转变课程观念，丰富课程资源，通过课程改革给予学生大视野，以大视野促进学生大发展。

（本文原载于《高教探索》2010 年第 2 期）

香港岭南大学博雅教育课程实践与启示

摘要：香港岭南大学致力于培养"全人"，人才培养目标明确且关注人的可持续发展需求；课程设置和人才培养目标高度适切，各类课程的分工和目的明确；全方位实施博雅教育，以保证达成人才培养目标。其对内地教学型本科院校探讨人才培养模式改革，有较大的启发意义：一是人才培养目标中要重视健全人格及人的可持续发展素质的培养；二是加强课程的内涵建设，提高课程设置与人才培养目标的适切性；三是更新课程观念，改善课程实施。

关键词：香港岭南大学；博雅教育；课程；人才培养模式

香港岭南大学推动博雅教育的理想在香港的高等学府中别树一帜。2010年11月，笔者参加了以"博雅教育"为主题的"田家炳内地学者及高级行政人员交流计划2010"活动。经过在香港岭南大学整整5天的参观学习和回来后的阅读思考，笔者认为香港岭南大学的博雅教育课程实践对内地教学型本科院校探讨人才培养模式改革，有较大的启发意义。

一、香港岭南大学博雅教育课程实践概况

香港岭南大学前身是 1888 年美国长老会（American Presbyterian Church）在广州创办的一所名为格致书院（Christian College in China）的高等学府。1903 年，格致书院改名 Canton Christian College，中文校名改为岭南学堂。1912 年 9 月，岭南学堂的中文名称改为岭南学校。1927 年 1 月，钟荣光被推举为校长，展开华人领导岭南学校的新一页，并正式易名为岭南大学。1952 年年底，全国高等院校进行调整，岭南大学的康乐校园变成了中山大学的校园，原有的课程或科系拼入广州其他院校，岭南大学正式解体。1967 年，岭南大学由校友在香港复办。

当前，内地高校正在探索人才培养模式改革。人才培养模式涉及两方面：培养什么人？怎样培养人？因此，下面从人才培养目标、课程设置、课程实施三方面介绍香港岭南大学博雅教育课程实践的基本情况。

（一）培养目标

香港岭南大学的博雅教育着眼于培养"全人"（the whole person），培养学生在香港、亚洲地区以至全球瞬息万变的环境中，能够独立思考判断、关怀他人和勇于承担责任的品质。具体来说，理想的香港岭南大学毕业生应具备以下素质和能力：

（1）具有良好的英文及中文（包括普通话及广东话）会话及书写的语言能力，并兼具出色的沟通及人际技巧；

（2）热衷贡献及服务社会；

（3）具有国际视野及能从不同的文化角度了解问题；

（4）具有稳固的学科基础，懂得运用不同的跨学科知识；

（5）具备普遍性的研究技巧，包括资讯科技知识；

（6）拥有良好的分析力和独立批判思考能力；

（7）具备创意及解决问题的能力；

（8）勇于创新及具有策划能力；

（9）善于与人共融合作，待人以宽容、诚信、谦逊及有责任感；

（10）具有终身学习的能力与意志。

（二）课程设置

1. 课程设置指导思想

为使学生具备理想的素质和能力，香港岭南大学在课程设计上致力于：发展本科生的综合课程，以切合本港在瞬息万变的国际环境中的需要；以人文学科、商学及社会科学的特定学科为本，在香港高等教育界保持独特的角色；透过丰富的校园生活、综合学习和社会服务计划，以及国际交换计划，培育学生成为全人；装备学生的语言及沟通技巧，以配合香港的多元语言环境；促进有成效的教学、积极的研究和讨论文化及达至国际水平的研究成果；授予学生终身受用的技能，有助他们终身学习；促进与世界各地高等院校的互动和交流；在有利于双方的情况下，与社会不同界别互动交流；妥善运用人力、财政及技术资源，以达至目标。

2. 课程结构

香港岭南大学四年制大学课程总学分 120 个，架构如下：

课程类别	学分	占总学分比例
核心课程（core curriculum）	33	27.5%
主修课程（major discipline）	48	40%
英文科（English language）	12	10%
中文科/普通话科（Chinese language/putonghua）	6	5%
选修课（free electives）	21	17.5%

核心课程致力于通识教育，是香港岭南大学博雅教育的重要组成部分，旨在给予学生全面及均衡的知识基础。核心课程设计分为两个部分——必修课程和选修核心课程组块（cluster）。所有学生须修读"逻辑与批判性思维""香港社会""认识道德""世界历史与文明"4门必修课程和在5个选修核心课程组块中选读7个科目，且在每个组块中需至少修读一科。核心课程选修组块名称、课程目的及包括的具体课程如下：

课程组块	课程目的	开设的具体课程
价值、文化与社会	让学生探讨个人、家庭及工作的核心价值，并涵盖与社会及文化发展相关的议题	跨文化交流与城市生活；道德与日用品文化；西方眼里的中国；香港视觉文化；职业责任；消费者文化和价值；种族划分和国家主义；同一性和互相依赖的中国；全球问题再思考；理解伟大的社会思想家
创造与创新	透过接触不同学科，启发学生的创意潜能	媒体写作；创造性思维；现代行为艺术；企业家；实践创新；文化经济学和创造力；"创造力和个体：理论和应用"
管理与社会	教导学生在不同组织建立有效和正面的人际关系，以及管理一个体系的资源	中国法律体系；公民纳税；个人财务管理；法人社会责任；通过谈判达成协议；中国传统思想和管理；作为商业和消费者社会的中国；关于社会和社会市场；经济和社会体制比较；压力管理、健康和生活平衡
科学、科技与社会	让学生了解社会对科学和科技的争议，以及科学与人文学科的相互关系和影响	技术与文化变迁；色彩科学与数字应用；今日数字文化；现代社会统计学；理解社会和经济指标；香港生态学、科学和社会
人文与艺术	培养学生对美学的认知和观赏能力	全球语境下的汉语文学；汉语通论；中国文学名著选读；媒体读写；古典音乐；跨文化文学研究；艺术的起源和功能；"世界文学专题：文学的乌托邦理想"；中国昆曲和京剧鉴赏入门；"音乐欣赏：西方古典传统"

在主修课程上，香港岭南大学则非常重视提升学生的专业底蕴和内涵，让学生具有稳固的学科基础。这里以其视觉研究专业为例说明。该专业开设的基础必修科目有：鉴赏艺术、哲学美学史、心理学（视像认知与表现）、中国艺术入门、电影研究入门、视觉文化和数字媒体、"视觉研究：分析入门"、"西方艺术：从浪漫主义到现代主义"、"西方艺术：从古代到启蒙时代"。必修科目的目的在于给学生打下扎实的学科理论基础。该专业开设的选修科目有：电影流派、前卫艺术、工作室实践、当代艺术、非虚构电影、行动哲学、绘画和诗、艺术和身心康健、电影史、1900 年以来的画报艺术、视觉媒体探索、电影和哲学、电影理论和批评、建筑哲学、作为视觉展示的戏剧、欧洲美学理论、电影历史体验、香港视觉文化、艺术分析哲学问题、绘画和文学中的现代主义、行为艺术中的力量和身体、视觉研究专题、"现代性的寻求：20 世纪中国艺术"、视觉环境和环境美学、"艺术和权力：视觉艺术政治价值的历史审视"等等。这种课程设计有别于其他院校艺术类专业的课程，其整体上理论性较强，在训练学生对艺术及视觉影像的理解和欣赏能力之余，针对的是影像表现背后所反映的历史意义和学术理论。据该系助理教授罗淑敏博士介绍，刚开始时学生对这些理论课程有抗拒心态，但经过三届毕业生的实践检验，学生逐渐理解了课程设计者的初衷；学生从这些理论课程中获益良多，特别是获得了内涵式发展和可持续发展的支撑。自2006 年始，该专业还设置"驻校艺术家计划"，每年分别邀请本地、外地的知名及新晋艺术家各一名，在校园内进行一个学期的教学和创作，让学生透过小组工作坊及与驻校艺术家的交流，提高对艺术创作的理解和欣赏。

同时，所有学生必须修读中文和英文课程，务使他们在毕业时能精通两文（中文、英文）三语（广东话、普通话、英语）。

此外，香港岭南大学自 2001 年开始推行综合学习课程（integrated learning program），透过正规课程以外的一系列课程、工作坊和活动，多方面培育学生的潜能和批判思考能力，给予学生全面发展的机会，培养他们成为"全人"。综合学习课程涵盖公民教育、智育发展、体育发展、群育及情绪发展、美育发展五大范畴。综合学习课程要求每个学生参与 75 个小时的学习活动，分配到各个学期中实施。

（三）课程实施

香港岭南大学博雅教育课程实施，主要体现在以下几个方面：一是教学。推行以学生为本的教学模式，注重师生关系，致力于为学生提供基于博雅教育传统的优质教学；采用新颖的教学方法，包括实习、海外游学、沉浸式语文学习、指导研究、协作学习、行动学习等。

二是宿舍生活。校园生活，尤其是宿舍生活，是博雅教育的重要部分。岭南大学学生宿舍生活多姿多彩，宿舍活动涵盖学术、文化、运动、社交及康乐等类别，当中包括校长杯、舍际运动比赛、高桌晚宴、水运会及歌唱比赛等。这些课堂以外的活动为学生提供了一个良好的学习环境，并提升他们的沟通、社交技巧和批判思考能力。

三是国际化学习。香港岭南大学博雅教育的其中一个重要目标，在于通过文化交流，拓展学生的国际视野和经验，帮助他们发展为"全人"。香港岭南大学特别重视双向文化交流，一方面鼓励学生赴外交流，以体验异地文化，同时亦吸纳来自不同地区的非本地生前来交流或修读学位课程，让他们感受及丰富香港岭南大学独特的博雅校园生活。透过跨文化交流，学校期望学生不仅获得额外知识，还有在课堂以外体验异地文化的机会。目前，香港岭南大学已与全球 60 多所大学签订协议，合办多项"一对一"的对等学生交换计划。

四是社区服务和服务研习。社区服务是香港岭南大学校园生活不可或缺的部分。该课程给予学生许多参与各类社会服务的机会，为学生提供独一无二的学习经验，让学生透过参与社会服务，运用所学的知识贡献社会，从而实践香港岭南大学"作育英才 服务社会"的校训。在社区服务过程中，学生建立起社会责任感，认识到社会各阶层的面貌，提升组织能力及管理技巧，亦加强自己的沟通技巧。服务研习计划让学生将书本上的理论知识，转化为有意义的服务，并加入研究的内容，深化整个学习过程。同时有助学生进一步形成批判思考能力，提高他们的领导才能和自信心。

二、香港岭南大学博雅教育课程实践的特点

概观香港岭南大学博雅教育课程实践，主要有如下特点：

一是人才培养目标明确且关注人的可持续发展需求。香港岭南大学明确提出培养"全人"，其博雅教育旨在建立学生的公民意识，并培育他们的知识、技能及洞察力，使他们毕业后能在瞬息万变的社会、文化及经济环境中，追求自己的目标。从其对理想毕业生应具备的素质和能力的描述中可以看出，学校非常强调给予学生扎实的理论基础、全面地处理各种关系的能力、开阔的视野及社会责任感等。具体而言，其人才培养目标既关注做事也重视做人，既关注智力因素也重视非智力因素，既关注学科基础知识也重视相关能力培养，充分体现"全人"的要求。这些理想的素质和能力也是人才可持续发展的基本素质要求。

二是课程设置和人才培养目标高度适切，课程的分工和目的明确，内涵深厚。从其课程结构与核心课程菜单看，香港岭南大学紧密围绕博雅教育人才培养目标，精心设计和组织课程，课程设置和人才培养目标高度适切，各类各门课程分工和目的非常明确。正如香港岭南大学核心课程及通识教育办事处课程主任说，香港岭南大学通识课程不以一时的通例或程式为要，而以恒久不变的原则及教诲为重。课程内容常常提出永恒不朽的问题，以代替时髦流行的答案。课程提供的不是瞬间过时的技术训练，而是让学生养成自我探索的习惯，以面对多变且难以预见的未来。一般学科教导学生在专门的行业中发挥所长，通识教育则探讨生命的基本问题：生命何为？工作何为？如何求心之所安？其核心选修课程旨在开阔学生视野和提供多维视角，提高学生对自我、社会、民族、道德等与个人息息相关的事物和论题的理解，促进学生有效地处理个人、职业和社会交往的问题。每门课程也都有明确的目的。如核心必修课程中"逻辑与批判性思维"的目的是培养学生基本的分析、评估及论点建构能力；"香港社会"的目的是从历史及比较角度，探讨香港社会在地区及国际层面的发展，并加强学生对未来社会政策的关注；"认识道德"是探讨人在特定情境下如何做出相应行为的科目，旨在让学生对伦理道德规范有概括的认识；"世界历史与文明"的目的是综观13世纪以后的世界历史，并重点研究不同文化领域之间的关系。主修课程则让学生知其然也知其所以然，课程的内涵深厚。

三是全方位实施博雅教育，课程资源丰富以保证达成人才培养目标。在香港岭南大学，学校各部门明确分工，行政部门与教学单位通力合作，保证博雅教育落实到位。其课程实施是多元开放式的，有理论的与实践（活动）的，课堂内的与课堂外的、宿舍的，校园内的与校园外的，香港本土的与国际化的，等等。学生学习空间非常开阔，学习与对话的渠道丰富多样，获得的课程资源十分丰富。学校目标是，至少一半学生有赴外交流进行国际化学习的机会，以有效拓展学生的国际视野和经验。在访问期间，恰有一个来自广东中山的内地大三女生参与本次接访，她在大二时便获得了前往印度考察的机会，并即将交换到美国学习半年。

三、启示

从历史和现实看，博雅教育与职业教育（训练），在教育发展不同阶段都有争论，在不同理论家与实践者那里也都有不同主张。目前，内地高校繁多生源参差不齐，高校宜分层分类发展，人才培养模式侧重点也应有别。但在技术教育与职业教育空前发展的今天，在容易急功近利的今天，高等教育有沦为等同于就业教育的危险。香港岭南大学的博雅教育实践可为高校找到一些补偏救弊的良方，特别是可以给教学型本科院校人才培养模式改革一些有益的启示。

（一）人才培养目标中要重视健全人格的培养及满足人的可持续发展需求

香港岭南大学人才培养目标是培养"全人"，其提出的理想毕业生的能力和素质要求有利于促进个体可持续发展。毕竟，人格健康、心态开放、博学多识、视野开阔、有社会责任感、宽容友善，才是人可持续发展与幸福生活的基础。

当前，国内教学型本科院校在培养应用型人才背景下提出的培养目标，往往强调"职业人""技术人"，而忽视对"全人"的培养，忽视健全人格的养成。人，首先作为个体人存在，其次才是作为"职业人"存在。"职业人"是附在个体人身上的，只有健全人的发展，才有作为"职业人"的发展。香港岭南大学博雅教育，强调使人成为"全人"，在不反对教育的职业训练功能的同时，强调要给学生某些价值、态度、知识和技能，使其生活得恰当舒适和丰富美满。联合国教科文组织的报告《学会生存——教育世界的今天和明天》对人的发展表述如下："人类发展的目的在于使人日臻完善；使人的人格丰富多彩，表达方式复杂多样；使他作为一个人、作为一个家庭的成员和社会的成员，作为一个公民和生产者、技术发明者和有创造性的理想家，来承担各种不同的责任。"① 这很好地描述了对健全人的具体素质要求。香港岭南大学提出的人才培养目标与此异曲同工，对教学型高校拟定专业人才培养目标很有启发。

教学型高校要在重视实用科学技能与知识的同时，认识人文素质的深刻意义。人文素质是一种生于内而形于外的东西，是人的安身立命之本，是人内心的道德修养，以及由此而生的为人处世之道。它表现在人们的言谈举止之间，它于不知不觉之时流露于你的眼神、表情和姿态。为了培养学生健全人格和促进学生可持续发展，人才培养目标要给这些内在素质一席之地，让学生不但会做"工"，也会做人。

---

① 联合国教科文组织国际教育发展委员会. 学会生存：教育世界的今天和明天[M]. 北京：教育科学出版社，1996：2.

（二）增强课程的内涵建设，提高课程设置与人才培养目标的适切性

有科学合理的人才培养目标蓝图，还必须有适合的课程做配合，才能促进学生朝着理想的方向发展。香港岭南大学推动博雅教育的理想在香港的高等学府中别树一帜，其各种课程设置和其提出的人才培养目标高度适切。香港岭南大学既重视专业的学位课程，亦注重通识教育和两文三语的训练以及资讯知识的灌输，以开阔学生的跨文化视野，亦将课堂学习、宿舍生活及校园活动结合为一，以达至全人教育的最终目的；推动综合学习课程计划，鼓励学生在课堂以外扩展多元学习的经验，以达至"学问渊博、为人儒雅"的目的。

与人才培养目标中单方面强调"职业人"培养相对应，当前国内一些教学型院校课程设置也是"实训化""技能化"，理论型课程被大量挤压。"头痛医头，脚痛医脚"思维方式与急功近利行为大量渗透到课程设置，如学生找不到工作，于是开设就业指导课和创业教育课程体系。这些浅层式的缺乏科学论证的课程设计显然违背人才成长规律。因此，要学习香港岭南大学的经验，从培养健全人及人的可持续发展素质的角度思考课程设置，加强课程的内涵建设，让课程与培养目标保持高度适切。

加强课程的内涵建设，要求重新思考理论课程的价值。行动是受理念指导的，没有思想的行动是人云亦云，技能只是表达方式，思想才是关键。要让理论课程更加有精神和文化内涵，应该告诉学生更多历史、思想和精神层面的东西。如香港岭南大学视觉研究专业课程设置，很值得我们借鉴。其培养的学生有底蕴，有底蕴才有创意，才有就业、创业的资质，才有可持续发展的潜能。在香港，学生对理论课程也有拒绝倾向，但通过实践，学生逐渐从理论课程中获益。内地学生普遍喜欢"实用"性课程，对理论学习在人才成长中的作用缺乏正确认识，功利化倾向明显，必须加强引导。

加强课程的内涵建设，还可以考虑从博雅教育与通识教育角度改造公共课。国内本科高校公共课包括公共必修课与公共选修课。公共必修课中的思政课，尽管改革起来受较大制约，但完全可用博雅教育理念来改造课程内容，为培养学生的健全人格与人文素质服务，给学生某些安身立命的价值、态度、知识和技能。人与事的发展都是遵循一定的"道"，有"道"才有"德"，有"德"才有"得"。"道"，就是规律，是好的德性，是一种社会责任，是一种带有理想和真理性质的东西。公共必修课要多让学生体会和践行"道"。公共选修课也完全可以从人才培养目标出发，做出目标明确的课程规划。

加强课程的内涵建设，还要求改变传统的以学科知识、学科知识权力和

利益为本位的课程设置框架，真正从人才培养目标与学生发展的利益出发，有针对性地设置课程。课程设置为实现人才培养目标服务，避免开设与培养目标无关的课程，提高课程实效。

（三）更新课程观念，力所能及丰富课程资源，改善课程实施

课程资源是影响课程实施的重要因素。在高校持续扩招的背景下，内地教学型院校课程资源与香港岭南大学的不可同日而语，但不等于不能作为。香港岭南大学课程行动的背后，也反映了一种综合的课程观：课程既是知识，也是经验，是阅历，是生活，是学生的发展资源。学生从知识、经验、经历、生活中都可以获得发展资源。

在我国内地，由于长期高度中央集权的课程政策与单一的实施方式，教师倾向于把课程等同于学科课程与知识传授而忽视经验课程、活动课程，把课程等同于教师教的课程而忽视学生学的课程。如笔者近几年来在教学型院校推行实践课程体系改革，设立活动课程，以增加学生自主学习与体验生活的机会，但相当部分教学部门在做这类课程实施方案时，仍按学科课程的方式来编排，导致活动课程实施不到位。这种狭窄的课程观限制了课程改革的视野，要改善课程实施，必须更新课程观念。

要树立"课程即发展资源"的观念，发展资源是指对学生身心素质的形成与完善具有价值、意义或促进作用的"养分"或原材料。[①] 把课程当作发展资源，拓展了课程的外延，可以突出从落实学生发展的角度去组织和实施课程。一旦从过去静态的狭隘的学科或知识课程观转变到动态的经验课程观，从被动控制的课程观转变到自主的"履历"课程观，课程行动的视野便会开阔。除了知识，环境、经历、生活都可以是学生的发展资源；除了课堂，学生在宿舍、在校外，也可以获得发展资源；除了教师教，学生自主学习与体验，更可以获得丰富的发展资源。因此，要因地因时制宜，挖掘课程资源，想方设法拓展学生学习时空与推动学习方式变革，打破传统的以班或专业为单位的宿舍安排方式，实施文理专业混住，增加学生在专业学习、课堂学习以外的交流，力所能及丰富课程资源，改善课程实施。

总之，香港岭南大学的博雅教育课程设计与实施，对教学型院校正确谋划人才培养蓝图，改善课程设置与实施，改革人才培养模式，有较多的启发意义。

[本文原载于《宁波大学学报（教育科学版）》2012 年第 1 期]

[①] 陈佑清. 课程即发展资源：对课程本质理解的一个新视角 [J]. 课程·教材·教法，2003（11）：10–14.

费尼克斯的知识分类与课程编制理论述评

摘要：费尼克斯是知识分类的主要代表人物。他的居于意义范畴的课程知识分类框架为我们提供了一种理解知识的新"视界"；他的课程哲学研究体现了人性论与方法论的统一，现象学方法能给我们洞察关系与洞察整体的智慧；他的整合视野中的课程编制观建立在对时代敏锐观察的基础上；这些理论对培养教师课程意识具有很大的意义。费尼克斯为我们思考现代课程问题提供了一个很好的范式。

关键词：费尼克斯；意义；知识分类；课程编制

课程知识是经过选择和重新组织了的知识。20 世纪西方教育界对知识的争论主要集中于知识的结构与课程内容的关系并从多个角度探讨了知识分类与课程设置问题。费尼克斯（Philip H. Phenix）是其中的主要代表人物①。这里介绍和评述他的知识分类与课程编制理论，从中了解课程知识分类与课程编制的新视角。

一、理论的逻辑原点与归宿：人性论与人性的实现

费尼克斯的知识分类与课程编制理论集中体现在他的《意义的范畴：普通教育的课程哲学》（*Realms of meaning*：*a philosophy of the curriculum for*

---

① 在劳顿编写的《教育词典》对"知识"这一词条的解释中（参阅 LAWTON, GORDON. Dictionary of education ［M］. London：Hodder & Stoughton，1993：108），列举的三位知识论方面的代表人物中第一位是费尼克斯，另两个是赫斯特（Hirst P. H.）和扬（Michael F. D. Young）。后两者在中文文献中已有较多的介绍与评论。在贝利的《费尼克斯论意义的领域》（载瞿葆奎主编：《教育学文集·智育》，人民教育出版社 1990 年版）一文中，与其说是阐明费尼克斯的观点，不如说是介绍赫斯特如何看待（批评）费尼克斯的观点和作者本人的和稀泥观点。而且，该文纠缠于费尼克斯知识分类框架的逻辑弱点，而对其他方面缺乏陈述。这妨碍了我们对费尼克斯观点的阅读和理解。因此，本文尽可能结合原著解读费尼克斯理论的独到之处。

general education)① 一书中。其从三大部分步步递进地阐明他的课程哲学观：第一部分是意义和人的本性，阐明了人性论、意义的丧失和现代人对意义的寻求等主题；第二部分是意义的基本模式，分别探讨了六大意义范畴及其对应的学科；第三部分是普通教育的课程，分别探讨了课程的范围、学科的逻辑顺序、学科顺序的发展因素（developmental factors）、课程选择的问题、学科的价值、代表性的概念、探究的方法和想象力的培养等。费尼克斯的知识分类与课程编制理论的主要目的是：为普通教育建构一种新的促进意义实现（普通教育课程的目标）的课程哲学。

三部分相互联系，第一部分对人性和社会问题的分析是其课程理论的哲学基础，是逻辑原点；第二部分是其课程哲学的理论主体，从"人是意义的动物"这一逻辑原点出发，探讨人类意义范畴并以此为依据对学科进行归类及阐述这些学科在促进意义实现中的作用；第三部分是这种课程哲学的运用，阐述普通教育课程编制的基本原理以更好实现人性。三部分逻辑关系图示如下：

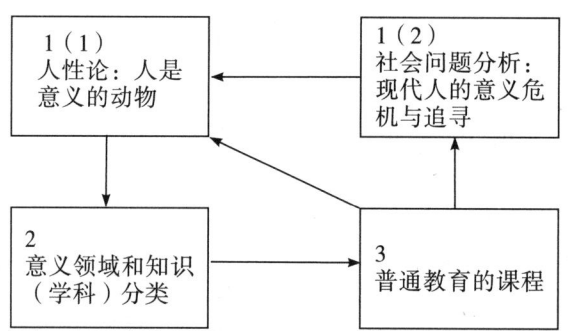

费尼克斯对社会问题的分析实质也是对人性的分析。他在对人的分析和知识地图中发现了各种"意义范畴"。他认为，教育既然是帮助人成为人的手段，那教育家需要了解人性。各种专家（如物理学家和化学家、生物学家、心理学家、社会学家、经济学家、政治学家、人类学家、语言学家等）对人性的理解都是片面的。在分析了哲学家的描述"人是理性的动物"后，费尼克斯提出：人类"基本上是能够经验各种意义的生物，与其他生物不同的人类存在在于一种意义的形式"，"意义是人精神（内在）生活的体验"。②

---

① 也有作者把"realms of meaning"翻译成"意义领域"。出于表述的需要，本文同时采用这两种译法。

② PHENIX P H. Realms of meaning：a philosophy of the curriculum for general education [M]. New York：McGraw-Hill Book Company，1964：22.

这些分析是其理论的逻辑原点，是知识分类的基本依据，也是其课程编制的归宿点。

二、主要观点：意义范畴、整合与学问中心

1. 居于意义范畴的课程知识分类观

课程理论家首先要对知识地图有个全貌的了解。人类有六种意义模式：符号的（symbolics）、经验的（empirics）、审美的（esthetics）、共智的（synnoetics）、伦理的（ethics）、综合的（synoptics）。每一模式包括不同的学科（disciplines）。他用以下方法区分了九类知识：任何有关知识的意义都有两个方面——外延与内涵，或数量与质量，就是说，知识存在于认知主体与某些认识客体之间的一种关系之中。外延有三个等级：单个的（singular）、一般的（general）与全面的（comprehensive），即知识的对象可以是单个事物，也可以是一个有选择的复数，还可以是一个整体。知识的内涵也有三种：事实、形式和规范。根据上面的几个维度，费尼克斯提出了一般知识类别及其与各种学科的关系。[①] 它们之间的对应关系如下：

意义的逻辑分类

一般种类 量　　　质	意义的 范　畴	学科
一般的　形式	符号的	普通语言、数学、各种系统的符号形式
一般的　事实	经验的	物理科学、生命科学、心理学、社会科学
单个的　形式	审美的	音乐、视觉艺术、运动艺术、文学
单个的　事实	共智的	哲学、心理学、文学及宗教等与存在有关的方面
单个的　规范 一般的　规范 }	伦理的	道德与伦理的各个具体领域
全面的　事实 全面的　形式 全面的　规范 }	综合的	┌历史 〈宗教 └哲学

正如这个分类框架所显示出来的一样，学科并不总是能清晰地划归在某个单一的意义领域中，即学科与意义领域并非一一对应的逻辑关系。费尼克

---

① PHENIX P H. Realms of meaning：a philosophy of the curriculum for general education [M]. New York：McGraw-Hill Book Company，1964：26 – 28.

斯对此做了说明：这是因为学科有其内部的张力（inner tensions），一些学者倾向于这种意义逻辑，而另一些学者则倾向于另一种。如社会科学的部分混乱便是因为一些社会科学家乐此不疲地关注社会科学实证的经验的程序，而另一些则强调伦理意义；心理学也是如此，一些心理学家倾向于个体生活的共智（synnoetics）意义领域，而另一些则强烈坚持心理学的实验方面。所以，便有同一学科可以归属不同的意义领域，不同意义领域分享相同学科的现象出现。这是符合知识发展的事实的，因为学科内部有不同的分支与派别，不同分支或派别关注点有别，研究方法不同，得出的结论也往往相异，如强调个人体验的人本主义心理学与强调实验的行为主义心理学确实差异极大。所以，归属于同一意义范畴的学科有相同的一般逻辑特征，但在素材、具体的方法和概念使用中不同。

2. 整合视野的课程编制观

费尼克斯的课程编制理论是基于整合的观点提出来的。和其他许多课程理论家一样，费尼克斯认为影响课程的最重要因素是教育目的。他首先提出其整合的教育目的观。他说："教育的一个特殊之处是扩展人的生活视野，加深人对关系的洞见，解释各种存在的风俗习惯。总之，教育的一个与众不同之处是让人产生整合的观点。"[1] 他明确指出，课程哲学需要一张意义领域的地图，一般教育的目的是培养完整的人，课程研制的根本是满足人对意义的需要。[2]

其次，根据现代人的意义危机及意义丧失的原因，他提出了课程编制与教学的基本原理。他说："意义的丧失给教育提出了挑战，教育要有助于意义的恢复。这样的挑战可以通过认识人类生活意义的核心和创造一个精心加工的课程去应对和克服无意义感。"[3] 所以他非常强调知识与意义的联系，如在课程编制时，有三类水平的逻辑需要考虑：一是六种意义间的逻辑联系；二是学科与特定意义的逻辑联系；三是特定学科内部的逻辑顺序。[4]"学校中普通教育的课程计划，可以设想为是在一个时期中，譬如，在 14 年

① PHENIX P H. Realms of meaning：a philosophy of the curriculum for general education [M]. New York：McGraw-Hill Book Company，1964：3 – 4.

② PHENIX P H. Realms of meaning：a philosophy of the curriculum for general education [M]. New York：McGraw-Hill Book Company，1964：6 – 8.

③ PHENIX P H. Realms of meaning：a philosophy of the curriculum for general education [M]. New York：McGraw-Hill Book Company，1964：38.

④ PHENIX P H. Realms of meaning：a philosophy of the curriculum for general education [M]. New York：McGraw-Hill Book Company，1964：280.

中，提供所有这六种基本的意义类型——语言、科学、艺术、个人知识、伦理学、纲要学——的教学。为同时发生的与个人的能力、兴趣及社会需要相适应的专门化提供某种机会。为取得一个十分平衡（well-balanced）的课程计划，可以进一步建议把课程计划大致地均等地分配到这六种领域"①，"为了说明课程计划的任务，把许多学术性学科划分进更广阔的分类是必要的"②。在教学中，"教师的任务是通过显示知识对所有人的意义使学科人性化（humanize the disciplines）"③，"教师是知识的人性化者（humanizer of knowledge）"④。同时，根据分科课程教学的弊端，费尼克斯强调课程内容选择时要教给学生学习的方法，因为"教会学习方法能帮助学生克服由支离破碎及知识材料增加而产生的无意义"⑤，所以他的课程编制观是基于整合的视野提出的。

3. 费尼克斯对学科、知识意义的分析

费尼克斯对各种学科、知识意义的分析也有独到之处。他认为所有学科都涉及对人的认识，学科都是人生命力量的展示。如他说："音乐、视觉艺术并不直接与人类本性相关，但所有艺术中最早和最基本的是舞蹈，因为身体活动是人类存在的基本方面。"⑥ 换言之，舞蹈源于身体运动的需要，音乐、美术源自审美的需要。"个人知识和道德知识是最基本的，因为它们处理人类的基本意义，这些意义支撑起所有其他的知识"⑦。

在阐明学科的逻辑顺序时，他说："符号领域的学科被优先考虑，是因

---

① PHENIX P H. Realms of meaning: a philosophy of the curriculum for general education [M]. New York: McGraw-Hill Book Company, 1964: 277.

② PHENIX P H. Realms of meaning: a philosophy of the curriculum for general education [M]. New York: McGraw-Hill Book Company, 1964: 25.

③ PHENIX P H. Realms of meaning: a philosophy of the curriculum for general education [M]. New York: McGraw-Hill Book Company, 1964: 54.

④ PHENIX P H. Realms of meaning: a philosophy of the curriculum for general education [M]. New York: McGraw-Hill Book Company, 1964: 315.

⑤ PHENIX P H. Realms of meaning: a philosophy of the curriculum for general education [M]. New York: McGraw-Hill Book Company, 1964: 11 – 12.

⑥ PHENIX P H. Realms of meaning: a philosophy of the curriculum for general education [M]. New York: McGraw-Hill Book Company, 1964: 165.

⑦ PHENIX P H. Realms of meaning: a philosophy of the curriculum for general education [M]. New York: McGraw-Hill Book Company, 1964: 188.

为人类要依赖符号作为表达的手段。"①　在关于"学科的价值"中，费尼克斯高度推崇学科及学科知识，认为学科是具有学者气质的学科（scholarly discipline），学科知识是专业化的知识（specialized knowledge），是权威知识，它们有别于一般观点和常识。学科知识是普通教育的基础，因为学科知识可以增进人的理解力。在费尼克斯的课程内容中，排除一般观点和常识。由此可见，费尼克斯的课程理论是学问中心的。

三、评价：整体分析与对时代的敏锐性

1. 费尼克斯的知识分类提供了一种理解知识的新"视界"

随着"知识爆炸"带来的人类知识激增及应用知识范围的日益广泛，对知识进行提纯与重新分类已成为一个重要的学术性课题。只是面对人类知识的海洋，我们该以一种什么样的方式把它们归类？把这个知识与那个知识归在一类，其依据是什么？这样做有什么好处？在众多的知识分类理论中，可谓仁者见仁，智者见智。按海德格尔现象解释学的理解观，每一种知识分类都是一种理解知识的方式，从而也是理解人及世界的方式。费尼克斯的知识分类观给人提供了一种理解知识的新"视界"。

到目前为止，还没有一个令大家都公认与满意的课程知识分类方案，甚至知识分类理论专家之间也在互相批评与驳难。如赫斯特（P. H. Hirst）对费尼克斯的分类逻辑上的弱点做了深入的追究和其他学者对赫斯特的批评。世界以万象纷呈的印象流形式展现在我们面前，必须经过我们的大脑，经过大脑中已有的知识结构来加以组织。我们之所以能观察和切分世界，将其概念化，并赋予不同的意义，是因为我们经由学习和交流获得的公共知识提供了一种观察世界的共同"视界"。我们探讨知识的分类，实质便是想获得一种重新理解知识的"视界"，避免因为"信息超载""信息噪音"而引起的混乱与生存危机。

知识分类与学校课程亦非一一对应的关系，但知识分类至少能让人明白不同知识的价值及其在人类知识谱系中的位置、在整个课程框架中的位置。这有如面对一幅世界地图，谙熟它的人一听说某个国家或城市，便立即想到它的位置，它与它的周边国家或城市的关系，乃至它的历史。因为世界各国地理版图和知识版图一样，是历史地形成的，甚至是历史地变化的。知识分

---

① PHENIX P H. Realms of meaning: a philosophy of the curriculum for general education [M]. New York: McGraw-Hill Book Company, 1964: 280.

类的主要意义便是让你谙熟知识的地图。在各种各样的知识分类理论中，费尼克斯的知识分类给我们提供了一种从知识与人、知识与意义的关系理解知识的新"视界"。

而且，费尼克斯的知识分类尝试以一种整合的方式（整合于意义的领域）进行分类，是符合知识发展的现状与课程实践的需要的。目前，知识的分类与综合发展之势并存。从课程实践看，需要分类，分类可以方便学习；从全面理解世界看，我们需要各种知识的融会贯通，需要把有相似逻辑结构的学科组织在一起。统一于意义范畴进行的知识分类，让我们获得对各种知识以及对人对世界的整体认识。

2. 费尼克斯的课程哲学研究体现人性论与方法论的统一，现象学方法能给我们洞察关系从而也是洞察整体的智慧

费尼克斯开门见山地提出他的人性论思想："人是意义的动物。"他认为其他学科专家对人的理解肢解了人的整体性。因而其在方法上，主要运用了整体主义的分析方法。这突出地体现在他对共智意义领域的划分与阐述上，这也是费尼克斯的最与众不同之处。他的现象学和宗教哲学倾向在这里表现得最为明显。

他说，"共智"的意义是一个人在关系中作为具体的整体存在直接洞察到其他存在物（或自己），简言之，共智的意思是"关系洞察"（relational insight）或"直接觉察"（direct awareness）。[①] 它不同于在其前面的其他三种意义领域，它是融合的（engagement），而符号的、经验的和审美领域的知识则要求是中立的（detachment）；[②] 共智意义是主体对主体的关系，在这里客观性被消除而代之以主体性或主体间性（intersubjectivity），而后者是客观的，依赖于主体对客体的关系；前者是具体的，是对具体的、关系的、整体的而不是支离破碎的理解，而后者是抽象的、不完整的。换言之，与共智领域相对应的知识是个人知识，符号的、经验的和审美领域的知识是非个人知识（impersonal knowledge）。个人知识关注的是存在本身即具体的存在（concrete existence），非个人知识如语言、科学和艺术处理的是存在的种类和质量。[③] 所以，共智意义领域包括哲学、心理学、文学及宗教等与存在有关的方面，而不是全部。在这里可以看出，费尼克斯的知识分类中应用了格

---

① PHENIX P H. Realms of meaning: a philosophy of the curriculum for general education [M]. New York: McGraw-Hill Book Company, 1964: 193.

② 在这里，费尼克斯把审美领域的知识也看作是中立的，有欠妥之处。

③ PHENIX P H. Realms of meaning: a philosophy of the curriculum for general education [M]. New York: McGraw-Hill Book Company, 1964: 194 – 195.

式塔心理学的"完形"概念，即整体分析方法或整体思想，也体现了波兰尼的个人知识观。费尼克斯把整体认知或顿悟的观点用到对知识的综合理解中。

20 世纪以来，针对人的生存危机，西方展开了意义的寻求活动。分析哲学寻找语言的意义，现象学哲学和存在主义哲学寻求生活的意义，精神分析学寻求自我和人际关系中的意义，宗教哲学在"我—你"关系中发现人的真正意义的源泉。费尼克斯在阐明其理论时试图整合各种方法论：前半部分对人的本质的理解主要是现象学、存在主义和宗教哲学的，后半部分详细考究了语言、数学、科学、艺术乃至历史、宗教、哲学等不同学科的思想和方法及它们在实现课程目标中的意义，则有分析哲学的痕迹。但这为他带来了更多的批评，如赫斯特认为费尼克斯的分类对知识的逻辑客体没有前后一致的对待，存在着"知识客体和对它们进行恰当分类之准则的歧义"，认为符号领域不能作为一种知识类型，因为"符号不外像非哲学意义上的其他任何特定的'客体'一样，表明没有逻辑上独特的知识范围"①。贝利则认为，费尼克斯提出的逻辑分类具有一种认知意义上的先验分类的暗示，而且没有始终如一地去挖掘人类学或现象学的方法的含义。②

在我看来，这正是费尼克斯的高明之处：用现象学等方法弥补逻辑分析的不足；后半部分"被诱回到逻辑分析"则体现对部分与细节的关注。分析教育哲学曾是西方教育哲学中的一种主要倾向，赫斯特批评费尼克斯的依据就是分析哲学强调语言与意义的明显逻辑的分类观，但分析哲学的缺陷已为我们包括分析哲学家自己所认识，如分析哲学只重视对问题进行逻辑的和语言的分析，其结果常常是走向支离破碎或咬文嚼字，成为烦琐哲学的一种形式。所以，连索尔蒂斯（J. F. Soltis）也颇为悲观地说："慎重地、反复持久地应用分析的技术对学习这个概念进行澄清，产生的结果同那些相信分析范式的力量能够使'模糊的分类'清楚、准确、明了的人的期望截然相反。"③ 分析哲学方法的知识分类只注意到部分和细节，忽视了整体与全局、部分与部分之间的联系。卢梭说："对整体有很好的了解的人，就能了解每一部分应有的位置，对一个部分有彻底的研究的人，就能够成为一个有学问

---

① HIRST P H. Realms of meaning and forms of knowledge. In knowledge and curriculum: a collection of philosophical papers [M]. Lowdon: Routledge & Kegan Paul, 1974.

② 贝利. 费尼克斯论意义的领域 [M] //瞿葆奎. 教育学文集·智育. 北京：人民教育出版社，1990.

③ 索尔蒂斯. 分析和教育哲学的反常 [M] //黄济. 教育哲学通论. 太原：山西教育出版社，1998.

的人；至于要成为一个有卓见的人，那就需要对整体有彻底的了解了。"①
现象学方法能给我们这种洞察关系从而也是洞察整体的智慧，逻辑分析方法
则让我们对部分也有"彻底的研究"。

3. 费尼克斯对时代的观察是敏锐的，他的课程编制理论具有深刻的社会基础

费尼克斯对时代的观察是敏锐的。他在分析时代的问题时引用了 Paul
Tillich 的观点，认为忧虑在人类存在中是内在的，每一时期人类的忧虑都有
一个主要特征，古典时期的忧虑是本体上的忧虑（如害怕死亡），中世纪是
精神、道德上的忧虑（如关注宽恕和赎罪），后现代的忧虑是对意义丧失的
忧虑。② 我对他的分析充满敬意。一是因为他对"意义"的分析反映了后现
代的追求，反映了他对现代人"意义"危机问题的关注。二是他从"意义"
实现出发，建立起了完整的真正的"博雅教育"的知识分类与课程体系，启
发了知识分类与课程编制的新路向。三是费尼克斯课程理论中反映出的"关
系"意识。费尼克斯强调存在是关系中的存在（To be is to be in relation），
是整体中的存在，并多次提及马丁·布伯（Martin Buber）的有关论述，借
用了布伯的关于"我—你"和"我—他"关系的概念。他的论证充满浓浓
的宗教哲学情怀。

看看现代人的生存状况，我们便知费尼克斯对人们在发现意义和理解中
实际做些什么的知觉、对人类探寻意义之现象的把握，多么极具时代的慧
眼。现代人的危机实质是"关系"危机，和谐社会的构建实质是和谐关系的
建立。克服各种关系的危机特别是人与自我关系的危机（即心灵的"无家可
归"或"有家难归"状态），是改善个体生活质量从而也是构建和谐社会的
根本。费尼克斯的观点在后现代课程研究中被经常引用，原因便在于此。

若说其课程编制理论有什么不足的话，那就是作者指出了"意义是在关
系中实现的"，但是并不沿着"关系"这个思路去谈，而是只侧重从"意
义"本身去建构课程。人是"关系人"，关系的变化及关系的危机，是现代
人生存的现状，循着这个思路，可以构建新的课程哲学。这是后来人要
做的。

4. 费尼克斯的理论对培养教师课程意识的意义

在长期的中央集权课程管理体制下，我国教师认为所有学科课程设置是

---

① 卢梭. 爱弥儿［M］. 北京：商务印书馆，2001：257.

② PHENIX P H. Realms of meaning：a philosophy of the curriculum for general education
［M］. New York：McGraw-Hill Book Company，1964：32.

理所当然的。除了考试，他们从来不用思考其所任教学科的价值。在当代课程改革的背景下，需要培养教师的课程意识。教师不仅是行动者，还要理解自己为什么要行动。① 费尼克斯是美国学问中心课程论的代表人物之一，他对学科、学术性知识、专家知识价值的高度推崇不一定全部正确，但他的理论对培养教师课程意识具有很大的意义。

课程意识是指对课程的认识和理解。教师首先需要考虑的不是如何有效地教学，而是思考应该带给学生什么样的教育经验，包括什么样的知识最有价值、什么样的主题最值得探索。而这又需要考虑我们究竟需要培养什么样的人，受过教育的人应是怎样的，教育承担怎样的职责与使命。如此一来，作为教师应该关注的就远远不止是课堂教学行为、教学策略、教学模式等问题，还更应该关注我们为什么需要教育，教育的目的是什么，为什么需要开设语文、数学、英语、艺术等课程。对这些问题，费尼克斯的课程理论都有回答，它们可以给我们一个理解这些问题的视角。

总之，费尼克斯理论反映了课程编制的三大基础：人、社会、知识之间的关系。其课程理论凭着其对人性与现代人生存意义危机及知识的敏锐观察与解剖，建立了一个系统的清晰的分析框架和课程编制框架，为我们思考现代课程问题提供了一个很好的范式。

（本文原载于《广东教育学院学报》2008 年第 1 期）

---

① 费尼克斯把专家分为两类，一类是技术工人（a skilled worker），另一类是知识者（a man of knowledge）。前者只管行动；后者的职责是理解，是反思，能意识到他们的行为和行动的理由。（参阅 *Realms of Meaning* 第 312 页）笔者不同意这样的绝对划分。教师不但要行动，还要理解他们的行动。

创新教育：文化哲学的解读①

——兼论小学创新教育的文化特征

摘要：目前创新教育理论研究的深度与广度都达到了一个新的层次，已初步实现了由概念定义的辨析到具体操作模式的分析和探索。存在问题是：对创新教育的依据缺乏整合；对创新教育的地方特色及阶段性特征关注不多；对创新与文化的关系尚须进一步深入探讨。深化创新教育研究，需要实现"由政治视角到文化视角"的转向。从文化哲学的视野看，创新教育是实现个体创新本性与社会创新文化整合同一的基本教育策略；小学创新教育的内容特征是关于真、善、美的创新文化价值内核的引导与建构，方法特征是在活动与交往中解构与建构，实现文化价值内核的内化，形成创新的行为方式。

关键词：文化；文化哲学；创新教育；小学创新教育；文化特征

创新是时代的命题，创新教育是对时代精神的回应。在人类经历前所未有的深刻变化之际，"我们需要新的行动和新的思想，去继承历史和迎接未来；我们需要新的概念和理论，来表达新的认识和指引新的行动"②。创新教育正是这样一种新的概念和理论、新的行动和新的思想。

一、创新教育研究的现状与问题

通过对 1998 年以来权威教育报刊发表的关于创新教育主题的论文的检索和分析表明，目前创新教育理论研究的深度与广度都达到了一个新的层次，创新教育研究已初步实现了由概念定义的辨析到具体操作模式的分析和探索，从一般的理论描述到结合各地实际的有效指导的转变。但存在的问题依然不少。主要有：一是对创新教育的依据缺乏整合，论述多从社会需要或

①　本文为黄甫全教授主持的广东省哲学社会科学"十五"规划资助项目"建构小学创新教育课程与教学新体系的理论与实验研究"的成果之一。立项批准号为02H8。

②　黄甫全. 阶梯形课程引论：关于中小学课程难度的研究［M］. 贵阳：贵州人民出版社，1996：引言.

社会学、经济学的角度展开，忽视创新教育的内在价值，心理学层面的探索和依据不足，尤其对创新是人的本性追求认识不够充分。这反映了长期以来我国教育的一种价值倾向，重社会价值，轻个人价值，对个体缺乏终极的人文关怀。在研究方法上，依然没有跳出科学理性主义的范式；在分析问题的角度上，采用的仍是许多人惯用的"政治视角"。二是对创新教育的地方特色及如何分阶段实施创新教育，各阶段教育如何衔接、协作关注不多，各年龄阶段创新教育的目标分层细化还有待进一步明确。三是对于创新与文化的关系尚须进一步加强探讨。尽管已有作者涉足这一领域，如祝智庭提出："创新教育应该是包容多种教育文化的教育。于是我们面临两个新的问题：一是如何促使多文化的形成，二是传统的主体文化如何与其他文化整合。"①但关于这两者的关系仍有待深入探讨。此外，创新教育研究中也出现一些有争议的问题，如：创新能力从何处来？知识与能力是什么关系？创新教育与社会文化、学校文化有什么关系？正是因为这些理论探讨不充分，疑点问题不明确，所以在实践中造成很多混乱。如出现"知识恐惧症"，把基础知识学习与创新能力培养对立起来；对创新文化环境建设行动不足等。

创新教育理论与实践存在的这些问题，有深刻的社会和哲学背景，是科学理性主义危机在教育问题上的反映，充分暴露了现代教育过于追求科学理性和技术理性的缺陷。西方的一些思想家指出："当代人的科技主义的世界图景和科技主义的生活方式，实际上是一场大难临头的文化危机，而这场文化危机的总根源在于哲学为人指错了生活路径……只有从这种'科学主义—技术主义'的哲学传统中解放出来，人的生活世界才可能消除危机，转危为安。所以，就需要一种超越科学主义哲学的新的哲学，而对这种新哲学的思考，必须摆脱传统的科学主义的框架，而在人的文化图景的总体性的大环境中另辟蹊径。"② 哲学是教育学的重要理论基础和依据，随着当代哲学从实体本体论到文化本体论的转向，③ 由"认识论哲学"到文化哲学的转向，在对创新教育的研究上，必须进行范式与角度的转换，转换的方向是从科学主义到人文主义，"由政治视角到文化视角"。

在教育研究上，有人已经开始从人的本体出发，阐释创新教育，把创造与人的存在相关联，对人"内在生命"成长进行关照，对创新教育的理解不

---

① 丁钢. 创新：新世纪的教育使命［M］. 北京：教育科学出版社，2000：123.

② 李鹏程. 当代文化哲学深思［M］. 北京：人民出版社，1994：7.

③ 李无苑. 从实体本体论到文化本体论：论当代哲学的转向［J］. 浦峪学刊，1995（3）：5－8.

断逼近教育的本原。① 但是在研究视角上，虽然有人涉及了"创新教育与创新的文化"的关系，但忽视了人与文化、人的创造性本质与文化创新的内在联系。面对这种现状，需要从文化哲学的视角来深入探讨这个问题，从文化的意义上追问人的本体及教育的本体，以深化人们对创新教育的认识。

二、创新教育的文化哲学原理

教育的起点是人的生命，生命的本质是创造。② 教育要以人为本，就是要从人的生命本性出发，突出人的本体价值。文化哲学凭借其对人性探讨的独特视角和"人化即文化"的精辟分析，开阔了我们的视野。文化哲学是对文化的哲学认识，是以文化与人的发展的关系问题为根本对象的当代哲学形态。文化哲学的核心含义有二：一是体认和追求以人为本；二是体认和追求人与文化的整合同一。"文化哲学的根本旨趣，是以人为中心，以人与文化的关系为内容，从而对文化的本质进行了深入的揭示和握持"③。在文化哲学的视野下，创新教育的核心问题：一是怎样实现以人的创新需要为本；二是怎样实现人的创新本性与社会创新文化的整合同一。这样，就需要提出和解决几个文化哲学的创新教育问题：人的创新本性的文化哲学意义是什么？人的创新本性与社会创新文化整合同一的机制、策略是什么？具体到小学阶段，文化哲学视野里创新教育的特征又是什么？

1. 人的创新本性的文化哲学意义

人的创新本性是历史地形成的，贯穿于人的形成与发展的整个过程。从猿到人是一个漫长的进化过程，劳动创造了人，人的形成是从无到有的创新的结果。在从猿到人的创新性生成过程之中，"创新"的"手段性"和外在性，逐步内化为人的"目的性"和内在本性，于是在人成为人的同时，创新就成为人的内在需要和本性，并表现为人类的一种特殊的实践活动，与人类历史共日月，与人的发展相伴随。

人类历史就是人类创造世界的历史，就是人类不停地改造世界同时也改造自身，从而不断获得进步和自由的历史。人类永远是在自觉地创造。创新

---

① 徐辉. 创新教育的理论及其哲学、人类学基础［J］. 教育研究，2001（1）：10-14，34；薛晓阳. 创新教育：一种人学范畴的思考［J］. 教育理论与实践，2002（5）：12-16.

② 程红艳. 教育的起点是人的生命［J］. 教育理论与实践，2002（8）：17-20.

③ 黄甫全. 学习化课程刍论：文化哲学的观点［J］. 北京大学教育评论，2003（1）：90-94，99.

也是人的生存与发展之必需，是人克服自身"缺陷"的必由之路。人在进化过程中变成了一个有缺陷的"动物"：他既无生来可以御寒的皮毛，更无翅膀如鸟那样可在天空飞翔，也无鳃鳍可如鱼那样在水中遨游。在这种"先天"不足的情况下，人必须设法"争取"自己的生存。这个设法争取生存的过程，便是创新的过程。兰德曼在其《哲学人类学》一书中认为人的（生物）结构有三个方面：人的"非专门化"、与动物不同的"生长节奏"和"人向世界的开放"。在自然的意义上，动物的出现表明了自然界所赋予的完善性和完整性，而人是一种非专门化。因此，"人必须独自地完善自己……必须试图依靠自己的努力去解决那专属于他自己的问题。他不仅可以而且必须有创造性……它是作为一种必然性植于人本身的内在结构中"①。创造性是人的本质，人只有凭借创造性才能使自身具有完整性，使人从本能中解放出来获得生存与发展的条件，从而使人可以决定自身的行为。

文化哲学的代表人物卡西尔认为，人是"符号"的动物，能发明和运用各种"符号"，这是人区别于动物的标志。自从人创造了文化"符号"，"人不再生活在一个单纯的物理宇宙中，而是生活在一个符号宇宙中。语言、神话、艺术和宗教则是这个符号宇宙的各部分，它们是组成符号之网的不同丝线，是人类经验的交织之网。人类在思想和经验之中取得的一切进步都使这符号之网更加精巧和牢固"②。符号是文化的表征，人是文化人，人只有在创造文化的活动中才成为真正意义上的人，也只有在文化活动中，人才能获得真正的"自由"。文化是人成长的原因，也是人发展的结果。文化与人的进步发展互为因果关系，"作为一个整体的人类文化，可以被称之为人不断自我解放的历程"③。作为一个整体的不断进步的人类文化，正是人的创造本性不断实现与展现的产物。

作为现代哲学形态的文化哲学，揭示了文化与人的生命存在及其活动的本质联系，"文化的本质就是人的自我的生命存在及其活动，文化世界的本体就是人的自为的生命存在"④。当代文化正在走向与人的生命存在及其活动的同一。文化是人类身心劳作（work）的产物，人类心灵的丰富性决定了文化的多样性，文化的多样性反映了人类心灵的丰富性。"心灵生发出文化，文化丰富着心灵"⑤。文化又是人的一种宿命，人的生存与发展都与此有关，都与社会文化及在此基础上形成的个体文化密切相关。人性就是文化性，文

① 汝信. 现代西方思想文化精要［M］. 长春：吉林人民出版社，1998：283.
②③ 卡西尔. 人论［M］. 甘阳，译. 上海：上海译文出版社，1985：33，288.
④ 李鹏程. 当代文化哲学深思［M］. 北京：人民出版社，1994：71，236.
⑤ 胡家祥. 心灵结构与文化解析［M］. 北京：北京大学出版社，1998：前言.

化性就是人性。文化作为"人化的自然""自然的人化"和对象化活动的中介的有机统一体，创造性、自由性是其最基本属性。文化的创造首先是自由的创造。对人而言，没有自由就没有人的创造性，而缺乏创造性的人也没有自由可谈；人的创造性实质上是人有创造性的自由，能够不断地获得自由。因此，创造与自由是人也是文化的灵魂。

人的创新本性与文化创新是个同一的互动的过程。人的创新归根到底是文化的创新；创新的文化又构成了人的创新本性发展的条件。即"文化哲学揭示了人类心灵活动的自我创造性、历史性和整体性；人的存在被看作是一种自我创造、自我实现和自强不息的精神活动……而人的文化创造性则构成人的存在的本体论依据"①。由是观之，人的创新本性与文化创新具有内在统一性。

2. 人的创新本性与社会创新文化整合同一的机制

文化的本质是人的自我生命存在及其优化活动，一定的社会构成总是一定的文化构成。社会创新文化在不同时期有不同的表现，尤其以社会转型期最为激烈。因为时代的变迁，总会使人面临许多传统模式无法解释的处境，人被置于孤立无援的境地，这迫使人们必须依靠他自己的判断创造性地来发现他自己的道路和解决他自身的问题。毫无疑问，我国社会正处于转型期。这种转型是从经济到文化，再到政治、经济、文化、教育的全面转型。解决转型期和改革过程中遇到的新问题，必须有创新的思想和创新的行动。另外，我国已加入 WTO（世界贸易组织），融入世界潮流是必然的而且是必需的，这是我国文化创新的外在动力。我们可以看到，整个社会正日渐形成一种创新的氛围。我们正处于一个伟大的时代，一个需要创新而且也将产生大量创新文化与文化新人的时代。

人的创新本性与社会创新文化能够整合同一，其机制是人对文化的自觉的解构与建构的过程。文化进步是一个历史的流程，人的发展是历史的逻辑的统一。人与文化的进步不是一个"从天上飞来"或"从地下钻出来"的福利，而是在人对旧文化的解构与对新文化的建构的连续不断的过程中逐步实现的。解构是对现实文化（即人的生命存在的现实状态）的批判性思考，"即一种优化人自身的意向的产生"。建构"是一个以人的劳作所实行的文化活动过程"②，以创造新文化（即人的生命存在的理想状态或优化状态），实现从旧的文化规则到新的文化规则的转换，实现精神领域中价值观念的更

---

① 杨启光. 文化哲学导论［M］. 广州：暨南大学出版社，1999：33.
② 李鹏程. 当代文化哲学深思［M］. 北京：人民出版社，1994：390.

新与行为方式的改变。人们对文化的解构与建构的基本动力源于人的创新本性，源于人对优化自身生命存在状态的不断追求（即对幸福的渴望和追求）。文化创造的永不止息在于"人化内在自然的永恒冲动"。人化的内在自然是酒神精神与日神精神的奇妙结合，是非理性因素与理性因素的有机统一。酒神精神，即狄奥尼索斯精神，它表现为一种情感的迷狂，意味着原始生命的冲动，所追求的是获得一种与自然融为一体的体验。日神精神，即阿波罗精神，它体现为一种处处与自然相抗衡的力量，力求改造自然使之适合人的需要。这种结合与统一，不仅构成了人化的内在自然，而且铸成一颗总是骚动不安的心灵……对需要的永不满足和对现状的永不如意。人类正是在这样的"永不满足"和"永不如意"中获得不断实现对需要的更新和对现状的超越之伟大动力，从而不断地创造出文化来。① 这是文化解构与建构的内因。外因则是现存文化规则的不适切性。要使人类对文化进行的解构与建构由自为走向自觉，由低效走向高效，中介则是教育，是教育的文化传递和文化创新功能的实现。教育的本质规定性是培养人，教育既具有个体价值，又有社会价值。教育的这个规定性决定了它在人的创新本性与社会创新文化整合统一中的中介转化地位。

在文化转型时期，文化创新的主要任务是否定业已存在的、但对人的生命活动的文化意向已经成为障碍和束缚的文化规则。在这种情况下，作为文化的体现的制度、学说、规章、标准、规范等都发生了合法性危机。于是，对旧文化规则的批判与解构便开始了。这个阶段，必然会产生心灵的动荡、迷茫与阵痛。为了寻求新的"秩序"，让心灵重新有所归属，人们必然会产生新的解释方式与行为方式，即建构新的文化规则，这样便产生了新的文化意向。于是，"时代便进入一个新的文化发展阶段——追求建构与稳定的时期"②。对文化规则的解构与建构是人的生命存在的不同形式，是人的创新本性的体现，这两种活动交替进行，生生不息，使社会文化创新得以不断地实现，从而形成人的生命存在状况不断得到优化的一个系列。所以可以说，人对文化的解构与建构是人的创新本性与社会创新文化整合同一的机制。同时，由于人是文化的构成，文化的层次反映了人的品位，人对文化的解构与建构总是对其所占有或所理解的社会文化的解构和建构。在这个过程中，个人提高了自己的文化品位，也就是提高了自己。所以，人对文化的解构与建构实质也是人对人自身的解构与建构。

---

① 杨启光. 文化哲学导论［M］. 广州：暨南大学出版社，1999：335－336.
② 李鹏程. 当代文化哲学深思［M］. 北京：人民出版社，1994：236.

3．创新教育：实现人的创新本性与社会创新文化整合同一的基本教育策略

教育是传递文化与创造文化的活动，是文化的一种生命机制。人对文化进行的自觉的有效的解构与建构，有赖于教育。人的创新本性的实现与社会创新文化的发展呼唤创新教育，呼唤具有丰富文化内涵与生命内涵的创新教育。在文化哲学的视野里，创新教育是促进人的创新本性发扬光大的教育；是促进人对文化的自觉解构与建构，实现社会文化创新，不断优化人的生命存在的教育；是妥善处理人、文化、社会三者关系的教育。人与文化、文化与教育、教育与社会，本身便有着内在的密不可分的联系。人是文化的创造者，也是文化的创造物。文化与人的发展是始终紧密结合的连续体——人的创造性的主体活动使文化日益丰富，日益丰富的文化又使人本身不断向"自由王国"迈进。这一连续体直接导致文化与教育——培养人的社会活动的密切相关。文化是教育的内容，"教学内容是教育化的文化"①。教育是一种选择与传递文化的活动，是人与人精神的契合，文化得以传递的活动。教育是实现文化创新与发展的最根本的载体和途径。一定的社会构成是生命的构成，也是文化的构成，人总是在一定的社会、一定的文化中生存的。教育促进人的社会化实质是人的文化化，文化化实质便是社会化。教育的使命就是造就在一定的社会文化中生存，并继续和发展这种文化的人。文化哲学视野中的创新教育恰好有效地沟通了人、社会、文化三者的关系。创新教育发展了人的生命创造力与智慧，使人的创新本性得以实现；人的创新本性实现又推动了社会创新文化的形成，社会创新文化的形成又推动人的创造本性的丰富化。这样，文化与人、教育与人、教育与文化、教育与社会，便处于一种良性互动之中。所以，文化哲学视野里的创新教育是实现个人创新本性与社会创新文化整合同一的基本教育策略。

三、小学创新教育的文化特征

在文化哲学视野里，小学作为人的教育的一个特殊阶段，其创新教育必然具有反映时代精神及小学生生命色彩的基本特征。这需要我们从儿童文化生命的特点和文化创新表现出发去探讨，从教育构成与文化的存在形式两个维度的结合上去阐释。凡教育必涉及内容和方法两大方面；凡文化则有内在（隐性）与外在（显性）两种表现形式，前者主要指人的文化价值观念，后者则是人们在文化价值观念基础上形成的言行举止方式，通过人的各种活动

---

① 黄甫全. 课程与教学论［M］. 北京：高等教育出版社，2002：391.

反映出来。为此，小学创新教育的内容特征是创新文化价值的引导与建构，方法特征是让小学生在活动与交往中解构和建构，形成创新的行为方式。

1. 内容特征：创新文化价值内核的引导与建构

小学是儿童接受正规教育的开始，是基础教育的"基础"，是儿童社会化即"文化化"的重要阶段。人作为文化的产物，其存在具有时间性，"时间的三种样态——过去，现在，未来——形成了一个不能被分割成若干个别要素的整体"①。小学生的可塑性很强，正是因为小学生的文化"过去"很短暂，旧规则、旧习惯对他们束缚较少，需"破"的不多，所以"立"（即用新的文化规则培养人）更容易。这是在小学开展创新教育的有利方面。小学创新教育的着眼点是从现在开始，塑造学生的未来。但是人类文化的"过去"很漫长，中国传统文化的"过去"很漫长，如何处理好传统文化的传承与创新关系，用新文化规则去造就新人，是一个不容易的问题，尤其是在当今我国社会转型期。解决这个问题，关键是处理好对小学生的创新文化价值的引导与建构，发掘小学生的创新"灵性"，这是小学创新教育的内容特征。

创新的文化是创新教育展开的价值基础。如果成人世界的价值观念是保守的，对人的"个性化"（个体文化）是持批判态度的，在这种文化背景和生活环境中，创新教育是不可能的。创新教育是一个文化性的概念，需要有一个整体意义上的创新文化来支撑。儿童有着更远的未来，儿童的未来是民族的未来，也是文化的"未来"。文化的内核是真、善、美。"文化是一个标志着人类在真善美诸方面的发展水平的哲学范畴"，"一部人类自由文化史就是人们不断追求'真''善''美'有机统一的历史，就是思想家们努力构建有机统一的'真''善''美'文化的历史"。② 对儿童进行文化价值的引导与建构，实质便是真、善、美价值的熏陶与形成。文化世界就是真、善、美的世界，真、善、美是文化的价值追求。真，在文化之中；文化，便是真的丰富的演示。善是人所安排的合理的文化世界"秩序"，善的构建，必在文化之中，它是文化应该具有的一种"随机"价值；只有那些具有善的价值的活动，才是文化的。"美"作为文化价值，是人对精神愉悦的追求，是人的生命存在的恒常的文化理想，是人的生命存在的文化目的。用求美的心态来体会世界和自己的生命存在，人就会获得无限的精神解放，获得无比广阔的精神自由。只有在这个时候，人才能体会生命的力量和生命的无限美好。儿童是可塑造的未来，小学创新教育内容便是要用关于真、善、美的文

---

① 卡西尔. 人论 [M]. 甘阳，译. 上海：上海译文出版社，1985：63.
② 杨启光. 文化哲学导论 [M]. 广州：暨南大学出版社，1999：192 – 214.

化内核，引导儿童，使之内化成儿童自身的需要，成为学生的整体人格的一部分。求真、求善、求美是为人的三种境界。求真，追求的是客观必然的科学认识；求善，追求的是主体自由、自足、自为的信仰世界；求美，追求的是两者的统一，即立足于自由与必然的创造。美是真与善的表现及统一，真和善只有在美中间才能水乳交融。只有把真善美融入主体人格，个体才能勇于创造，才能体验生命的丰富与美好，才能享受创造的乐趣。

千百年来，人类所构筑的文化大厦都是人的创造性本质力量对象化的结果，人类掌握世界的方式植根于人的心灵能力。"人类掌握世界的基本方式及由此建立的文化大厦、编织的符号之网与心灵结构相对应"。"人类的天性可以分为认识、行为和情感，或者理智、意志和感受三种功能，与这三种功能相对应的是真、善、美的观念"①。因此，真善美创新文化价值的引导要与知、情、意一体化的认知结构的建构结合起来。在小学创新教育中，立足点便是打下创新的知、情、意基础。

2. 方法特征：在活动与交往中解构与建构，实现文化价值内核的内化，形成创新的行为方式

用创新文化关于真、善、美的价值内核建构儿童，要寻求合适的方法与策略。根据上面的分析，人的创新本性与社会创新文化整合同一的机制是人对文化的自觉的解构与建构，中介是教育。皮亚杰的发生认识论及维果茨基、列昂节夫、鲁利亚等社会文化派的外部活动内化论认为，个体心理机能的形成（可看作是个体的进步）是在主客体相互作用的活动过程中实现的；个体心理机能的形成过程是一个在社会传递下不断地由外部活动内化的社会建构过程。教育是一种活动，教育的实质便是师生文化交往的过程。所以，小学创新教育的方法特征是在活动与交往中解构和建构，实现文化价值内核内化，形成学生创新的行为方式。

文化无所不在。文化的本质就是人的自我的生命存在及其活动，人的活动就是文化的表现，人的一举手、一投足都隐喻着文化的内涵。文化所昭示的是人的世界和历史的最深层的东西，即人的生存模式和活动方式。活动是文化的表现形式，文化是活动的内核。人的心理活动是内隐的，它必须而且一定会通过人的身体本身的变化与动作表现出来，从而使文化由内在走向外显。压制了身体的活动，便是抑制心理的活动，便是抑制文化的生成。人的活动是人的生命存在的根本性质，生命的特征就在于它是"活生生的"，"活着"就是"活动着"。要实现创新文化价值内核对儿童的人格塑造，必须在儿童的各种身心活动中展开。但在当今小学教育的实践中尤其是在课堂

---

① 胡家祥. 心灵结构与文化解析［M］. 北京：北京大学出版社，1998：132.

教学中，人们多重视学生的心理活动或思维状态，而对学生的身体活动多有忽视，或甚至压制学生的身体活动以让课堂变得安静与井然有序。这是有违文化的生命本性的。教育的生命意义与价值的丧失，原因便在于此。在过分地强调人的外在行为规范时，往往导致对人的生命活力、激情的压抑，太多的规矩则使人根本就体现不出生命的活力与趣味。"当我们的社会越来越多地关注人的创造力，关注人的个性，关注生活（生命）的质量之时，也许我们应该从整体上反思我们既有的生活本质，首当其冲，就是反思我们的教育活动的品质"①。创新教育应给学生一种怎样的教育活动的品质？

生命是一个整体，文化也是一个整体。语言与非语言（或次语言），知、情、意、行，知识与技能、过程与方法、情感态度及价值观等，社会文化和个体文化、成人文化和儿童文化等，都是文化不可分割的组成部分，都是培养完整的人的不可缺少的部分。语言、文化和人的行为是历史地交织在一起的。传统的教育文化中，只重视"知识"（知识有时又只窄化为陈述性知识）的交流和"语言符号"的表达，强调大一统，曲解了文化的内涵和窄化了文化的外延，妨碍了人对文化的整体把握和创新，也阻止了人的创新本性的实现。再者，由于我国师道尊严的学校文化传统的根深蒂固，在学校中，成人的文化、教师的知识占主导地位，"学生的'个人知识'、儿童自己的特殊文化世界在学校课程中不占位置"②。在教师的文化权威下，学生说话权（即学生主体文化表达权）被控制和被压制。这样，儿童的人格便不可避免地被分裂成两个世界："在一个世界里，儿童像一个脱离现实的傀儡一样，从事学习；而在另一个世界里，他通过某种违背教育的活动来获得自我满足。"③ 这些无疑阻挡了学生通向"自由精神之通衢"，削弱了学生原本生气勃勃的精神生活，削弱了学生的反思能力以及独立自主的个性。创新是言自己所能言，言别人所不能言；做自己所能做，做别人所不能做。没有自由便没有创新；没有独立人格和自由精神，创新便不可能。儿童好奇、好动、好表现自己，儿童对世界有自己的解释方式和表达方式，这是儿童的文化世界的特征。小学创新教育要给儿童自由自主的活动时空，让学生能言说自己，能表现自己，还儿童一个真实的自我，凸显学生主体；让学生在这样的时空中，大胆地以各种适合于自己的形式表现自己的独特的文化世界；让学生在这样的时空中，身心互动，展开积极的思维，保持生命的灵性、灵气

①　刘铁芳. 教学的"意味"［J］. 教育理论与实践，2002（6）：55－57.

②　张华. 经验课程论［M］. 上海：上海教育出版社，2001：247.

③　联合国教科文组织国际教育发展委员会. 学会生存：教育世界的今天和明天［M］. 上海：上海译文出版社，1979：14.

与创造的活力。这样，创新教育才能还给儿童一个整体的文化世界，一个整体的生命世界，使儿童由被动消极的约束对象成长为生机勃勃的不断追求自我发展的生命主体，促进儿童形成对文化进行自觉解构和建构的主体人格。

在学校情境中，师生交往是教育活动的主要形式，创新教育体现在创新的教学交往与对话中。师生、生生之间的交往是不同文化主体的交往，师生、生生间的对话是不同文化主体的对话，是一种跨文化交往和对话的过程。交流双方在彼此的"言说"和"倾听"互动中，互相理解，共同建构；交流双方在不同文化的互相浸染中获得文化创造的灵感，以刺激人化内在自然的不断冲动，促进个体对文化进行不断的解构和建构，从而促进文化的发展。师生、生生交往（交流）和对话借助语言与非语言（如表情、手势等）的符号进行。语言符号与非语言符号互动，才能达成文化的有效交流与创新。在小学创新教育中，尊重儿童的个体文化，便是要让儿童充分交往与交流，让儿童在各种充分的交往与交流中体现创新与实现创新。

在我国现代化的文化转型过程中，创新文化生成的最终目的都是形成人们具有主体性和创造性的行为方式。行为方式只有在活动与交往中才得以形成和巩固。儿童的行为方式正处于生成的过程中，富有主体性和创造性的行为方式的养成又有助于儿童创新文化价值的内化和巩固。小学创新教育的实施就是要为儿童创造活动与交往的时间和空间，允许儿童用其独特的方式去表现和创造自己的"个体文化"，让儿童在自由文化的时空中，舒展灵动的身体，发挥心理创造的潜能，保持生命的灵性、灵气与创造的活力，发展创新的能力。唯有这样，小学创新教育才不会是"无趣"的"不见人"的技术理性范畴内的教育，才会是与小学生生命相遇的教育，才会是"使教育的文化功能和对灵魂的铸造功能融合起来"的教育，才会是实现人的创新本性与社会创新文化整合同一的教育。

总之，"人的回归"是教育改革的真正条件与目的。人的文化性和文化的人性决定了创新教育必须是实现人与文化、人的创新本性与社会创新文化整合统一的教育。为此，文化哲学视野中的创新教育是深化教育改革的必然选择。

[本文原载于《教育理论与实践（学科版）》2003 年第 11 期]

创新与视野：创新人才培养的思考[①]

摘要：创新人才培养要遵循人才成长规律。通过分析创新成果生产及杰出人才成长过程，发现创新源自开阔的视野，杰出人才都具有大视野，旅行与阅读是开阔视野的基本途径。其机制在于拓展视野是人性超越性和创造性的基本需求与表现，物理视野与心理视野相互促进。创新人才培养，要致力于开阔学生的视野。

关键词：创新；视野；人才培养

"钱学森之问"后，我国高校加快探索人才培养模式改革。但是，当前高校的一些创新工程、创新计划、拔尖人才计划、优才计划等，做法多是选择优质生源再集中配置优势资源而已，对创新及创新人才培养的理解依然浮在表面。创新究竟源自何处？创新人才还有什么核心特征？本文通过分析创新成果生产及杰出人才成长过程，发现创新源自开阔的视野，杰出人才往往有大视野。这可以丰富和深化对创新人才培养的思考。

一、创新与视野：创新成果生产及杰出人才成长过程的分析

关于创新人才的特征已有多种解读，如创新型人才的心理品质与人格特征，"有创意"首先必须有思想、有主见、有批判和独创精神，杰出思想家关键都在于"自我意识和自我觉醒，自我把握和自我解放"，杰出人才通常有多样化的经历，等等。通过分析创新成果的生产及杰出人才的成长过程，还可以发现创新与视野的密切关系，或说创新经常是视野开阔的结果。

1. 创新源自大视野：创新成果的分析

"视野"在英语中，用 eyeshot、visual field、field of vision、horizon 等词来表示，指称"视野、视界、目力所能及的范围"。在中文中，"视野"有

---

① 本文是广东省高等教育教学改革立项项目"引领基础教育改革的高师培养模式创新研究与实践"研究成果之一。课题编号：BKZZ2011043。

两个含义：一是指眼球固定注视一点时所能看见的空间范围；二是指思想或知识的领域，如扩大学术视野。① 前者是本义，指称物理上的空间范围，可称为物理视野或自然视野；后者是引申义，指称心理上或精神上的范围，可称为心理视野或知识视野。物理视野通过身体接触获得，从自然目力出发，一个人"视野、视界、目力所能及的范围"总是十分有限和具体；心理视野通过心灵活动获得，可以超越关山阻隔，超越时空限制。时空范围是视野的基本表征，一个人经历或领悟的时空越广阔深远，视野便越开阔。

解读人类文明史上很多有影响的成果或创新行动，经常是创新者个体或群体开阔视野的结果。如研究美国民主的最经典著作《论美国的民主》，源于作者托克维尔在美国逗留 9 个月看到的"新鲜事物"引发的惊异和思考；研究西方近代思想演变历史的《词与物——人文科学考古学》源自福柯在别人的作品中看到的"中国某部百科全书"中对动物的奇异分类。这样的例子不胜枚举。就专业研究而言，一部著作引发他人阅读兴趣的通常是"发"阅读者"所未发"。它的读者越多，说明其发现越多人所未发现的东西，即它的作者视野更加开阔，比其他人看得更多，思考得更深刻。这说明创新与视野的关系。见他人之常见，便只能云他人之所云，不可能有创新。

知识的发展正是伴随着人类视野开阔的过程展开的。突出的例子是航海活动和地理大发现对科学发展的影响。15 世纪以来，由于航海活动和地理大发现，使人们看到了一个新的地球，开阔了人们的视野，扩展了人们的活动范围和知识领域。航海活动和地理大发现为天文学、地理学、动物学、植物学等自然科学的研究提供了大量的经验事实。在欧洲，这些经验事实的不断涌现，引起哲学家、地理学家、自然科学家、神学家的争论和思考。最初他们还遵循传统方法费尽心机地使地球的新发现与《圣经》的创世说相适应，但是伴随着在新大陆和澳洲的各种《圣经》中不曾记载的新物种的发现，《圣经》的解释越来越困难，人们最后终于挣脱旧框框的束缚，从而推动了科学观念的突破和新学科的建立。假使没有航海运动和地理大发现，人们仍各自偏于一隅，知识的发展便是另一番进程。

我国近代以来历次改革都是由一些"睁眼看世界"的名人学者倡导的。他们见多识广，举一反三，产生创新思想和行动，由此推动我国社会文明的发展与进步。新理论、新思想、新观念及新行动，出自他们广阔的视野。

2. 杰出人才具有大视野：杰出人才成长的事实表征

杰出人才各有各精彩，其过程不可复制。但纵观他们的成长历程，还有

---

① 辞海编辑委员会. 辞海：下［Z］. 上海：上海辞书出版社，1999：4504.

一个共同点，就是他们或"读万卷书"或"行万里路"或更多是两者兼而有之，心理视野与物理视野宽广。如孔子周游列国及其"游教""游学"方式培养出的"贤人七十二"；司马迁"穷天人之际，通古今之变"，成为伟大的史学家和杰出的思想家；徐霞客博览群书，尤钟情于地经图志，28 岁以前以阅读为主，28 岁以后开始游览名山大川，留下的《徐霞客游记》开辟了地理学上系统观察自然、描述自然的新方向，既是系统考察祖国地貌地质的地理名著，又是描绘华夏风景资源的旅游巨篇，还是文字优美的文学佳作。西方文艺复兴时代的大家，很多都是做过跨国旅行的人；达尔文在 22 岁时作为一名非专业的博物学者离开英国，在持续 5 年的海外航行后，他作为一名年轻的大科学家回国，他称这次航行为"一生中最重要的经验"①；笛卡儿在其带有自传性质的《方法谈》中指出："一到年龄容许我离开师长的管教，我就完全抛开书本的研究。我下定决心，除了那种可以在自己心灵或者在世界这本大书里找到的学问以外，不再研究别的学问。于是趁年纪还小的时候就去游历，访问各国的宫廷和军队，与气质不同、身份不同的人交往，搜集各种经验。"② 钱学森说他在科学方面取得如此大的成就，得益于小时候不仅学习科学，也学习艺术，培养了全面的素质，因而思路开阔；在加州理工学院到各个系听课让他"大受教益，大开眼界"③。还有我国那一个个逝去的大家，哪一个不是"博古通今，学贯中西"？这说明杰出人才都游历广泛，具有开阔的视野。开阔视野与创新相辅相成，视野越开阔越能为创新找到思路。

3. 旅行与阅读：开阔视野及创新成果形成的途径分析

从上面列举的例子和事实看，杰出人才往往有到远处旅行和深度阅读的经历。可以做大胆假设，孔子若不是"游教""游学"，也不可能有"贤人七十二"和文化传承上的杰出贡献；达尔文若不曾有这持续 5 年的海外航行之见闻，便不可能有物种进化论或达尔文若没有前期的学习与思考，再做 5 年的航行也未必有物种进化论。再考察我国近现代教育史上三个杰出人才最多的人物群体——"庚子赔款"部分款项资助的那批留美学生，抗日战争期间西南联大培养出的一批毕业生和"文革"结束恢复高考后的 1977、1978

① 帕尔默. 教育究竟是什么：100 位思想家论教育［M］. 任钟印，诸惠芳，译. 北京：北京大学出版社，2008：142.

② 安东尼·肯尼. 牛津西方哲学史［M］. 韩东晖，译. 北京：中国人民大学出版社，2006：109 - 110.

③ 涂元季，顾吉环，李明. 钱学森的最后一次系统谈话：谈科技创新人才的培养问题［N］. 人民日报，2009 - 11 - 05（11）.

级大学生。他们若没有留美获得的开阔视野的机会，没有抗日战争期间学校辗转南迁穿越千山万水的经历，没有"文革"十年的曲折经历后才获得的来之不易的读书机会，大概也泯然于其他群体。他们取得的成就正与他们从"行万里路"和"读万卷书"中获得的开阔的物理视野和心理视野有关。由此可见，旅行和阅读是开阔视野的主要方式。旅行和阅读相得益彰，旅行是身体的阅读，阅读是心灵的旅行，知识者的旅行把物理视野与心理视野的拓展统一起来。

再考察人类文明成果的获得，更可以凸显"旅行"的意义。人类重要文化基型都脱离不了旅行的表述范式，或与旅行交融在一起，或因旅行实践产生的结果：史诗传奇、考验苦行、冒险拓殖、骑士文学、宗教使命、朝圣线路、英雄武功，旅行把文化之道活脱脱地"走"出来。而据考察，"理论"在词源上与"旅行"存在着发生学意义的交织，最早的理论概念正是旅行的原始注疏和原型图像。理论（theory）一词源自希腊语（theoria），意思是"观点""视域"，theoria 的动词词根为 theoreein，本义是"观看""观察"。在古代希腊，理论原指旅行和观察活动；具体的行为是城邦派专人到另一城邦观摩宗教庆典仪式。其原初意象指在空间上的离家与回归，强调不同空间差异所产生的距离、转换。简言之，理论即旅行——指脱离中心、离开家园熟悉的环境，到另一个陌生的、异己的文化空间的旅行。旅行作为空间实践，是经验的积累方式，是以自然之道求取文化之道的途径。[1] 旅行包含了空间的移动，开阔了视野，也形成了知识的田野。新理论是个体身心处于不同空间、不同背景、不同理论流派中"看"出"差异"而形成的。

二、视野促进创新的机制分析

为什么视野开阔可以促进创新？为什么旅行和阅读是开阔视野的最好方式？这源自人性，也和物理视野与心理视野的关系有关。

1. 拓展视野：内在于人性超越性和创造性的基本需求与表现

人性具有局限性，也有超越性。人的局限性与生俱来，人的超越性根植于人的局限性。蔡元培说："世界无涯涘也，而吾人乃于其中占有数尺之地位；世界无始终也，而吾人乃于其中占有数十年之寿命；世界之迁流，如是其繁变也，而吾人乃于其中占有少许之历史。"[2] 这表现了人生活时空的有

---

① 彭兆荣. 走出来的文化之道［J］. 读书，2010（7）：81–87.

② 聂振斌. 文明的呼唤：蔡元培文选［M］. 天津：百花文艺出版社，2002：37.

限性。培根提出的"假象"说（种族假象、洞穴假象、市场假象和剧场假象）则说明了人的认识局限性。这些假象无可避免，因为每个人从小都有自己特定的生活时空与经验。从原始生态看，正是生活时空的有限性（物理视野）决定人的认识局限性（心理视野）。但是，人是要寻求超越的。人具有"向广度进军"的种种需求和行为，具有走出狭窄空间的种种冲动。①

人也正是通过拓展视野来实现超越的。人的成长是时间在一定空间中的展开，空间存在具有时间性，时间进程也是不断拓展空间的过程。如胎儿瓜熟蒂落来到这个陌生好奇的世界，婴儿开始接触到的是一个在时间和空间上都极其有限的环境。这个环境，随着他自身能力的增强，不断扩展。当婴儿学习抓、爬、行走、说话的时候，他经验的内容与范围便扩大了，他生命的时间与空间便扩展了。待儿童掌握了文化"符号"，有了阅读甚至外文阅读的能力时，他便会借此了解外面广阔的时空。人掌握了"符号"，便"不再生活在一个单纯的物理宇宙中，而是生活在一个符号宇宙中"②。符号是文化的表征，对符号的创造与掌握体现人的超越性需求；也只有在文化活动中，人才能摆脱与生俱来的局限性，获得真正的"自由"与解放。拓展视野是人类超越自身局限性的行动与结果，是人性超越性的基本需求。

人在拓展视野实现超越的过程中也体现人的创造性。文化哲学的观点认为，创新也是人的生存与发展之必需，是人克服自身"缺陷"的必由之路。人在进化过程中变成了一个有缺陷的"动物"：他既无生来可以御寒的皮毛，更无翅膀如鸟那样可在天空飞翔，也无鳃鳍可如鱼那样在水中遨游。在这种"先天"不足的情况下，人必须设法"争取"自己的生存。这个设法争取生存的过程，便是创新的过程。兰德曼在其《哲学人类学》一书中认为人的（生物）结构有三个方面：人的"非专门化"、与动物不同的"生长节奏"和"人向世界的开放"。在自然的意义上，动物的出现表明了自然界所赋予的完善性和完整性，而人是一种非专门化。因此，"人必须独自地完善自己……必须试图依靠自己的努力去解决那专属于他自己的问题。他不仅可以而且必须有创造性……它是作为一种必然性植于人本身的内在结构中"③。创造性是人的本质，人只有凭借创造性才能使自身具有完整性，使人从本能中解放出来获得生存与发展的条件，从而使人可以决定自身的行为。人是"符号"的动物，能发明和运用各种"符号"。人是文化人，人只有在创造

---

① 博尔诺夫. 教育人类学［M］. 李其龙，等译. 上海：华东师范大学出版社，1999：86－87.

② 卡西尔. 人论［M］. 甘阳，译. 上海：上海译文出版社，1985：33.

③ 汝信. 现代西方思想文化精要［M］. 长春：吉林人民出版社，1998：283.

文化的活动中才成为真正意义上的人。文化是人成长的原因，也是人发展的结果。发明和运用各种"符号"，体现人的创造性，也是人突破物理视野限制，从有限走向无限的过程。人的超越性与创造性通过视野的拓展来体现或实现，其内在于人性的基本需求。

2. 物理视野与心理视野的关系

为什么大视野可以促进创新？为什么旅行与阅读是获取大视野及创新成果形成的途径？这可以从物理视野与心理视野的关系说开去。物理视野与心理视野的关系本质上是心身关系的具体化。心身问题即探究心理的与物理的属性之间的关系，并由此去获得一种不仅是对心理世界的本质的，而且也是对物理世界的本质的更好的理解。目前对心理物理关系的观点有相关论与同一论，后者认为"心灵的本质是心理的东西同一于物理的东西"①。语言分析也可以让我们得出相同的观点。如"井底之蛙""一方水土养一方人"等反映的便是这样的概念。

正如心身不可分一样，物理视野与心理视野密切相关。个体所处的环境直接影响他的内在体验，"目既往返，心亦吐纳"，自然环境造就了精神环境，通过开阔眼界可以打开心胸。从物理视野上看，人类都是在一定的时间空间中生存，生存的物理空间决定人的心理发展空间，心理空间反映人的物理生活空间。正如经常进行国际旅行的人，你让他有"小农意识"不容易；足不出户的农民，你让他具有世界视野也不大可能。一个人长期处于一成不变的单调环境中，会渐趋麻木和保守，缺少创意。伴随眼界的开阔，人看到差异于是引发惊讶、比较和思考。脑科学的相关研究成果也指出，"生活经历在不断改变大脑"，"益智是大脑在对比反差环境中产生的积极的生物反应，在这种环境中变化是可测的、全面的、协同的"②。

从心理视野看，知识面广的人其心灵也容易通达；知识的狭窄会造成心灵的狭窄，心灵的狭窄又会妨碍我们对其他知识与观念的吸纳，影响智力与生活的品质。如斯诺说，人文文化与科学文化的两极分化"对于我们个人，对于我们社会都是损失。同时，还是实际应用上的、智力和创造力的损失"③。狭窄易产生保守，狭窄不可能产生创新。所以，人领悟或经历的文化时空越广阔，差异越大，即视野越开阔，越容易产生创新性冲动和成果。

---

① 高新民，储昭华. 心灵哲学［M］. 北京：商务印书馆，2002：3-26.

② JENSEN E. 聪明的秘密：发掘大脑潜能的 7 个法则［M］. 杜争鸣，钱婷婷，译. 上海：华东师范大学出版社，2008：9，35.

③ 斯诺. 对科学的傲慢与偏见：查·帕·斯诺演讲集［M］. 陈恒六，刘兵，译. 成都：四川人民出版社，1987：17

旅行和阅读相结合的方式正可以满足人性对拓展物理视野和心理视野的需求，满足人的身心协同活动的需求。

三、拓展视野：创新人才培养的着力点之一

大视野容易产生创新，杰出人才都有大视野，拓展视野是人之自然的渴望。因此拓展视野应成为创新人才培养的着力点之一。人，既需要通过身体的活动，也需要通过符号学习，来开阔视野，物理视野与心理视野相互促进。人才培养模式改革，要让学生不但用心灵，也用身体去接触广阔的时空，即要同时致力于开阔学生的物理视野和心理视野并使两者相互作用。如洛克倡导旅行是必要的教学科目，陶行知提出了"六大解放"（解放眼睛、双手、头脑、嘴、空间、时间）以解放儿童的创造力。他说："我们要解放小孩子的空间，让他们去接触大自然中的花草、树木、青山、绿水、日月、星辰以及大社会中之士、农、工、商、三教九流，自由的对宇宙发问，与万物为友。解放了空间，才能搜集丰富的资料，扩大认识的眼界。"①

要拓展学生的学习空间。课堂、书本已经不再是学生获取知识的唯一途径，单一的课堂或书本知识学习不利于理论和生活的结合，因此要强调课内和课外两种学习生活或教学组织形式的同等重要性，促进物理视野与心理视野互动，以有效开阔学生视野。要让学生或引导学生多到"别处""看看"，多接受一些新异的物理刺激和新异思想的心灵冲击。要创造机会，让学生离开舒适区（comfort zone），离开自己熟悉的环境和通常状态下的成长圈子，认识更多的人，到不同的国家体验不同的生活方式，从而获得开阔的视野。

旅美教育专家黄全愈这样形容自己的1977、1978级同学："我们中有十年'插龄'的'老知青'、有乳臭未干的应届高考状元，转业军人、县城干部，发表过作品的'革命诗人'、用毛笔抄过《左传》的工人、偷听外语电台的失业青年、受过'四人帮'惩罚的'思想家'，高干子弟、归国华侨、张口闭口《哥达纲领批判》的'老高三'……上趟厕所都能碰到几个人才，随时随地都能遇到可互相取长补短的人。"② 1977、1978级同学身处这样一个"多元学术社区"，他们带着各自丰富的阅历来到大学，在学习与交往中，他们经历过的时空又可以拓展其他同学的视野。当前的大学生缺少这样的条件，原因是他们的经历单一，名牌大学招生越来越地方化，一流大学的生源

---

① 方明. 陶行知教育名篇［M］. 北京：教育科学出版社，2005：325.

② 邓琼. 恢复高考30年：七七、七八级旋风式脱颖而出［N］. 羊城晚报，2007 – 06 – 23（A5）.

也越来越集中于有良好家庭背景的人。这些都是不利于学生在差异中交流和开阔眼界的。学校应该认识并努力去改变这种"劣势"，同时把人才成长的道理告诉学生，让学生自己去旅行和阅读，自己去交往，自己去寻找"风云际会"，自己去增加生活阅历和开阔视野。

　　世界一流大学，如哈佛大学、牛津大学、剑桥大学，很少谈创新教育，但能培养出创新人才。西南联大，也是如此。由此应该认识到，创新不只是技术问题，不是浮在表面的现象，创新人格、创新思想等都有深层次的生成规律，不是集中优势资源把好学生"包办"起来就能让学生"创新"的。开阔视野与创新相辅相成，视野越开阔创新思维便越活跃。拓展视野，符合人性的需求，也符合创新人才成长的规律。致力于开阔学生眼界，让学生多获得一些新鲜的有差异的视觉冲击与心灵惊讶感，才是创新及创新人才培养的基本之"道"。

（本文原载于《江苏高教》2012 年第 3 期）

基础教育课程改革的回顾与思考

摘要： 我国基础教育课程的发展和社会历史的变革密切相关，每次改革或调整都是特定的社会与教育环境的产物。从历史上看，当前的课程改革不是"全新"的事物，它是历史继承与时代创新的统一，并且有坚实的实践基础。当前的课程改革是与国内国际社会环境的变化相一致的，也是知识观与课程本质观变化的产物。

关键词： 课程改革；历史；回顾；思考

当前的课程改革的针对点是什么？新一轮基础教育课程改革是不是"全新"的？在实践中教师存在一些模糊的认识。只有把最新一轮的基础教育课程改革放在历史的经纬与实践中把握，才能全面理解我国课程改革的来龙去脉，才能深化对本次课程改革的认识。

一、我国基础教育课程变革的历史

（一）对我国基础教育课程变革历史的基本认识

这里讨论 1949 年以来我国的基础教育课程变革。我国基础教育课程的建设和发展与中华人民共和国成立后社会历史的变革密切相关，所以学界对课程变革的历史阶段划分与中华人民共和国社会历史发展的阶段基本一致，即把我国课程发展的历史阶段划分为：社会主义改造时期的课程（1949—1957 年）；全面开始社会主义建设时期的课程（1958—1965 年）；"文化大革命"时期的课程（1966—1976 年）；拨乱反正全面恢复时期的课程（1977 年以后）。对最后这个阶段又可以进行细分：1977—1984 年，是拨乱反正、恢复中小学的课程秩序的时期；1985—1993 年，是基础教育课程改革的深化时期；1994—1997 年，是适应性的课程调整时期；1998 年至今，是全国推进素质教育的新一轮基础教育课程改革时期。[①] 每个阶段都涉及一些关键事件

---

① 钟启泉. 课程与教学论 [M]. 上海：华东师范大学出版社，2004：180－183.

和标志性的课程文件。

另外，有学者提出"课程代"的划分问题。认为研究课程的历史发展，只有使用"代"的概念才更加准确和科学，才能表明课程发展的阶段性和课程性质的变化。课程代的划分离不开本国课程的历史演进过程，都要从本国的历史事实出发。划分课程代的依据要从宏观、中观、微观三个层面来考虑。宏观是指社会政治经济文化背景；中观是指整个教育体系和国家教育的大政方针；微观是指课程体系本身。①

综合以上观点，笔者认为，要全面理解我国基础教育课程改革的来龙去脉，必须把课程发展的历史阶段划分和课程代的划分标准结合起来，即以时间为基本线索，把每一阶段课程发展的社会背景（宏观）、标志性的重大事件或重要教育文件（中观）、课程的性质特点（微观）阐明清楚。下面遵循这样的思路，阐明我国基础教育课程变革的历史脉络。

（二）基础教育课程变革的历史脉络

中华人民共和国成立 50 多年来，我国曾对中小学课程进行过多次改革或调整，制定过若干个教学计划或调整教学计划的通知。每次改革或调整都是在特定的社会背景下适应不同的需要，针对课程、教学中存在的问题提出的。这个过程可分为七个阶段。

1. 1949—1957 年，社会主义改造时期的课程

中华人民共和国成立后，经过社会主义改造（1949—1952 年）建立起社会主义新制度。在以毛泽东为核心的第一代领导集体的领导下，我国在政治、经济、文化建设方面取得了巨大成就，把私有制改为社会主义公有制，实行社会主义计划经济，并开始第一个五年计划（1953—1957 年）经济建设时期。

与此对应，这一时期课程发展也分为两个阶段。前一阶段（1949—1952年），主要完成改造 1949 年以前中小学课程体系的任务。1950 年 8 月，中央人民政府教育部颁发了中华人民共和国成立后的第一份教学计划《中学暂行教学计划（草案）》，明确规定正式取消国民党规定的党义、公民和军事训练课，取而代之以专门设立的政治课，并设置了门类更为齐全的学科课程。1952 年 3 月，教育部颁布了《中学教学计划（草案）》，严格规定了政治课分为中国革命常识、社会科学基础、共同纲领和时事政策 4 门课；削减了中学阶段的学习总时数。同年 10 月，教育部还颁发了第一份五年一贯制小学

---

① 白月桥. 素质教育课程构建研究 [M]. 北京：教育科学出版社，2001：6 - 10.

的《小学教学计划》，初次规定了小学教学计划的基础课程科目。这一阶段课程的特点是强调政治课与课程的政治功能。

后一阶段着眼于建设比较系统的国家课程体系。从 1953 年到 1957 年间，国家共颁布了 5 个教学计划，其中在 1953 年至 1955 年颁布的 3 个教学计划中，大幅度削减了教学时数，首次在教学计划中设置劳动技术教育课。1955 年 9 月，教育部颁布的《小学（四二制）教学计划（草案）》中，首次要求在小学开设手工劳动课，并在五、六年级每周增加一节体育课。根据新教学计划的思路，国家于 1956 年颁布了第一套比较齐全的中小学各科教学大纲，这套大纲的内容体系的科学性明显提高，更加注意了理论与实际的联系。在数、理、化、生、地五科教学大纲中体现实施基本生产技术教育的内容。1956 年国家正式发行第二套中小学教科书，这套教材理论性有所加强，特别注意了学生动手能力的培养，系统性、思想性、科学性都有不同程度的凸显。

这一阶段，也是我国课程的"苏化"阶段，即是在政治、经济和社会全面学习苏联的背景下，教育和课程也全面学习苏联，把苏联"课程"模式照搬过来。其表现为：一是取消了"课程"的提法，搬用苏联的"教学计划""教学大纲""教科书"和"教学法"的一整套专门概念及其理论。二是借鉴苏联小学、不完全中学和完全中学的课程结构和科目设置，修订形成了"苏联"式的小学和中学教学计划。三是建立了苏联式中央集权的课程管理制度，中小学统一使用一个"教学计划"、一套"教学大纲"和一套"教科书"。四是规定外国语科目主要开设俄语。五是引进与移植苏联的教科书及其制度。[①]

总的看来，这一时期的课程改革，更多地着眼于探索和构建比较系统的以学科为中心的中小学课程体系。这一体系为中小学课程的进一步发展奠定了重要的基础。但是，我国后来的课程改革特别是 20 世纪 80 年代以后的课程改革的针对点正是在这里，即针对完全"苏化"的课程理论与实践体系。

2. 1958—1965 年，全面开始社会主义建设时期的课程

这一时期是我国经济发展的重要历史时期，但同时也是"左"倾思想影响萌芽的时期。1958 年，全国掀起工农业生产"大跃进"的高潮。这时，党中央、国务院颁布了《关于教育事业管理权力下放问题的规定》，其中明确指出："各地方根据因地制宜、因校制宜的原则，可以对教育部和中央主管部门颁发的各级各类学校指导性教学计划、教学大纲和通用教材、教科

---

① 黄甫全. 新中国课程研究的回顾与展望［J］. 教育研究，1999（12）：21－28.

书，领导学校进行修改、补充，也可以自编教材和教科书。"这样，教育也发动了"大革命"。各地开始大量缩短学制，削减课程，增加劳动时间，各地自编的教材质量低下，从而冲击了正常的教学规范和秩序。20 世纪 60 年代初期，人们开始对此进行改革和调整。1962 年和 1963 年又重新修订了中小学教学计划和教学大纲，并编写教科书，同时还颁布了《中小学管理条例》。其中，1963 年编订的课程体系充分反映了这个时期课程改革的主要特点：一是强调基础知识和基本技能，较大地增加了语文、数学、外语、物理、化学的时数，减少了历史和地理的课时；二是突破了 20 世纪 50 年代单一必修课的规定，首先在高中增设选修课。20 世纪 60 年代前期编订的课程不但没有打破学科体系，反而更加注重"双基"，强调系统知识的掌握，加重了学生负担。

3. 1966—1976 年，"文化大革命"时期的课程

在"文化大革命"时期，突出"以阶级斗争为纲"，原先的教学计划、教学大纲和教材全部被当作"封、资、修"的东西彻底废除。1967 年"复课闹革命"之后，由各地区自行编订教学计划、教学大纲和教材，处于无政府状态。这时期的课程是在极左思想和实用主义的影响下，片面强调突出政治和联系实际，推出所谓"工基"（工业基础知识）和"农基"（农业基础知识），搞工农兵教育；以语录为教材，以空洞的口号代替科学，严重影响了学科体系和课程结构，降低了教育质量。

4. 1977—1985 年，拨乱反正，全面恢复中小学课程秩序的时期

1976 年，"文化大革命"结束。1977 年党的"十一大"以后，我国社会主义建设事业走上了一条健康发展的道路，教育也很快复苏了。1977 年恢复高考。1977 年 7 月，邓小平提出编写全国统一通用的中小学教材的指示，教育部于 1978 年相继颁发了《全日制小学暂行工作条例试行草案》《全日制中学暂行工作条例试行草案》和《全日制十年制中小学教学计划试行草案》。这是"文革"结束后第一个全国统一的整顿治理学制和课程的政府文件。文件统一规定全日制中小学学制十年，小学、中学各五年。小学设置政治、语文、数学、外语、自然、体育、音乐、美术 8 门课程；中学设置政治、语文、数学、外语、物理、化学、地理、历史、生物、农基、生理卫生、体育、音乐、美术 14 门课程。这套课程恢复了基本学科应有的地位，突出了中小学阶段的基础教育性质；课程门类也比较齐全，小学三年级起还开设了外语；课程中初步吸收了一些现代科学技术的新成就，并加强了理科的实验。这套课程对恢复正常的教学秩序，肃清"文革"的极左思潮，起到了决定性的作用。

自 1981 年起，课程进入调整改革的新阶段。标志性的事件是 1981 年 3 月，教育部颁发了《全日制五年制小学教学计划（修订草案）》，增设了思想品德课，在四、五年级恢复了地理、历史课。同年 4 月，发布了《全日制六年制重点中学教学计划试行草案》和《全日制五年制中学教学计划试行草案的修订意见》，增加了历史、地理等学科的课时，并逐渐在高中开设选修课，以劳动技能课代替农业基础课。这套课程体系，一方面为整顿恢复教学秩序提供了标准，另一方面也适应了当时高考的需要。该课程体系，一直沿用到 1985 年义务教育课程计划的制定。

5. 1986—1992 年，基础教育课程改革的深化阶段

自 20 世纪 80 年代中期以后，我国中小学的课程改革开始向深度和广度进发。1986 年，我国《义务教育法》正式颁布。改革以实施九年制义务教育为核心，实现了课程理念、课程结构体系、课程管理上的重大突破。同年 10 月，国家教委颁发了《义务教育全日制小学、初级中学教学计划》（试行草案），学制分五四制、六三制两种。课程结构方面，分学科课程和活动两大块。初中开设少量的选修课程。课程管理方面，除了国家统编计划、大纲和教材外，北京、上海、浙江编写地方通用计划、大纲和教材。

1988 年 5 月，国家教委在山东召开教材规划会议，正式确立了"一纲多本"和"多纲多本"的改革方向。至此，我国中小学多样化课程方案与教材体系格局初步形成，昔日"大一统"的课程与教材开发体制及划一的课程与教材体系已不复存在。在此期间，国家教委组织力量编写了八套不同特色、不同风格的教材，并进行大规模的实验。在总结实验中存在问题的基础上，1992 年 8 月，国家教委正式颁发《九年制义务教育全日制小学、初级中学课程计划（试行）》，自 1993 年秋季起在全国逐步试行。这是中华人民共和国成立后第一次将以往的"教学计划"改为"课程计划"。

6. 1993—1997 年，课程的调整阶段

1993 年秋季试行的课程计划第一次将活动与学科并列为两类课程，1994 年又将"活动"调整为"活动类课程"，活动课程的地位和作用得到了充分的肯定。在实践中，有的学校在开设活动课的基础上还设计了许多非正式课程，如专题讲座、社会实践等。1996 年国家教委颁布了《全日制普通高级中学课程计划（试验）》，规定新的普通高中课程由学科类课程和活动类课程组成，学科类课程又分成必修、限定选修和任意选修三种。该课程计划第一次将"课程管理"作为课程计划中的一部分独立出来，规定普通高中课程由中央、地方、学校三级管理。这是适应性的课程调整阶段。

7. 1998 年至今，新一轮基础教育课程改革的孕育与全面展开阶段

大多学者把 2001 年启动课程改革实验的时间作为新一轮基础教育课程改革的起点。实际上，本次课程改革在 1998 年便开始孕育，为突出本次课程改革的整个过程与前因后果，故做了这样的时间段划分。

1998 年教育部颁发《面向 21 世纪教育振兴行动计划》，该计划要求 2000 年初步形成现代化基础教育课程框架和课程标准，改革教学内容和教学方法等，新一轮基础教育课程改革由此启动。次年 6 月，党中央召开了改革开放以来第三次全国教育工作会议，颁发了《中共中央国务院关于深化教育改革全面推进素质教育的决定》，为新一轮基础教育课程改革指明了方向。为了宏观指导和统筹课程改革的推进，教育部于 2001 年 6 月 8 日，正式颁发了《基础教育课程改革纲要（试行）》（以下简称《纲要》）并于 2001 年秋季正式启动最新一轮基础教育课程改革实验。2003 年 4 月颁布《普通高中课程方案（实验）》，以"学习领域"来设置课程门类，并于 2004 年秋季在广东、山东、宁夏、海南 4 个省展开实验。2005 年 9 月，江苏和福建也将加入普通高中新课程实验的"阵营"。

二、本次课程改革的特点与发展趋势

目前，我国中小学课程实施的现状是新旧课程并存。本次课程改革的特点与发展趋势：

一是课程价值观方面。由强调课程的政治功能到重视促进人的发展与社会发展的功能。中华人民共和国成立初期强调政治课，"文革"中则"以阶级斗争为纲"，新一轮课程改革宗旨则是"为了中华民族的复兴，为了每位学生的发展"。

二是课程结构的调整。新的课程体系涵盖了幼儿教育、九年义务教育和普通高中教育。中华人民共和国成立后，课程设置体系从苏联引进，属于分科型。目前正在深入发展的新一轮课程改革，已经建构起了综合型的"学习领域"课程设置。如《纲要》规定，小学阶段以综合课程为主，初中阶段设置分科与综合相结合的课程。《普通高中课程方案（实验）》规定，高中以"学习领域"来设置课程门类，即高中课程设置了语言与文学、数学、人文与社会、科学、技术、艺术、体育与健康和综合实践活动 8 个学习领域。

三是在课程类型上则越来越多样化。表现为：由单一的必修课到开设灵活多样的选修课；由"大一统"的国家课程到国家统一课程、地方课程和校本课程并存；由学科课程独当一面到活动课程与学科课程平分秋色；活动课

程由最初的"课外活动"羞羞答答转变为"活动类课程",到今天则变成了从小学到高中的必修课"综合实践活动"。这反映了活动课程的地位与价值逐渐得到充分的肯定。

四是明确了课程的三级管理体制,即实行国家、地方、学校三级管理,由中央集权向地方分权转化。教育部总体规划基础教育课程;省级教育行政部门制订本地实施国家课程的计划,规划、开发地方课程;学校在执行国家和地方课程的同时,应视当地社会、经济发展的具体情况,结合本校的传统和优势、学生的兴趣和需要,开发或选用适合本校的课程。

五是教材编写与开发由"一纲一本"转向真正的"多纲多本",教材的编写、出版、发行由"垄断"转向"自由竞争"。实行国家基本要求指导下的教材多样化政策,鼓励有关机构、出版部门等依据国家课程标准组织编写中小学教材。建立教材编写的核准制度,教材编写者应根据教育部《关于中小学教材编写审定管理暂行办法》,向教育部申报,通过后方可编写。所编写的教材必须经全国中小学教材审查委员会审查通过,才能出版和发行。

所有这些变化其实是一脉相承的,也是不断"解放"思想的产物。新课程也体现了对历史某种程度上的复归,如"综合实践活动"中社区服务和社会实践、劳动和技术教育课程的开设,正是对中华人民共和国成立初期强调教育与生产劳动相结合的肯定与回归。

三、对我国基础教育课程改革的思考

(一) 本次课程改革不是"全新"的事物

本次课程改革是中华人民共和国成立以来力度最大影响面最广的一次课程改革,但不是"全新"的。从课程历史看,我国中小学课程从来不是"静态"的;从本次课程改革理念和内容看,它是对我国 20 世纪 80 年代以来历次课程与教学改革的延续、继承与提升。不同的是,从"教学"改革到"课程"改革,话语"主体"或"主体"话语发生了变化。这既反映了课程论研究在我国的崛起,也说明了"苏化"的"教学"话语体系逐渐回复到欧美的"课程"话语体系中来。但实际上,过去的"教学"改革中不缺少"课程"的改革,今天的课程改革也要进行相应的教学改革。

正是在这话语体系的改变中,一些理论与实践工作者以为本次课程改革是一套"全新"的"推倒重来"的东西,是否定旧的一切。这是对新课程的极大误解。为此,对新课程必须有以下两方面的辩证认识。

1. 课程改革是历史继承与时代创新的统一

自近代以来，我国便不乏课程改革与实验。如 1949 年前陶行知的"活课程"实验、陈鹤琴的"活教育"实验；1949 年后到"文革"前的"程序教学"实验、"集中识字"实验；1979—1984 年间的教育整体改革实验，其中涉及课程实验；1985—1991 年间的单科课程实验、综合课程实验；1992 年以来的学科课程实验、活动课程实验、研究型课程的开发与实验、地方课程与校本课程实验等。历次课程实验的经验告诉我们，没有继承性，实验就不能源远流长，根深叶茂；没有创新，没有与时代要求吻合的创新，课程实验就会失去生命力。本次课程改革是历次课程改革的继续和提升，是历史继承与时代创新的统一。从历史中看问题，我们便会消除课程改革的神秘感。

2. 课程改革有坚实的实践基础

本次课程改革有坚实的实践基础，是对我国改革开放以来教学改革的一个高度总结与升华。在课程改革实验展开之前，许多教师在教学实践当中，已部分体现了这次课程改革的理念与方法。如近 10 多年来在各地如火如荼展开的主体教育实验、创新教育实践；如一些学校几年前便开展的类似于综合实践活动与研究性学习诸类的活动，只不过它们有些不是叫这个名称而已；如一些学校开展的"愉快教育""成功教育""和谐教育"等等。这些都是本次课程改革提出的实践依据之一。新课程的一些理念与实施要求与此是一脉相承的。

教师应该自信，课程改革不是"推倒重来"，原有的一些好"模式"依然可以用，原有的教学改革成果只要是符合时代要求的，依然可以用。一些原来没有机会进行各种课题研究与试验的学校与教师，其原来的教学实践也并非一无是处，原来所学的理论也并非全部过时。教育研究者、新课程培训者，关键是要帮助教师找出原来的哪些做法与理念是仍要坚持的，哪些与新课程要求也是与时代要求不相吻合的是要坚决摒弃的。这样，才有利于教师树立课程改革实验的自信心。

（二）变革的原因与反思

1. 本次课程改革是与国内国际社会环境的变化相一致的

在不同的历史时期，教育承担不同的历史使命，课程强调不同的价值观。在中华人民共和国成立初期，在资本主义与社会主义两大阵营对立的年代，我国强调课程的"社会主义政治"功能，是合理的选择。在民主、自由与法治的社会，人的个性化发展与生动、活泼的发展则成为本次新课程的价值追求，所以强调了课程的地方性、选择性、灵活性、活动性。一定的课程变革都是针对一定的社会与教育问题提出的，由此我们也可以预测未来的课程发展。如针对学生体质下降的问题，我认为当今乃至未来的课程，除了要强调课程的育智与育德价值外，更要强调课程的健体价值，强化体育课的健体功能。

2. 课程改革与知识观、课程本质观的变化有关

本次课程改革，也是知识观与课程本质观变化的产物。在知识观上，由强调客观性与确定性的科学主义知识观转为强调建构性与不确定性的建构主义知识观；在课程本质观上，由强调内容课程到重视活动或经验课程。新一轮课程改革实验中出现的一些迷茫，也与对这两大变化不能辩证地理解有关。

建构主义知识观强调知识的主观性与学习的建构性，在教学中掀起了一股"革命"，有其独特的价值与意义，但传统的强调"客观性"与"确定性"的知识观也并非要全盘否定。知识内在于人的主观创造，是主体建构基于客观性基础上的主观建构，是主观性与客观性的辩证统一。在教学中，我们必须坚持这一点，正确对待知识的不确定性。知识的不确定性主要是指：作为知识前提的经验基础和理性基础并非绝对可靠；知识的生成过程除了必然、逻辑、理性的因素，还充满着许多偶然的因素和非理性的力量；知识成果的急剧增长和迅速变化。面向知识不确定性的教育策略有：既重视确定的知识，又勇敢正视知识的不确定性；将不确定性的知识引入课程，通过讨论、探究，让学生经历知识的生成过程，感受知识原创的魅力，发展学生的创新精神和创新能力；动态地处理学科内容，再现知识的原初动态，使教科书中的知识体系呈现动态、开放的特征。①

同样，我们也必须辩证地理解经验或活动课程与内容课程的关系。"无内容的课程是不存在的"②。从课程内容的角度，课程只可能是知识而不能是别的什么东西。内容课程和经验或活动课程统一于课程编制的过程中。无论哪一种课程编制模式都不能没有内容和经验，学科中心模式强调内容（知识），但也要考虑这些内容的传授形式；活动课程模式注重学生和他们的学习经验，但同时也必须考虑这些经验与所学内容或知识间的关系。在现实中，内容和经验不是截然分开的，学生不可能只是单纯地参与学习而不参与一些活动或实践一些内容。同样地，教师也不可能不涉及经验和活动而只教内容。

---

① 潘洪建，蒋建全. 面对知识的不确定性：教学何为 [J]. 当代教育科学，2003 (23)：20－21.

② 奥恩斯坦，汉金斯. 课程：基础、原理和问题 [M]. 柯森，译. 南京：江苏教育出版社，2002：268.

　　总之，只有全面地思考本次基础教育课程改革的来龙去脉和特点，才能深入地理解新课程，才有利于新课程的健康实施与展开。

（本文原载于《广东教育学院学报》2005 年第 4 期）

课程知识选择：文化分析的视角

摘要：课程内容只能是知识，知识就其本性而言是"文化的"。从文化分析的视角看，当前知识转型的实质是东西方文化的整合，是唯物主义与唯心主义的整合。课程是对文化的选择，这种文化是东西方文化整合产生的一种新型文化。课程内容不但要给学生向外追求幸福的知识，也要让学生懂得向内达成幸福的原理。

关键词：文化分析；知识转型；文化整合；课程知识选择

课程知识选择是课程编制的关键一环。如何理解课程知识、课程内容、课程文化之间的关系？如何理解知识转型？知识转型的实质是什么？课程应选择什么样的知识或文化才能更好解决人与社会的问题？从文化分析的视角去探讨，有助于回答这些问题。

一、课程文化说的意义及文化分析方法

（一）课程知识、课程内容、课程文化之间的关系

这里从课程本质研究的角度理解课程知识、课程内容与课程文化三者的关系。关于课程本质的界说可以分为两种：内容说和经验说。[①] 前者视"课程"为"系统的知识、知性技能及情意内容的复合物"，所以也称为知识课程；后者则强调"课程"为"经验与活动的教育性组织与计划"，所以也称为活动课程。

知识课程是从课程内容的角度提出的，经验课程或活动课程是从课程的实施与组织方式的角度提出的。从课程内容看，课程只可能是知识而不能是别的什么东西，因为无论哪种课程形态或课程编制理论，都避不开知识，儿童、社会只是决定什么样的知识能够和应该进入课程的"两个门户"或"两道屏障"。"不管教育是什么，它都必须关注对知识的传授"，"学校课程

---

① 孙宏安. 课程概念的一个解释 [J]. 教育研究，2000 (3)：44 – 47.

必须确保所有重要的知识不被忽视"。① 知识是课程最直接的一级制约因素，社会、儿童则是通过赋予知识以某种价值取向及组织方式来影响、制约课程的，是以知识为中介的二级制约因素。所以，课程编制的核心是对知识的选择与组织。

课程文化说则是对课程知识说的发展。这反映了西方国家课程研究的发展源流。20 世纪六七十年代，西方出现了许多直接研究课程与知识关系的流派，如哲学的、社会学的、心理学的。20 世纪 90 年代以来，课程研究领域试图超越与整合这些研究，发展为对文化与课程关系的研究，从更广阔范围内讨论课程内容的选择与组织。如以劳顿（Denis Lawton）的文化分析学派为代表，把课程看作是"对社会文化的选择，用文化分析方法来编制课程"②。在对知识与文化关系的理解上，则沿袭舍勒（Max Scheler）的观点，把知识看作是文化的一部分，或"知识就是文化"（knowledge as culture）③。斯坦豪斯（Lawrence Stenhouse）则明确指出文化与知识两个概念之间的联系和区别，"文化是社会学家的用词，它与知识探讨的内容相同，但看问题的角度不同：它关心知识是怎样社会地组织起来和发展起来的，而不关心知识是怎样与真理相联系的"④。

在我国，很多时候把"知识"与"文化"并列起来用，如"文化知识""知识或文化"等等，课程文化的研究刚刚兴起。在后现代知识观中，知识进一步向"文化"靠拢，知识就其本性而言是"文化的"⑤。所以，课程文化说实质是对课程知识说的发展，课程内容就是知识，就是作为一定文化的知识，或作为一定知识的文化。因此，本文提及的课程内容就是课程知识，课程文化则是后现代知识观视野中的课程知识。

（二）课程文化说的意义与文化分析方法

课程文化说从另一角度深化了对知识的理解，并使人立足于广泛的社会文化背景，从文化发展与更新角度思考课程内容的选择与组织。它拓宽了课程研究的视野，也指明课程研究的社会学转向，同时提出了一系列的问题：

---

① LAWTON D. Class, culture and curriculum［M］. Lowdon：Routledge & Kegan Paul，1980：87.

② LAWTON D. GORDON P. Dictionary of education［M］. London：Hodder & Stoughton，1993：66.

③ MCCARTHY E D. Knowledge as culture：the new sociology of knowledge［M］. London：Routledge，1996：12.

④ 斯坦豪斯. 课程研究与课程编制入门［M］. 北京：春秋出版社，1989：25.

⑤ 石中英. 知识转型与教育改革［M］. 北京：教育科学出版社，2001：143.

课程既然是对文化的选择，那这种文化是西方的还是东方的？若它既非西方的文化，也非东方的文化，那它是一种什么样的新型文化？这样一种文化的性质与存在的依据是什么？当代课程文化选择的理念是什么？这都是在社会转型时期课程研究要直面的问题。用文化分析的方法，会理出一个思路。

文化分析方法要求以公正的文化选择去规划课程，有分类法和诠释法两种。分类法包括调查问卷、表列图示和复杂的统计系统。诠释法则与把文化作为一个整体来看待有关，本文主要用诠释法。课程知识（内容）选择的基本问题是"什么样的知识最有价值"。从文化中进行选择，是依靠分析社会和勾画出对社会和人的发展最有意义的知识和经验的种类来完成的。因而，在对文化进行诠释的时候，蕴含着社会分析。

二、知识转型的实质：文化分析的视角

知识转型是从时间和空间两个维度展开的：从时间角度来说，知识转型从批判近现代科学知识型（观）开始；从空间上来说，知识转型从批判西方中心主义的文化与社会问题开始。两者交错在一起，对人类的知识观产生了深刻的影响，导致不同知识或文化的价值被重新认识，从而引发文化多样性及文化的整合问题。从文化分析的视角看，当前知识转型实质是东西方文化的整合，是唯物主义与唯心主义的整合。

（一）知识转型实质是东西方文化的整合

1. 东西方文化整合发展的要求

东西方文化发展有不同的历史渊源和概念系统。在很长的时期内，它们犹如两条互不干涉的河流，按着自己的轨迹静静地流淌或激越地奔腾。中世纪之后，西方在 14 世纪上半叶产生了影响深远的文艺复兴，为近代文学、艺术、教育、哲学和自然科学的发展开辟了宽阔的道路，催生了科学与理性启蒙运动。我国的历史进程中缺乏"文艺复兴"这一段，只是到 19 世纪后期在被动的状态下才开始"睁眼看世界"，开始了学习以至照搬西方文化的过程。

当前，在世界范围内，则出现了一种重新肯定以儒家为代表的我国传统文化价值的倾向，认为必须求助儒家文化的智慧来解决当今的社会与环境问题。这不是偶然的。首先，它是寻求解决工业文明与科学理性危机方法的必然。近代以来，西方文化是对外征服型文化，是以科技文化为主流的工具理性文化。它造成今日全球性的生态、环境与人的信仰危机等问题。其次，第

二次世界大战加速了西方社会对中国传统文化的认可进程。西方人由于对战争的厌倦，发出了讨厌西方文化、向东方学习的言论。

自 20 世纪 70 年代以来，西方本土的许多社会学家深刻批判了西方文明的一些弊端并倡导东西方文明的对话与整合。如罗杰·加罗迪（Roger Garaudy）认为，西方文明中关于人与自然、人与人、人与神的关系的观念把世界引入了死胡同，他说："西方关于人与自然关系的观念是由文艺复兴和笛卡儿的预言确定的：使我们成为自然的主宰和所有者。"西方关于人与人之间关系的观念和"征服者"的伦理一样，是建立在竞争和统治的基础上的。所以，他提醒人们，世界上各种文化之间的深刻对话对于我们摆脱危机很有必要。"通过各种文明之间的对话，人类将能生存下去和生活下去"。概而言之，"在新文明中，应该使物质与精神、信仰与理性、科学与宗教、东方和西方相互调和"①。

西方文化是外向的，东方文化是内向的，它们有着不同的价值，在不同时期发生不同的作用，两者在整体上有互补作用。这便要求东西方文化整合发展。

2. 东西方文化整合发展的表现

在概念的发展上东西方文化有整合或融合的趋势。西方一些学者如狄尔泰、舍勒、罗素、海德格尔等人的理论中可见到中国传统文化的痕迹。一个明显的例子是波兰尼的"缄默知识"概念与我国道家哲学、金岳霖等的"超名言领域"如出一辙。老庄哲学认为，无限的天道、自由的德性、物我两忘的境界都是非名言可达的，是超出知识经验的不可言说的领域。缄默知识实质便是"超名言之域"。

中西文化尽管发展路向不同，解释方式与实践方式不同，但整体趋向是一致的，只是用了不同的术语去"名之"或"字之"罢了。所以，东西方文化如哲学可以互相解释。用西方的概念系统来观照我国哲学，可以说孔孟哲学是主观唯心主义的，程朱理学是客观唯心主义的；用我国哲学概念来看待西方哲学，则可以说，"柏拉图、亚里士多德是理学的代表人物，康德、黑格尔是心学的代表人物"②。同样，在柏拉图的《理想国》中，最合适的统治者是哲学王，即把哲学与政治实践结合起来的"哲学王"。这与儒家的"内圣外王"之道又如出一辙。我国传统文化中的性善论、性恶论与西方人性假设的 X 理论、Y 理论，也可以做类比。这反映了中西方哲学或文化"你

---

① 拉塞克，维迪努，马胜利，等. 从现在到 2000 年教育内容发展的全球展望［M］. 北京：教育科学出版社，1996：100 - 101.

② 冯友兰. 中国现代哲学史［M］. 广州：广东人民出版社，1999：174.

中有我，我中有你"的融合。

在由地理大发现引发的世界整体化历史启动之前，东西方文化产生时可谓是"关山阻隔两茫茫"，各为一封闭系统，而在概念上能互换，能互相解释，反映了"人同此心，心同此理"。文化整合正是产生于"人心"之中，产生于共同的人性之中。

（二）知识转型实质也是唯物主义与唯心主义的整合

在人类思想史上，唯物主义与唯心主义相互交织，但其对我国当代影响巨大的，主要是辩证唯物主义理论。从我国情况看，当代知识转型实质也是唯物主义与唯心主义的整合。这里首先涉及对唯心主义思想的再认识。

1. 对唯心主义哲学思想的再认识

唯心主义与唯物主义并非截然对立，哲学家们"只是用不同的方式解释世界"。从理论辩证法来说，它们是既对立又统一的，两者互相依存，各有不同的特点与价值，也各有不足。如熊十力批评唯物论者把"心"消纳于"物"，也批评唯心论者把"物"消纳于"心"，应把两者辩证地整合起来。从实践辩证法来说，由于我们过去过于强调唯物主义而走向"唯物质主义"，需要重新认识唯心主义的价值，以补偏救弊。

首先，从历史上看，唯心主义哲学家与唯物主义哲学家的实践并没有绝对的善恶好坏之分，他们共同为人类认识之路做出了贡献。其次，唯心主义理论的价值可以从许多大家的实践与贡献中看出来。古往今来的大家许多是理想主义者与浪漫主义者，都是具有极高抱负的人。他们的这些"理想"与"抱负"很多时候比普通人的想法更多"唯心"的成分，但毫无疑问，这些人的贡献比一般人更大。再次，从现实看，人们需要唯心主义。心理辅导、心理咨询在现代社会的兴起，便是一个明证。心理辅导、心理咨询过程中运用很多唯心主义的解释方式，教人改变认识，改变态度，保持内心的平衡与幸福。生活中一些"唯心主义"的观点，如"病从心入""心想事成""有志者事竟成""幸福是一种感觉"等等，也已被我们当作客观规律来利用，用来劝诫别人保持乐观开朗的心态与旺盛的斗志。各类实践中的唯心主义倾向是一种客观存在，它与人类实践的合理化与合目的性追求有关。现代人问题主要是精神问题，精神问题是解释问题，这样的解释常求助于唯心主义。

"唯物"与"唯心"是一个过程的两个环节。物质与精神互相影响，存在决定意识，意识反作用于存在，当意识反作用于存在时，便反映了唯心主义理论的价值。

2. 唯物主义与唯心主义的整合

唯物主义与唯心主义在我国实践中的被对立，是历史地形成的，有深刻的文化根源，也有意识形态的影响。我们应该看到，在马克思主义理论未传入我国之前，其他哲学流派也对中国及中国教育产生了重要影响。如在 19 世纪后半叶至 20 世纪前半叶，梁启超、王国维、蔡元培等先进人士开始导入和传播康德哲学及其教育思想，为中国教育现代化做出了突出的贡献。①只是新民主主义革命胜利之后，特别是在"文革"中，唯物主义理论才几乎成为我国唯一合法的哲学理论，从而影响了知识的传播、产生与分配。

西方现代哲学的发展是斑斓多姿，各放异彩的。我们应该跳出简单地划分"唯物"与"唯心"的圈子，真正用辩证唯物主义的眼光来分析我们这个时代的哲学及其价值，并用来解决我们所遇到的问题。从某种意义上说，哲学是社会动荡或人类苦难与个人苦难的产物。经历了两次世界大战而产生的许多思想大家，他们当中许多人的思想是唯心主义的，或都有唯心主义的成分。他们面对苦难的思考，不但解决了自己的出路，也在一定程度上为人类的发展指明了方向。现象主义哲学的兴起与发展说明了这一点。在我们这个时代，物质大大丰富，精神上的苦难却在加剧。这需要我们对此进行一种形而上的思考，这种思考不管是唯心的还是唯物的，对人类和思考者自身都是有益的。这要求对唯物主义和唯心主义进行整合。当代知识转型体现了这种整合。

三、我国课程内容选择的理念：从分离到整合

（一）问题：分离的知识观与课程知识的部分被歪曲

纵观 1949 年以来的课程编制，两大文化理念（即两个"一边倒"：倒向西方科学理性主义否定中国传统文化；倒向唯物主义贬抑唯心主义）或知识观影响了我国课程知识的选择，造成课程内容没有给学生提供全面的正确的知识。

首先，在科学知识观（分离的知识观）的主宰下，知识被窄化为科学知识，课程知识等同于"理论知识"、学术性知识，知识的广泛来源与外延被否定，造成课程内容没能反映真实的全面的知识，在意识形态的主宰下甚至歪曲了知识与事实。如在科学知识观的控制与征服欲中，课文中充满"人定胜天"的实例却缺少"天伤害人"的知识与事件。举个例子说，假如语文课本出现介绍"三峡工程"的文章，那大概只有介绍三峡工程的宏伟、能发多少电、造福多少人的文字，而缺少三峡移民离别故土的内心感受、多少珍

---

① 肖朗. 康德与中国近代教育思想［J］. 教育研究，2003（10）：62－68.

贵文物淹没其中的描述；语文课本中可能有抗洪胜利的故事，而没有洪水等自然灾害给人类造成了多少损失的数字。而这些被"省略"的事实与知识，恰恰是人文教育的内容。如在相当长时间内，语文教材中凡与外国人物或事件有关的文章，其中心思想必有"认识资本主义制度的黑暗与罪恶"。这也是课程内容歪曲知识与事实的最好说明。

其次，课程内容选择从根本上也与对知识价值的认识有关。沿着培根的"知识就是力量"的路线，在知识经济时代，人们对知识价值的认识又有多种说法，如知识就是权力，知识就是财富，知识就是资本，等等。这表明，人们在研究知识价值时，是从处理人与他人、人与自然的关系出发的；在处理人与自然的关系时，强调的是人对自然的征服和控制，而极少注意到人与自我关系的处理。中小学各门学科的知识只反映了人们对自然和社会世界认识的结果，较少涉及人们对自身的认识及自我调控的技能，正是与这样的知识价值观有关。

（二）课程内容选择的理念：一种整合的新文化

在今天，人类的发展面临新的问题与新的矛盾。科学技术的高度发展，带来了物质生活的富裕、舒适和便利，却没有带来人们精神方面相应的提高。相反，我们看到的是人际关系既冷漠、疏离，又充满紧张和冲突；人们的焦躁、失望、精神焦虑日渐严重等。在这样的条件下，教育面临新的使命，那就是关注现实人生，改善人的精神结构，从而提高人的整体生活质量，尤其是精神生活质量。这是思考课程问题的时代依据。

在选择课程内容或知识时，我们要看看，在社会转型期，新文化有什么特征与发展趋势，什么才是我们这个时代需要的文化。正如前面的分析所言，在新文明中，应该使物质与精神、信仰与理性、科学与宗教、东方和西方相互调和。课程内容要寻找一种新的平衡，趋势是增加一些给心灵以"营养"的教育，充分认识各类知识或文化的价值，在课程中整合各种知识或文化。这便是课程内容选择的基本理念，它决定了课程中应有的知识类型。

人类的实践不仅包括对外在世界的改造，也包括对人的观念世界的改造。两方面的实践相辅相成，共同服务于人类幸福生活的目的。改造世界便是改造自己，改造自己便是改造世界。过于强调对物质世界的改造而忽视对精神世界的改造，反而不利于对物质世界的改造，不利于生活质量的提高。因此，课程内容不但要教给人认识与改造外在世界的知识与技能，更要教给学生认识自我、改造自我、加强心灵修养的知识与技能。

这便是东西方文化整合存在的依据与特征。课程是对文化的选择，这种文化既不是西方的也不是东方的，它是东西方文化整合而产生的一种新型文

化。课程不但要给学生向外追求幸福的知识，也要让学生懂得向内达成幸福
的原理。

（本文原载于《衡阳师范学院学报》2009 年第 1 期）

研究性学习的意义、特点与实施理念

摘要：本文从广义与狭义的角度区分了研究性学习，解读了研究性学习的意义，探讨了研究性学习的特点及与之相对应的实施理念。

关键词：研究性学习；开放性；实施理念

一、研究性学习意义的解读

1. 研究性学习的内涵

研究性学习在英语中叫 inquiry learning，也译作探究性学习。研究性学习可以从广义与狭义两个角度去理解。广义的"研究性学习泛指学生主动探究的学习活动。它是一种学习的理念、策略、方法，适用于学生对所有学科的学习"①。广义的研究性学习与传统的灌输式、授受式教学相对应，在我国早已存在，如发现学习法、"问题—探究"式教学模式等都可以看成是研究性学习的一种。狭义的研究性学习则指教育部 2001 年颁布的《全日制普通高级中学课程计划（试验修订稿)》中的"综合实践活动"中的"研究性学习"，是学生在教师指导下从自然、社会和生活中选择和确立研究课题，自主开展探究活动，综合运用已知去获取新知，培养分析问题、解决问题能力和创造能力的学习活动。在这里，研究性学习既是一门必修课程，又是一种学习方式。狭义的研究性学习与分科课程、学科课堂教学相对应，在我国算是全新的课程，是最新一轮基础教育课程改革的重点所在。本文探讨的研究性学习正是指后一种。

2. 研究性学习营造了一种新的课程文化

研究性学习课程属于校本课程，它超越了教材改编作为课程改革标志的局限性，超越了单纯以时间作为划分依据的阶段性，注重时间上的全程性与空间上的无限性，营造了一种合作、对话与探究的新的课程文化。所谓合作

---

① 霍益萍. 研究性学习：实施与探索［M］. 南宁：广西教育出版社，2001：10.

文化，就是强调学习的开放性。每一位儿童都是一个完整的生命体，促进其发展需要多人合作才能实现。同时，每位儿童都有差异，他们的发展取决于有差异的课程，没有合作就不可能提供有差异的课程。由于学校制度的建立与课程分化的传统，导致教师的行为具有"个人专业主义"倾向，而教育的特殊性又需要在分工基础上的合作，以实现一个完整的人的教育。解决这一矛盾的关键是强调一种共建共享的课程文化。所谓对话文化，就是强调课程的民主性。课程本身就是一种对话，是所有与课程利益有关的人员或部门之间的对话。就目前而言，学生在学校学什么，取决于教师教什么，教什么取决于专家编的教材说什么或专家出的考卷考什么。学生不知道为什么学，教师不知道为什么教，教师、学生没有机会与专家交流或对话。研究性学习较好地解决了这个问题，让学生知道为什么学，让学生自主选择学习内容、学习途径、学习方法等。所谓探究文化，就是强调课程的科学性。就课程的历史来看，什么样的课程才是适合儿童的课程，这是一个永恒的话题；就一门课程来说，从课程目标的确定、内容的选择与组织、实施到课程评价，也需要不断地探究，才能做出科学的决策。① 研究性学习居于一种科学的儿童观与学习观，凸显了学习的过程性与探究性。

3. 研究性学习：学校从封闭走向开放的切入口

以往的教育改革尽管轰轰烈烈，但都没有改变学校教育的封闭性。封闭的结果是使学校教育今日遭遇前所未有的尴尬，学校到了不得不开放的时候。研究性学习作为新课型的诞生是时代的必然，它将学校教育与生活、实践结合起来，为学校从封闭走向开放找到了一个很好的切入口，使学校、教师、学生获得更广阔的发展空间和焕发新的生命力。研究性学习是对传统的分科课程与课堂教学方式的根本改革，它的最大特质是开放性，主要表现在学习时间与空间开放、学习内容开放、学习过程开放、师资开放等方面。"在研究性学习中，由于要研究的问题（或专题、课题）多来自学生生活着的现实世界，课程的实施大量地依赖教材、校园以外的各种教育教学资源，学生学习的途径、方法不一，最后研究结果的内容与形式各异，因此它必然会突破原有学科教学的封闭状态，把学生置于动态、开放、主动、多元的学习环境中"②。牵一发而动全身，学习课程和学习方式的开放将迫使学校从封闭走向开放、从局部开放走向全面开放，从而使学校汇入社会发展的滚滚洪流之中，真正与社会融为一体，从而更好地实现学校教育的社会功能与个

---

① 崔允漷. 新课程"新"在何处：解读基础教育课程改革纲要（试行）［J］. 教育发展研究，2001（9）：5 – 10.

② 霍益萍. 研究性学习：实施与探索［M］. 南宁：广西教育出版社，2001：12.

体功能。

二、研究性学习的特点与实施理念

研究性学习的实施理念是研究性学习特点的反映，是实施研究性学习必须遵循的指导思想。实施理念与特点是对应的，有什么样的特点便应有什么样的理念。理念先行，才能保证研究性学习的真正实施。

1. 自主性与树立学生发展潜能无限的理念

研究性学习的首要特性是弘扬作为学习主体的每一个学生的自主性，让学生自主选择和确立研究课题，自主策划和开展研究活动，自主表达和交流研究成果，自主评价、调控和反思研究过程。这里，无论是学生还是教师，都必须实现角色的转换。"学生是真正意义上的研究主体，在研究学习的整个过程中，拥有高度的自由度和自主权；教师只是以组织者、参与者和指导者的身份出现"①。在过去的各种教学改革中，我们虽然也强调学生主体，但在实际的教学活动中却很难做到这一点，根本原因在于：学生必须按照教师的教学设计开展学习活动。在个体的自我发展和完善的进程中，学生缺少的恰恰是人作为社会实践主体必须拥有的自主选择权；在教师想方设法调动学生学习内驱力的背后，隐藏的是学生仍处于被支配的地位。这种缺乏自主能动性的角色安排，与学生的角色追求期待意欲存在极大的反差，因而即使是教师精心组织的教学活动也难以得到学生积极的、主动的回应。实现研究性学习的自主性，要求教师消除"开展研究性学习，学生能行吗"的疑虑，真正树立学生发展潜能无限的理念：相信学生具有巨大的发展潜能，相信学生有能力自己解决自己的问题，高度尊重学生的人格和创造力。教师要做的工作是全力以赴地营造环境，创设条件，提供机会，让学生的自主性、能动性和创造性获得全面充分的表现和发展。这样，研究性学习才能真正地开展起来，才能从根本上转变学生的学习方式，为学生的可持续发展打下坚实的基础。

2. 开放性与整合各种教育资源的理念

研究性学习是开放的。学习空间是开放的，要求学生从课堂走到课外，从校园走向社会。学习途径是开放的，可以检索计算机、利用图书馆，可以走访社会有关部门、单位，可以采访各方面的专家、学者等。学习结论是开放的，鼓励学生就研究的问题提出自己独特的见解。

---

① 郑其恭. 研究性学习：学习方式的变革［J］. 教育导刊，2001（21）：1 – 5.

研究性学习全方位的开放性要求我们整合各种教育资源。一是整合校内各种教育资源。教师是开展研究性学习最重要的教育资源，但在目前这种师资培养模式下，任何单个的教师都难以胜任研究性学习的指导工作，因此必须根据各教师的专业特长和优势，成立研究性学习综合指导小组，发挥教师的整合效应。综合运用学校各种功能室，也是整合校内教育资源的方法之一。研究性学习一开始，学生必然会涌向图书馆、计算机房和实验室等。因此，研究性学习的开设事实上已经要求学生、教师和学校图书馆、计算机、实验员之间形成密切的合作关系。学校在课程启动前，就要考虑把图书馆、计算机、实验室教职工整合到课程中来。二是开发社区教育资源。研究性学习的开展仅仅依靠学校资源远远不够。研究性学习的实施没有统一的模式，各校应该因地制宜，挖掘实施研究性学习的资源，把目光从学校转向学校所在的社区。现实中，包含着需要研究解决的问题和解决问题时可资利用的丰富素材和人才队伍。这些都是研究性学习取之不尽的教育资源。

"研究性学习的开设一定要把对书本文献资料的检索研究和对学校周围社区'活'的教育资源的开发利用结合起来"①，把校内、校外（除学校周围的机构和设施外，还有家长、各行各业的专家等）两种教育资源整合起来。这正是研究性学习课程开放性特征的重要体现。

3. 综合性与促进学生全面发展的理念

综合性是研究性学习的又一特性。当代科学的发展既高度分化，更高度综合。在复杂的社会、自然乃至人类自身的身心系统中，分割状态的单一性的学科问题基本上是没有的。也即是说，研究性学习提出的问题具有综合性，它要求学生必须综合地运用多学科的知识去解决问题。

"研究性学习内容的综合性，旨在为学生提供多元学习的机会，丰富学生的情感体验，激活学生在其他课程学习中的知识库存，释放学生的探究能力和创造潜能"②。研究性学习的目标也是综合的：有综合运用知识分析问题和解决问题能力的培养；有科学态度、科学意识和科学道德的培养；有创造思维、创造能力的培养；有责任心、使命感、合作、团队意识等人文精神的培养，等等。还有学习策略、学习方法的综合化。所有这些，都要求我们树立促进学生全面发展的理念。

4. 探究性与内容决定方法的理念

探究是人类认识的基本方式，科学的发现、发明和创造无不是科学探究

---

① 霍益萍. 研究性学习：实施与探索［M］. 南宁：广西教育出版社，2001：34.
② 郑其恭. 研究性学习：学习方式的变革［J］. 教育导刊，2001（21）：1-5.

活动的结晶。研究性学习就是把科学的探究活动引入教学活动，使学生通过类似科学家的探究过程，提出问题，搜集整理资料，分析问题，寻求答案，表达成果，进行交流，从而发展学生的创造精神和实践能力。

"中小学生对于未知世界的奥秘充满着强烈的好奇心和探究欲，研究性学习刚好能够满足学生的内在需求和个体发展的需要。但研究性学习终归是为了达到教育目的而组织起来的学习活动，其探究活动并没有具备严格意义上的科学探究的规范性"①。在中小学的研究性学习课程中，"研究"不是目的，只是完成其培养目标的一种重要手段。这一手段完全是为目的服务的，如果有其他比研究性学习更好的方式，当然也可以不用"研究"，而用其他手段和方法。如果过分地强调"研究"，把手段视为目的，那就有违基础教育阶段的培养目标，本末倒置。因此，必须树立内容决定方法的理念。不是所有科目的所有内容都适合用来"研究"，选用什么样的方法由内容来决定，方法必须能和内容吻合。因此，在实施研究性学习之初选题时，一定要考虑选题的内容是否能够进行研究和适合研究。

5. 知识基础性及研究性学习与学科教学相辅相成的理念

不是所有年龄阶段的学生都适合研究性学习。研究性学习不同于被动地接受学习，它要求学生积极参与探究活动过程，这对学生的知识基础和技能有较高的要求。"加涅于1963年在《探究所需的学习技能》一文中提出，有效开展探究活动必须满足以下三个条件：第一，有提高探究技能与策略的专门练习，因为这些技能与策略能迁移到其他情境中；第二，学生要有广泛的、概括化的背景知识，因为学生对某个话题一无所知，也就不能做相应的思考；第三，具有辨别好假说与坏假说的背景知识"②。也就是说，研究性学习具有知识基础性。

研究性学习的出现，绝不是为了取代学校现有的学科教学。因为中学生还处于长知识、打基础的阶段，学科教学中的知识、能力训练是他们成长所必需的。不具备一定的从学科教学中获得的知识，开展研究性学习便只能是无本之木、无源之水。因此，必须树立研究性学习与学科教学相辅相成、两者互为补充的理念。研究性学习的顺利开展有赖于学科教学的质量，学科教学是开展研究性学习的基础。学科教学比较规范划一，有利于学生对整个学科知识点和知识体系的学习和掌握。但是它又比较封闭，较少与学生生活和社会实践相联系，而且真正属于学生自主学习的时间和空间非常有限。开设

---

① 郑其恭. 研究性学习：学习方式的变革［J］. 教育导刊，2001（21）：1－5.

② 徐学福. 美国"探究教学"研究30年［J］. 全球教育展望，2001（8）：57－63.

研究性课程，是为了弥补学科教学在满足信息时代知识经济社会对人的新要求方面的局限和不足，给学生一个真正属于他自己的时间和空间，让他从中得到锻炼和提高，以适应未来社会的需要。

"从一些学校的实践情况来看，凡是认真参加研究性学习的学生，基本上都没有影响学科内容的学习。相反，因为研究性学习的需要，学生'用然后知不足'，常常自觉地或是加深或是拓宽了对与课题相关的学科课程的学习；有的通过自己的亲身实践，更加深了对相关学科课程的理解和热爱"①。所以，我们应有这样的理念：研究性学习和现有学科教学这两者之间，不是一个反对另一个，一个否定另一个，而是互为补充、互相促进的相辅相成关系。一些学校害怕开展研究性学习以后，在原有的课时中每周挤出 3 课时来，会影响学生对其他学科知识的学习，会影响学校的高考升学率，迟迟不愿开设。这样的顾虑是不必有的，校长、教师、学生、家长一定要转变观念。

研究性学习在我国尚属新生事物，它的出现给教育注入了新的活力，给青少年的发展提供了更广阔的空间，但也使教育工作者面临着更大的挑战。我们只有把握研究性学习的特点，树立科学的理念，才能促进这种新课型的顺利实施。

（本文原载于《教育导刊》2002 年第 1 期）

---

① 霍益萍. 研究性学习：实施与探索 ［M］. 南宁：广西教育出版社，2001：17.

经历·成长·课程

在当前一些课程实践中，违背人才成长规律的事情时有发生。如学生心理问题多了，所以要开设心理健康教育课，而且还是必修的；大学毕业生就业率低，于是就业指导、创业教育要进入课程表，而且这类课程还要"体系化"。按照这一思路，如果总是以"进教材、进课堂"来表示对某一类教育的重视，大学的必修课就会越来越多而选修课将越来越少，上级规定的"公共课"会越来越多而专业课会越来越少，这是严重违背人才成长规律的。很多学校的这类行政主导的课程往往是蜻蜓点水，以"科目"方式编进课程表，由固定的教师去"教"。这也反映了一种把课程等同于教材、等同于学科课程的狭窄的课程观。这种课程观也有悖于人才成长。

解读古今中外名人成长故事，会发现他们往往有多样化经历。多种经历、丰富阅历而不是学校教育，读万卷书行万里路而不是在课室里接受教师的"教"，对人才成长更具有决定性的意义。如徐霞客破除传统的桎梏，走上了旅行考察、探索大自然奥秘的道路，成了杰出的旅行家和地理学家；冼星海成为"人民音乐家"，与他童年接受的"自然"的大海文化教育、祖父的音乐熏陶及在多国多地接受音乐教育的经历直接相关；文艺复兴是一个产生巨人——在思维能力和性格方面，在多才多艺和知识渊博方面——的时代，这个时代的巨人们大多阅历丰富，常做跨国旅行。如其中的代表人物之一彼特拉克自幼随父亲流亡法国，攻读法学，后专心从事文学活动并周游欧洲各国，还当过神甫，有机会出入教会、宫廷，观察生活，追求知识，提出以"人的思想"代替"神的思想"，从而成为"人文主义之父"。

怀特海的过程哲学认为，人类社会实际上是由各种事件以及各种活动组成的。人生也是由各种事件以及各种活动组成的。杰出人才大多经历了"波澜壮阔的时空"。在这样一个波澜壮阔的时空中，他们经历了一个个的事件，身心参与了各种活动，这一个个事件与活动给他们的成长以深刻影响。这些都是个人的学习经历。他们在这样一种过程中接受教育，从而获得了充分的发展。从人才成长规律看，课程是经历、课程是事件的概念呼之欲出。课程可以说是由一个个事件构成的。事件都是在一定的时空中发生，蕴含丰富的文化内涵并影响人的成长。因此，个体经历的时空及其中发生的事件构成了个体发展的资源。

在严密的制度化教育体系与考试机制中，在家长的过度保护中，现在的学生恰恰缺少多种经历，缺少"故事"。学校经历是学生成长旅途中的重要一段。为了更好促进学生成长，课程改革要为学生创造"故事"，为学生创造丰富的有意义的学习经历，而不是继续把学生禁锢在狭窄的课堂中，禁锢在学科课程的知识传授中。前面提及的社会问题"进教材、进课堂"的课程模式，其实是缘木求鱼。坦率地说，那些从理论到理论的心理健康必修课，不仅难以解决学生的心理问题，还可能会让学生心理更不健康。作为教育工作者，无论是为了个人发展还是为了学生成长，都必须不断创造机会，让彼此的身心经历广阔时空，以此获得新的体会和经验。

（本文原载于《教育导刊》2012年第9期卷首语，出版时做了修改）

第二部分　教师专业发展

新一轮课程改革背景下教师发展路向探讨

摘要：新一轮课程改革要求教师角色从单一走向复合，从封闭走向开放。本文分析教师封闭的知识结构与心理结构对此的不适应性及教师发展不足的原因，并提出新课程实施背景下教师发展的一些设想，即通过改变现行教师管理模式来改变教师生活的时空方式，构建教师健康完整的开放式人格结构。

关键词：课程改革；教师角色；教师管理模式；开放式人格结构

关于教师发展问题，新一轮课程改革引起了学界更多更大的关注。如不少学者指出，要实现教师的专业化发展；实行教师教育的一体化与专业化；实行校本培训，建立教师发展学校等。笔者认为，这些策略关注点只在于解决教师的知识结构与操作技能问题，忽视了对教师封闭的心理结构的改造，在培养目标和模式上依然没有跳出传统的师资培养的封闭的时空模式，不能满足新课程对教师的开放性素质与多样性角色的需求，不能适应培养"完整的人"的需要。因为教师若没有开放的心态与人格结构，他在课堂上便很难真正放得开，便很难在课堂上与学生进行平等的对话与交流，便很难为学生营造出一个支持性的较为宽容的接纳所有人的氛围，而这恰恰是实施新课程所必需的。

一、教师发展不足的原因探讨

教师要有开放的知识结构与人格心理结构才能适应新课程对教师角色的多样性与开放性需求，但教师素质现状与发展能力与此存在较大差距。笔者认为，教师发展不足是由现行师资管理模式的缺陷直接造成的。目前师资管理模式的最大缺陷是封闭性与强制性及由此造成的教师话语权丧失。

1. 师资管理模式的封闭性

这里的师资管理模式除了指管理制度和机构外，还包括师资培养（即教师教育）方式，因为管理本身除了有规范行为的功能外，更肩负着培养人教育人发展人的职责。师资管理模式的封闭性主要表现在：一是教师的流动性不大。一直以来，学校是最宁静的"一潭水"，很多教师几十年工作在同一个单位或某个狭窄的地域，几乎不能"越雷池半步"。而且，长期以来，教师教育实行的是"一次性"终结教育，教师进一步深造的机会几乎微乎其微，这使教师渐渐地如井底之蛙。即便在人才流动成为大趋势和倡导终身学习的今天，学校阻碍教师流动的事情仍时有发生。如据报载，"中学招聘出怪事：外语好的一律免谈"，一位同学到中学应聘当教师，没想到竟被对方以英语成绩太好为由拒绝了。原因是前几年，该校分来的外语成绩好的大学生大部分考上研究生走了，对学校教学非常不利，所以这两年学校招聘都选外语成绩差的，这样不用担心他考研走了。① 二是教师教育专业选择的单一性与地域的封闭性。应该说，教师教育由十几年前的一次性的"终结教育"到今天的"继续教育"，是个不小的进步。但今天的教师继续教育主要是纵向的学历教育与封闭式培训，一般强调专业对口，课程多属智能型或技术型，情意型课程受到忽视，而且空间多限于当地教师进修学校或师范院校，教师继续教育没有市场化。目前多数地区还在实施着"在统一的时间内，到统一的地点，接受统一的内容"的计划经济式的职后培训模式。"所以一项包括中国在内的有 12 个国家参与的国际调查表明，有 23.6% 的教师认为他们的在职培训在大部分时间内是'令人失望'的"②。指望用这样的教师继续教育方式来促进教师的发展，效果只能事倍功半。

2. 教师管理的强制性及教师话语权的丧失

学校对教师的管理主要是强制性的刚性管理，管理缺少教育性。一些学校管理者依然没有跳出"官"即"管"的旧观念，坚持"人性恶"的片面的管理哲学，奉行"胡萝卜+大棒"的管理模式，教师工作缺乏自主性和灵活性。笔者今年上半年曾在广州市 3 所小学（2 所公立，1 所私立）抽样对"教师活动基本情况"进行初步的问卷调查与访谈，结果表明，100% 的教师选择"我校实行严格的坐班制"。在回收的 47 份有效问卷中，有 23 位教师在回答"你认为教师工作的自主性与灵活性强不强"时，选择"不强，被控制得较死，缺乏自由度与灵活性"，占 48.9%；只有 2 人选择"强，大多可以自己安排"，不到 5%。44.4% 的教师认为学校对教师采取的管理方式主要是"专制型"的。在访谈中，一位教师这样说："在管理上，校长怕老师跳槽。如果老师的生活精彩了，丰富了，领导就不踏实。"教育应以人为本，学校本应是个最充满人道与人文色彩的地方，可在学校对教师的管理上，我

① 张斌，程涛. 中学招聘出怪事：外语好的一律免谈 [N]. 教育文摘周报，2002 - 08 - 07（1）.

② 李其龙，陈永明. 教师教育课程的国际比较 [M]. 北京：教育科学出版社，2002：412.

们看到了很多把人当作"物"来看的"物式管理"。

在教育管理的金字塔形科层组织中，教师处于最底层，教师只是政策的实施者、秩序的服从者、课程的操作者、方法的消费者，教师是学校管理的"客体"，没有参与决策和管理的权力。正由于教师缺乏应有的参与权，"教师很容易矮化成一个仅仅从事非创造性劳动的雇工"①。这是在行政制度权力挤压下教师专业退化的反映。同时，教师作为实践的知识分子，处于理论知识分子的理性权威的挤压下。长期以来，教育理论与实践存在"两张皮"现象，研究者在书斋里提出教育问题，并展开研究，制造各种理论和"话语"，然后向教师宣传、灌输、推广，形成了教育领域内的"研究—开发—传播—运用"的话语生产模式。② 进行理论研究的专家学者和从事实践的教师之间便形成了类似于社会权力机构的控制与被控制的关系。这样，教师实际处于行政管理者的权势话语和理论研究工作者制造的理性话语的双重管理中，从而导致"教师的自主权相当有限，个人话语权并没有获得相应的地位"，"甚至被教师自觉自愿地放弃，个人话语权沦丧"。③ 教师对个人话语权的自觉自愿的放弃，既隐示了教师的无奈与"无力"，也反映了教师自我意识的淡薄，从而使教师失去自我发展的动机或动力，从根本上限制了教师的成长之路。

教师管理模式的封闭性与强制性是对教育学和人的"异化"。从某种意义上来说，教育学是最具开放性的学科，④ 这从很多方面可以看出来，如众多的教育科研成果中广泛吸收和借鉴了哲学、心理学、社会学、数理的思维方式和理论观点；活跃在教育科研界的有建树的学者当中，有相当一部分并非"教育学"科班出身；师范大学教科院研究生中有相当一部分是跨专业报考的；等等。教育学的大门是向所有人敞开的，完全没有别的学科或专业那种给人隔行如隔山的感觉。教育管理模式的封闭性恰恰与教育学的这种开放性背道而驰，异化了教育学的学科性质。人在本质上也是向世界无限"敞开"的，人有表达自我的愿望和自由，人心理发展的丰富性与多样性使人的发展具有多种可能性。开放是事物的共同特性，是事物发展的源泉。人要实

---

① 吴康宁. 教师是社会的代表者吗［J］. 教育研究与实验，2002（2）：7–10.

② 宁虹. "教师成为研究者"的理解与可行途径［J］. 比较教育研究，2002（1）：48–52.

③ 胡福贞. 论教师的个人话语权［J］. 教育研究与实验，2002（3）：17–22.

④ 关于教育学的开放性，其实可以做专题论述，因为从教育学的开放性学科性质探讨中，可以得到许多关于教育学专业课程设置的启示。目前教育学专业毕业生就业形势较为严峻，有人认为应该取消教育学本科专业的招生。笔者认为这不是教育学专业该不该开设的问题，而是教育学专业课程设置出了问题。这个问题很有探讨的必要。

现自身的健康发展，必须保持一种开放的心态，与外界进行动态的"能量"交换与转换。教师管理模式的封闭性和强制性及由此导致的教师个人话语权丧失，是对教师的异化，它窄化了教师的物理生存空间和心理发展空间，使教师本该丰富多彩的人性受到压抑和自尊自信人格得不到提升。总之，教师发展不足从根本上说是由教师管理模式的缺陷造成的。

二、教师发展路向的设想：构建教师健康完整的开放式人格结构

机会的把握与权力的有效实施需要相应的能力作为支撑，新课程给了教师话语权，下一步教师发展的根本点是给教师"话语"的能力。如上所述，教师发展不足主要是由现行的教师管理模式造成的，所以新课程背景下教师发展的路向是改革教师管理模式中的一些不合理与不科学的做法，建构教师健康完整的开放式人格结构。

1. 学校日常管理方式的转变

这主要是针对学校内部管理而言的。新课程并不必然导致教师、学生的发展，中间要经历许多环节，学校管理便是其中重要的一环。在学校中，教师处于中介地位，学校管理者管理教师的方式直接影响教师教育学生的方式，教师对待学生的态度、方式往往是学校领导对待教师的方式与态度的折射。若教师从学校管理者那儿得不到平等与尊重，他又如何能心平气和地对待学生，与学生进行平等的对话与交流呢？所以学校管理者对教师的管理方式至关重要。在新课程实施过程中，学校管理者要转变观念，变传统的强制性管理为教育性管理，充分发挥管理的育人功能。所谓教育性管理是指管理者真正根据教师发展的需要确定管理制度和机构，重视管理中人与人之间的真诚交流，精神、情感与文化氛围的建设。[①] 学校管理者要认真分析，大胆改革，去除那些不合时宜的束缚人的积极性与创造性发挥的不必要的规章制度，增加教师工作的自主性与灵活度；要树立"管理即服务"的观念，管理是发展人而不是压制人，要为教师的发展服务，为弘扬教师美好的人性服务，让管理具有教育性，有愉悦身心的作用。

2. 教师培养专业选择模式的转变

这里主要指教师在职教育。教师培养模式的转变是指教师教育要由训练

---

① 季萍. 新课程与学校发展［M］. 北京：教育科学出版社，2002：93.

模式向开发模式转变，教师教育不是要把教师训练成教师匠或单面人，而是要开发教师的各种潜能，使教师获得广阔的发展空间。这其中涉及专业选择与课程设置的改变。目前多数教师职后培训总是倾向于理论和专业的纵向发展，是学历教育，一般强调专业对口。这进一步加强了教师知识结构的单一性与封闭性。知识作为对客观事物规律的一种概括，每一种知识都是一种思维方式与分析问题的独特视角，多种知识的融会贯通会使人获得广阔的视野与思维的灵活性以及解决自身与他人问题的能力。单一狭窄的知识结构使人容易进入思维的死胡同，遇事不变通，限制了人的心理活动空间。课程改革趋势之一是淡化学科界限，加强综合性学习，单一狭窄的知识结构会越来越不适应课改的要求。人类知识是一个有机的整体，一个现代人不应该把自己束缚在狭小的单学科天地里，做井底之蛙，而要在掌握一门专业的基础上，朝多学科、跨学科的方向发展，成为一个全面发展的人。因此，笔者认为，教师继续教育不必强调专业对口，甚至不能专业对口。因为教师在职前教育中已接受了相当的专业知识教育，本专业理论的纵向发展完全可以通过自学来获得，而在职后教育中接受新的专业学习，则可以开阔视野，让教师了解不同学科之间的联系，了解不同学科与整个课程的广阔的教育目标之间的联系，以适应教学的"交往性"活动要求。笔者在写作本文的过程中，曾访谈过一位音乐教师，校长建议她选择教育管理、中文或音乐教育作为继续教育的专业，但她选择了"广播电视新闻"专业。她说，因为同学来自各行各业，在和同学交往的过程中，开阔了视野，感觉很好，生活也由此精彩了很多。这种继续教育选择专业的方法很值得参考。另外，在教师继续教育中，教师就是学生，在基础教育改革中提出的要对学生进行完整的人格教育，培养完美和谐的人的目标同样也是教师继续教育的宗旨。因此，学校在培养学生中的一些好做法，如在做中学、在活动中学、弹性选课制、体验课程、二次分流等，同样适用于教师教育。教师应有权力根据自己的发展需要选择继续学习的专业与课程，甚至导师。

3. 教师培训时空方式的改变

随着学生心理健康教育的开展，教师心理健康问题也逐渐引起人们的重视，但教师人格结构的封闭性一直以来未能引起关注。人格的封闭性与教师的生存空间和工作方式有关。物理空间决定人的心理空间，心理空间反映人的物理空间。从人的活动范围可以推知人的整体能力与素质水平及发展程度，同样，从人的言行举止（内部心理活动的外显）可以得知人的物理活动空间。满世界跑的人，你让他有"小农意识"不容易；足不出户的人，你让他具有世界视野与国际意识，也不大可能。教师基本上属于"足不出户"这一类。如在笔者的调查中，在回答"你认为作为教师，最大的烦恼是什么"这道开放性问题时，不少教师这样回答："生活圈子小，与社会接触少，如井底之蛙""生活较单调，缺乏活力""工作量大，压力大"等等。这反映了教师生存环境之狭隘与教师心理问题的成因。教师的工作方式也能说明这一点。教师工作缺乏自由度与自主性，有如实行联产承包责任制之前的农民集体开工，教师工作缺乏合作性，又有如承包到户后农民的单干。这些也导致了教师的"小农意识"。指望教师用"小农意识"来培养具有国际视野的学生，不大现实。时空是一切事物发展的条件，要实现教师的发展，必须改变教师的生活时空，给教师多点自由支配的时间，给教师广阔的空间，给教师丰富多彩的生活。"近处无风景"，人们对自己身边的事物有忽视的倾向；风景那边独好，人们渴望离开原地，到远处看看。"因为谁不愿意常常看到新鲜的东西，听到新鲜的东西或抚弄新鲜的东西？谁不乐于每天到一个新地方，谁不乐于和人谈谈，谁不乐于说点什么，谁不乐于获得新鲜的经验呢"[1]？因此，在师资培训时，不一定要选择教师进修学校或师范院校，不必只局限于"校本培训"或"教师发展学校"，不必只局限于读书。行路、交友与读书，对教师的发展同样重要。读万卷书，行万里路，交良师益友，过健康快乐的生活，才能给教师开放的心态与人格，才能真正促进教师的发展。[2] 这样，教师才能适应新课程的实施，教师才能以自身的发展去促进学生的发展。

　　总之，新课程的实施对教师的角色定位提出了更高更新的要求，教师整体素质的封闭性离此尚有较大的距离。只从教师专业知识与技能的增长来理解教师的发展，是不可能解决教师与课程的互动及学生发展的问题的。在这样的背景下，教师发展的路向是构建教师健康完整的开放式人格或心理结构。物理空间影响人的心理空间，要建立时空开放的教师管理模式及能发展

---

　　① 夸美纽斯. 大教学论［M］. 傅任敢，译. 北京：教育科学出版社，1999：15 - 16.

　　② 这个观点得到一项调查的证实。大连市教育科学研究所特级教师杨建云主持的中国教育学会"十五"重点科研课题"发展性教师评价实验研究"中有一项调查"你最希望通过哪些途径获得发展"。调查结果表明：教师们最喜欢的学习发展途径依次是："同事间的相互交流与合作"，占总体的27.1%；"经常外出考察参观学习"，占24.59%；"进修或函授获更高的学历"，占19.66%。参见：杨建云，王卓. 中小学教师自我发展需求的现状、问题和对策：大连地区中小学教师自我发展需求现状的调查报［J］. 大连教育科学，2002（1）.

人的良好制度，改变教师生活的时空方式，使教师获得广阔的心灵发展空间，保持开放的心态，能与学生积极良好地互动。

（本文原载于《广东教育》2004 年第 1 期，《教师专业发展的理论与实践》东华大学出版社 2004 年版转载）

教师生存现状与教师发展

——课程改革中教师发展主要矛盾的思考

摘要：课程改革的困境是新课程的开放性与教师素养封闭性的矛盾。教师发展包括教师的个人发展和专业化发展，课程改革中教师发展的主要矛盾是教师的个人发展与课程改革的矛盾，它表现为教师现实境遇的封闭性与开放性发展的矛盾。教师生存现状决定教师的发展，其机制归结到人类个体生存的时空方式与发展的关系：人的成长与时空拓展是同步的；个体生存的物理空间决定其心理发展空间。

关键词：课程改革；教师发展；生存现状；开放；封闭

作为课程改革的一个先在条件，教师发展近年来受到关注，但是理论界关注更多的是教师的专业化发展，而不是教师作为一个整体的人的发展。而且，长期以来，教育学关于教师的话语，大多是围绕着"教师应当如何"和"如何才能成为教师"的话题展开讨论，而缺乏对教师的"实然方式"和"存在方式"的关注。这不利于教师教育与发展问题的真正解决。本文尝试从教师的生存现实出发，思考课程改革中教师发展的主要矛盾及其形成机制。

一、课程改革中教师发展的主要矛盾

（一）课程改革的困境：新课程的"开放性"与教师素养的"封闭性"的矛盾

新课程的最大特点是"开放性"。它要求教师的活动空间不能再只局限于教材、课室与学校，而是更广泛地更密切地与家长和其他社会成员合作，更经常地参与社区活动；它要求教师改变孤立的工作方式，改进同事之间的关系，与同事进行更为广泛的合作；它要求教师改变往日被动的精神状态与行为方式，成为教育的思想者、研究者、实践者和创新者；教师在教学过程中更多地履行多样化的职能，关注学生知识与技能、过程与方法、态度情感与价值观的和谐发展。即教师角色要从单一走向复合，从封闭走向开放。这要求教师实现开放式发展，要有开放的知识结构和开放的人格或心理结构。

但现实表现是，大多数教师知识面狭窄和心理封闭。近年来各种关于教师心理"患病率"高的调查不断见诸报端；在教育教学实践中，教师的观念往往很难改变，或即使观念变了，也没有转化为相应的行动（反映出教师自觉的反思与实践能力的缺乏），教师在课堂上往往"放不开，也不敢放开"；习惯于在中央集权课程管理体制下教学的教师，面对三级课程管理赋予的课程专业自主权，他们以各种理由给予抵制或力不从心。这些都是教师知识结构与心理结构双重封闭的反映。

人格或心理结构的封闭性使教师"放不开"，知识结构的封闭性使教师"不敢放开"（教师缺乏驾驭课堂的知识与能力，缺乏对学生的"超常"反应做出灵活反馈的知识与能力，担心收不拢）。这两方面相互影响，知识结构的封闭使人的思维容易陷入"小胡同"或"死胡同"，从而进一步加强了教师心理结构的封闭；心理结构的封闭又影响了教师的人际交往和对多方面信息的吸纳，从而造成了教师整体素质结构的封闭。这些恰恰与新课程的开放性及其对教师"开放性"素养发展的要求背道而驰。课程改革的成功，教师高质量的支持和参与是关键；教师素质的封闭性特点使教师在新课程实施的过程中，面临许多困难与障碍。课程改革的困境便在于此。

（二）课程改革中教师发展的主要矛盾：教师的个人发展与课程改革的矛盾

虽然大家都认识到课程改革中教师发展的重要性，但在促进教师专业化发展的研究和实践中却存在不少问题，教师发展的收效不大。那么，教师发展的主要矛盾是什么？是什么造成教师整体素质结构的封闭性？

1. 教师发展：个人发展和专业化发展的统一

要认识教师发展的主要矛盾，首先要理解教师发展的内涵。联合国教科文组织的报告《学会生存：教育世界的今天和明天》对人的发展有较好的表述："人类发展的目的在于使人日臻完善；使人的人格丰富多彩，表达方式复杂多样；使他作为一个人、作为一个家庭的成员和社会的成员，作为一个公民和生产者、技术发明者和有创造性的理想家，来承担各种不同的责任。"① 教师发展是人的发展的具体化，是指教师作为个体人与职业人能不

---

① 联合国教科文组织国际教育发展委员会. 学会生存：教育世界的今天和明天[M]. 北京：教育科学出版社，1996：2.

断学习，不断提高自身素质，不断丰富自己的内心世界，不断发挥自我潜能与自我实现，从中获得满足感与幸福体验的过程，是知情意互动的过程。它包括教师的个人发展（personal development）和专业化发展（professional development）两大方面。个人发展是指教师作为一个完整的人的发展及其作为一个人的各种合理需求的满足；专业化发展是指教师具备教师职业角色的素养要求并能胜任工作，获得成就感。这两者相辅相成，个人发展是专业化发展的基础，专业化发展是个人发展的补充。

教师发展的内涵，一方面，与教师作为人的存在方式有关。教师首先是作为个体人存在，其次才是作为职业人存在。职业人是附在个体人身上的，作为个体的人不存在，职业人也将消失。教师作为健全的个体，同样有对幸福的追求。幸福既来自健康的人格与丰富的内心体验，也来自工作中的成就与满足。教师作为一个主体人（个体人应是主体人）的发展使其有能力去从事一定的职业，一定的职业又促进其发展。另一方面，与教师本身的教育功能有关。教师本身作为一种教育力量，是其整体人格在发挥作用，而不是某个方面。教师整体人格越完善，其教育力量便越大，对学生的影响便越有成效。

2. 教师发展的主要矛盾：教师个人发展与课程改革的矛盾

没有教师的发展，课程改革"为了每位学生的发展"便是一句空话。这里的发展当然是指全面发展。教师发展与课程改革的矛盾也就包括教师的个人发展、专业化发展与课程改革的矛盾。但是理论界目前关注更多的是教师的专业化发展，而不是教师作为一个整体的人的发展，这无疑是片面的。

人在本质上是向世界无限"敞开"的，人有表达自我的愿望和自由。实现自身的健康健全发展，必须保持一种开放的心态，与外界进行动态的"能量"交换与转换。但是，通过对教师生存现状的考察，目前仍然有许多影响教师发展的因素。如从教师角色规范来看，往往将教师置于道德超人境地，容易使教师形成不宽容的处事心态和挫折体验，影响其职业幸福感；从学校管理来看，其中存在的烦琐性和管理主义倾向，造成了对教师角色规范和理性化制度本身的扭曲以及对教师的消极影响；在"应试教育"背景下，教师教学的复制性和灌输性，进一步造成了教师角色的异化，使教师的自主性受到很大限制。许多教师为了满足学校、家长对升学率的需求以及自身生存的需要，不得不放弃自我。① 这些都是对教师作为人的异化，影响教师的个人

---

① 王玉秋. 对我国中小学教师生存状态的反思［D］. 上海：华东师范大学，2006.

发展，它使教师本该丰富多彩的人性受到压抑和自尊自信人格得不到提升。没有教师精神的解放，就很难有学生精神的解放。当一个教师常常感到"压抑"或"闭塞"时，他便很容易成为学生自由、健康、生动活泼地发展的阻抑者、破坏者，甚至是"反教者"。所以，课程改革中教师发展的主要矛盾是教师的个人发展与课程改革的矛盾。教师发展在实践中收效不大，原因便是没有抓住这个主要矛盾。

通过下面对教师工作与生活的考察可见，教师目前整个生存境遇是封闭的。这里先假设教师素养的封闭性与个人发展受阻是由其生存现状——现实境遇的封闭性决定的。因此，教师个人发展与课程改革的矛盾便转化为教师现实境遇封闭性与新课程对其开放性发展要求的矛盾。这样便要解决两个问题：一是具体考察教师现实生活境遇封闭性与发展矛盾的表现；二是教师生存方式影响教师发展的机制。

二、教师现实生活境遇封闭性与发展矛盾的表现

考察一种职业或个体生活方式一般可从其八小时内外来看，但教师的工作经常没有八小时内外的区别，也没有工作日与双休日（经常补课）的区分。即教师的工作与生活不分，工作在学校，生活也在学校，因此考察教师的生存现状主要是看其在学校的工作生活。据此，这里把教师现实生活境遇封闭性与发展矛盾的表现概括为：教师狭隘的生活时空与开放性发展的矛盾；师资管理模式封闭性及强制性与教师开放性发展的矛盾。

（一）教师狭隘的生活时空与开放性发展的矛盾

教师个体的生存方式关乎教师的发展。规范的生活、狭隘的生活、重复的生活是长期以来教师主要的生存状况。[①] 教师狭隘的生活表现为两个方面：一是物理生活空间的相对狭小，二是心理生活空间的狭小。教师个体的生存居所规定为学校和教室，学校教育与日常生活的相对隔离造成了教师"两点一线"式单调的生活。而且，教师尤其是广大农村学校的教师，外出参观学习的机会微乎其微。见多才能识广，在高度规范而又狭隘的生活中，作为个体的教师如何能获得个人的充分发展？没有个体作为"人"的充分发展，又如何谈得上专业化发展呢？

另外，教师工作任务繁重、工作时间过长也是有目共睹的，这让教师缺少阅读与思考的时空从而失去了解外面世界的另一扇窗户。教育目标要求培

---

① 吴惠青. 论教师个体的生存方式［J］. 教育研究，2003（6）：42－45.

养学生的国际视野与多元文化理解力，这能指望教师做到吗？在教学中，许多教师"放不开"，也"不敢放开"，堵塞学生言路；在课程资源开发中，许多教师对社区资源熟视无睹，更不用说去为学生开发课程。这些正是由教师狭隘的生活时空及由此造成的狭隘视野决定的。

（二）师资管理模式封闭性及强制性与教师开放性发展的矛盾

长期以来，我国的教师管理与教育制度使得教师很难成为有个性、有追求、有思想的教师。目前的师资管理模式依然是封闭性与强制性的，它使教师话语权与主体意识在一定程度上受到限制。

1. 师资管理模式的封闭性

师资管理模式的封闭性主要表现在：一是教师的流动性不大。一直以来，学校是最宁静的"一潭水"，很多教师几十年工作在同一个单位或某个狭窄的地域，几乎不能"越雷池半步"。即便在人才流动成为大趋势和倡导终身学习的今天，学校及教育行政机构阻碍教师流动的事情仍时有发生。如笔者曾被地方教育局人事部门两度"没收"大学录取通知书，即便笔者提出辞职也不行。

二是教师教育专业选择的单一性与地域的封闭性。教师教育由十几年前的一次性"终结教育"到今天的"继续教育"，是个不小的进步。但今天的教师继续教育主要是纵向的学历教育与封闭式培训，一般强调专业对口，而且地点多限于当地教师进修学校或师范院校。多数地区还在实施着"在统一的时间内，到统一的地点，接受统一的内容"的计划经济式的职后培训模式。指望用这样的教师继续教育方式来促进教师的发展，效果只能事倍功半。

三是师资来源渠道单一。教师都是从师范院校中来，到中小学校中去，缺乏社会工作的经历，缺乏了解社会和与其他行业人员交流的机会。这样也造成教师的视野闭塞。

2. 教师管理的强制性

学校对教师的管理主要是强制性的刚性管理。有些学校管理者坚持"人性恶"的片面管理哲学，奉行"胡萝卜＋大棒"的管理模式，教师工作缺乏自主性和灵活性。在访谈中，一位教师这样说："在管理上，校长怕老师跳槽。如果老师的生活精彩了，丰富了，领导就不踏实。"教育应以人为本，学校本应是个最充满人道与人文色彩的地方，可在学校对教师的管理上，我们看到了很多把人当作"物"来看的"物式管理"。

在教育管理的金字塔形科层组织中，教师处于最底层，教师只是政策的实施者、秩序的服从者、课程的操作者，教师是学校管理的"客体"，没有参与决策和管理的权利。正由于教师缺乏应有的参与权，"教师很容易矮化成一个仅仅从事非创造性劳动的雇工"①。这是在教育行政制度权力挤压下教师个人与专业退化的反映。这与新课程要求教师成为教育的思想者、研究者、实践者和创新者恰恰背道而驰。而且，教师对待学生的方式是外界对其态度的折射，当一个教师老被当作"客体"来看时，他便很难把学生看成是"主体"。

同时，教师作为实践的知识分子，处于理论知识分子的理性权威的挤压下。研究者在书斋里提出教育问题，并展开研究，制造各种理论和"话语"，然后向教师宣传、灌输、推广，形成了教育领域内的"研究—开发—传播—运用"的话语生产模式。② 这种情况在各种新课程培训中尤其突出。进行理论研究的专家学者和从事实践的教师之间便形成了类似于社会权力机构的控制与被控制的关系。

这样，教师便实际处于行政管理者的权势话语和理论研究工作者制造的理性话语的双重管理中，从而导致"教师的自主权相当有限，个人话语权并没有获得相应的地位"，"甚至被教师自觉自愿地放弃，个人话语权沦丧"。③教师对个人话语权的自觉自愿的放弃，既显示了教师的无奈与"无力"，也反映了教师自我意识的淡薄，从而使教师失去自我发展的动机或动力，从根本上影响了教师的成长。

教师生存现状及其对教师发展的抵制在国外一些学者的研究中也得到证实。如美国社会学家沃勒（W. W. Waller）通过对教师意识和行为的"写实"研究，认为教师的"非人性"不仅源于官僚性行政组织，而且从社区的人们对于学校的道德期待与教师地位的孤立中派生出来。长期深入学校研究课程与教师问题的日本学者佐藤学则说："学校这一场所往往是'创造性'受到压抑、'伦理性'受到剥夺的场所。现实的学校是机械反复的场所，是儿童与教师激烈展开自我中心竞争的场所，是忙于细枝末节的场所。……在这种矛盾的现实中，教师无所适从，不断地形成教师的存在论危机。"④

---

① 吴康宁. 教师是社会的代表者吗［J］. 教育研究与实验，2002（2）：7－10.

② 宁虹."教师成为研究者"的理解与可行途径［J］. 比较教育研究，2002（1）：48－52.

③ 胡福贞. 论教师的个人话语权［J］. 教育研究与实验，2002（3）：17－22.

④ 佐藤学. 课程与教师［M］. 钟启泉，译. 北京：教育科学出版社，2003：210.

三、教师生存现状影响教师发展的机制

封闭的生活时空与管理模式影响了教师的发展。只有了解这种作用的机制，才能探明教师的开放性发展之路，让教师从而也让学生获得解放。从词义看，开放表示时间与空间、物理与心理上的开阔与开放性。时间、空间既有物理意义上的，也有心理意义上的。从物理上看，开放与封闭相对；从心理角度看，开放与保守相对。因此，探讨教师生存现状影响教师发展的机制也就归结到人类个体生存的时空方式与发展的关系。

1. 人的成长与时空拓展是同步的

人的一生是一个不断扩展时间与空间的过程，同时也是一个不断发展的过程，两者相辅相成。时间与空间的拓展促进人的发展，人的发展又促进个人生活时空的扩大。空间存在具有时间性，时间进程也是不断拓展空间的过程。如胎儿瓜熟蒂落来到这个陌生好奇的世界，婴儿开始接触到的是一个在时间和空间上都极其有限的环境。这个环境，随着他自身能力的增强，不断扩展。当婴儿学习抓、爬、行走、说话的时候，他经验的内容与范围便扩大了。他和新环境、新事物和新事件接触时，就激起新的力量。而这些力量的运用，增加了他的经验，他生命的时间与空间便扩展了。待儿童到了学校，学校的任务便是要扩大儿童的环境，让他们有机会与广泛的时空接触，有开阔的视野。在他们有了阅读甚至外文阅读的能力时，他们便更有机会了解外面广阔的时空，获得信息与发展的资源。所以说，人的成长与时空拓展是同步的。从上述教师的工作与生活现状看，教师较难获得时空的进一步拓展，其成长也就受到一定的制约。

文化哲学的代表人物卡西尔（Ernst Cassirer）把空间区分为行动的空间与抽象的空间。[①] 抽象的空间与行动的空间相辅相成，一个人拥有抽象的空间越大，其行动的空间也越大，其便越渴望有所"行动"；通过行动，可以把抽象的空间具体化，把抽象空间变成可触摸的现实。个体通过阅读可以拓展抽象的空间，有条件的话去践行，把抽象的空间变成行动的空间。若说来自外部的因素制约了教师的行动空间拓展的话，那教师的缺少阅读则窄化了教师的抽象空间，从而使教师更加保守。这样，教师对三级课程管理体制赋予自身的课程专业自主权变得抵制与无能为力也就是顺理成章的事。

---

① 卡西尔. 人论 [M]. 北京：西苑出版社，2003：75 – 77.

2. 个体生存的物理空间决定其心理发展空间

教师的发展主要是指其心理的发展。个体生存的物理空间决定其心理发展空间，心理空间反映人的物理生活空间。"井底之蛙""一方水土养一方人"等反映的便是这样的概念。由此，从人的活动范围可以推知人的整体能力与素质水平及发展程度，同样，从人的言行举止（内部心理活动的外显）可以得知人的物理活动空间。如满世界飞的人，你让他有"小农意识"不容易；足不出户的农民，你让他具有世界视野与国际意识，也不大可能。人的成长是个体生活时空的反映，个体的生活时空体现个体的发展程度。

我们都生活在一定的环境即一定的时间与空间中，我们的知识、观念总是必然带上时间、空间的印记。不管我们的经验是什么，这种经验都是由时间、空间组成的。如生长在乡村的孩子和城市的孩子，生长在海滨的孩子和草原的孩子各有不同的经验。又如一般说我国有七大文化区：秦文化区、三晋文化区、齐鲁文化区、吴越文化区、荆楚文化区、巴蜀文化区、岭南文化区。不同区域有不同文化特质，并赋予在那块土地上生活的人不同的文化个性与视野。

每一种文化或环境都有其特点，又都有其局限性，接触过多种文化或环境的人无疑更具有开阔的视野，越有可能消除人与生俱来的自我中心与"狭隘性"。这里人发展的机制便是人与文化、人与环境的"交互作用"。人接触或经历的文化时空越大，发展的程度便越高。从目前教师教育与管理看，教师的来源单一，交往对象单一，生活空间单一，较少有机会接触广阔的时空和其他类型的文化生活样式。这进一步窄化了教师的物理生存空间和心理发展空间，让教师感到压抑，自尊自信人格得不到提升。这样，教师便很难成为学生健康活泼发展的促进者，课程改革的理念便很难落到实处。

总之，教师生存现状决定教师的发展，教师素养的封闭性是由教师现实境遇的封闭性决定的，是由其封闭的学校和社会生活方式决定的。课程改革任重而道远，教师发展是新课程实施的关键，要正视教师发展的主要矛盾，从各方面采取切实可行的措施，给教师发展提供广阔的时空，真正促进教师个人的开放式发展，让教师能以开放的心态从事新课程的"开放"事业。

（该文原载于《教育导刊》2007 年第 8 期，人大复印资料《中小学教育》2008 年第 1 期全文转载）

广东省农村教师继续教育课程实施现状及需求的调研分析①

摘要：农村教师的发展更加需要关注。通过问卷、访谈等方式对农村中小学教师继续教育课程实施情况与需求进行调研，发现农村中小学教师继续教育课程实施与学生的需求、教师继续教育目标仍有较大的差距，农村中小学教师对课程理论与新课程的理解不透彻。因此建议设立农村教师异地交换学习与培训制度，改善农村中小学教师继续教育课程实施空间；完善课程开发机制，系统规划各类课程；强化与深化课程理论培训。

关键词：农村教师；继续教育；课程；异地交换学习与培训制度

对比城市教师，农村中小学教师的发展更加需要关注。2010 年颁布的《国家中长期教育改革和发展规划纲要（2010—2020 年）》提出"以农村教师为重点，提高中小学教师队伍整体素质"。对于他们的继续教育，目前课程设置与实施现状如何呢？他们对课程内容及实施方式有什么需求与期望呢？本文运用问卷、访谈等方式对此进行调研与分析，以期为改进农村教师继续教育课程及其实施方式提供依据。

一、对农村教师继续教育课程设置与实施现状的调研

（一）对脱产学历教育课程与实施情况问卷调查

1. 调查对象

在我院 2006、2007 级全日制成人高等教育学生中开展抽样调查。② 抽样

---

① 本文是作者主持的广东省教育厅"广东省高等学校继续教育改革和发展战略与政策研究"立项项目"农村教师继续教育课程研究"成果之一。

② 本次调查对象为广东教育学院全日制成人教育学生。广东教育学院（于 2010 年 3 月更名为广东第二师范学院）原作为广东省内唯一一所省属成人高等师范本科院校，其成人教育学生来自全省各地的农村中小学，所以对他们的调查具有代表性。本课题研究时间跨度长，从 2006 年开始酝酿，于 2007 年 7 月开始进行调研。当时学院只有 2006、2007 级两个年级全日制成人高等教育在校学生，故以他们为调查对象。

方式是：40人以上班级抽样50%；40人以下班级全部填写。抽样共发放问卷773份，回收有效问卷549份，回收率71%。抽样共涉及英语教育、汉语言文学、思想政治教育、应用心理、数学教育、物理教育、化学教育、生物科学、美术教育、计算机科学技术等10个教师教育专业。

2. 调查工具

选用华南师范大学为检查新增专业基本情况而专门设计的调查问卷。① 该问卷将34道客观题分为对专业的评价、对教学的评价、对教师的评价和对自己参与的评价四类。每个题目分5个等级：极不赞同、不赞同、无所谓、赞同、非常赞同；得分分别为1、2、3、4、5分。根据本课题的研究目的，本调查选取其中6个与课程设置及实施相关的题目进行问卷。如下表：

序号	项目内容	极不赞同	不赞同	无所谓	赞同	非常赞同
1	我认为所学专业课程设置合理	1	2	3	4	5
2	我所学专业知识实用性强	1	2	3	4	5
3	我认为教学内容新颖前沿	1	2	3	4	5
4	我认为教学内容信息丰富	1	2	3	4	5
5	我认为实践教学内容丰富	1	2	3	4	5
6	我认为教材选用权威适用	1	2	3	4	5

3. 调查结果

总体来说，学生对各专业课程设置与内容认同度不高，对实践教学、教材老化问题的反映尤其突出。具体得分如下表所示：

序号	项目内容	最小值	最大值	标准差	平均值
1	我认为所学专业课程设置合理	1	5	1.05	3.19
2	我所学专业知识实用性强	1	5	1.16	3.31
3	我认为教学内容新颖前沿	1	5	1.07	3.04

---

① 该问卷内容全面，描述准确简练，结果便于统计与解释。广东教育学院2006年5月曾选用该问卷对院内新增普通高等教育本科专业教学情况进行摸底调研。实践证明，该调研结果可为后续的行动改进提供全面的参考，而且体现了以学生为中心的课程与教学改革思路。这与本课题研究的目的和取向一致，故也选用了该问卷。

续上表

序号	项目内容	最小值	最大值	标准差	平均值
4	我认为教学内容信息丰富	1	5	1.08	3.10
5	我认为实践教学内容丰富	1	5	1.10	2.92
6	我认为教材选用权威适用	1	5	1.15	3.11

（二）函授学历教育课程设置与实施情况

2004 年以来，笔者负责全院各类型各层次课程计划管理并参与成人本科师范教育核心课程"现代教育理论"教学，到全省各地上课，对这方面情况有较深入的了解。目前，函授学历教育课程基本上是脱产学历教育课程的压缩与简化版，表现为函授教育课程设置基本没有选修课与实践性课程。课程实施手段单一、保守，灌输式的课堂讲授占据主导地位。而且教师在职接受继续教育，面临许多客观条件的限制，因此就出现了以减少数量、降低难度、变通标准为典型特点的课程体系，出现了集中和相对集中的面授形式。

同时，为了适应学员的需要（节省开支、减少工学矛盾等），学院根据生源所在地情况，在各地设立分教点，让学员"就近入学"。院内开办的函授班越来越少。也就是说，大部分函授学历教育是在当地进行的。

（三）农村中小学教师培训课程实施问题：以广东省饶平县与惠东县为例

本课题对广东省饶平县与惠东县农村教师培训情况进行了调研。饶平县教育局领导对继续教育及校本培训工作非常重视，成立了教师继续教育领导小组。自 2003 年饶平县实施新课程以来，教育局组织教研室和进修学校的教师先后对全县 21 所中小学继续教育情况做了检查，发现主要存在以下问题：

一是认识问题。校本培训是针对学校教育教学中存在的问题，在教育局教研室教师及县学科带头人指导下由学校安排的各种实际培训活动。但有部分教师对校本培训的认识不十分到位，造成校本培训的效果大打折扣。

二是培训方式的单向性和封闭性。学校的培训方式大多是外请专家理论讲座、外请名师上教学观摩课。这种单一的"灌输式"的培训方式，忽视了教师的主体地位，导致交流的封闭性，整个培训气氛沉闷，使培训失去生机，也抑制了教师的主动性和能动性的发展。

三是培训内容重理论、轻实践。采取的培训方式是将全体教师集中起来由县教研室教师，或教师进修学校、汕头教育学院教授进行培训。没有结合学校的实际情况，与教育实践脱节，教师的主动性得不到发挥。

四是工学矛盾突出，培训时间难以安排。教师的教学任务繁重，教学和参加进修培训的矛盾非常突出。校本培训时间都安排在双休日，这虽然没有跟上课时间冲突，但大部分教师意见很大。他们认为，在双休日参加培训，放弃了休息时间，使人感到身心疲惫，会影响下个星期的教学工作。

惠东县在2008年教师培训总结中认为除了认识问题、工学矛盾、培训流于形式影响培训效果外，更突出的问题是培训经费不足。由于经费来源困难，组织骨干教师到外地参观考察不能实现，难以开拓教师视野和吸收外地先进经验。同时也难以组织普通教师参加更大规模的、更到位的集中培训。

二、对农村教师继续教育课程需求的调研

学生的需求是课程研制的基本出发点。为此，本课题进行了问卷调查，了解农村教师对课程设置与课程实施方式的需求和期望。

（一）调查对象与题目

本调查展开时间为2009年5月，调查对象是我院2009级汉语言文学、英语教育、数学教育与美术教育专业成人高等教育本科脱产学习学生；发放150份问卷，回收有效问卷133份，回收率88.7%。题目如下：

序号	题　　目
1	目前你所学专业的哪些课程对你具有吸引力，你认为还应该增加些什么类型的课程？
2	你认为你所学专业采用什么样的教学形式较好？
3	在不增加经济负担的前提下，你希望在哪里接受脱产学习或培训？A. 本地；B. 外地
4	你为什么希望在本地或外地学习？
5	对课程理论与新课程理念，你的了解程度是：A. 十分了解；B. 了解；C. 知道一点；D. 一点也不知道
6	你渴望理解课程理论与新课程理念的程度是：A. 十分渴望；B. 渴望；C. 一般；D. 无所谓

（二）结果

第 1、2 题是针对课程设置与教学形式设计的。在课程设置方面，学生对实践性课程、社会调查、参观访问等十分渴望。学生普遍强调课程的"实用"性，对"理论"有排斥倾向，对理论学习在达成培养目标中的作用缺乏正确认识，功利化倾向明显。在教学形式上，学生填写"师生互动、自由交流、学生参与、多媒体教学、理论联系实际、研究性学习"等频次最高。学生强烈反对照本宣科。

第 3、4 题是针对课程实施空间设计的。选择"本地"的是 56 人，占 42.1%；选择"外地"的是 77 人，占 57.9%。对"你为什么希望在本地或外地学习"这道题，学生的回答非常一致。选择本地的原因是：方便、照顾家庭、减少负担。选择外地的理由是：增长见识、开阔视野、增加游历机会、可以换换环境、交流互补、外面的世界很精彩等。

第 5、6 题是根据课程改革背景下教师继续教育目标任务的要求设计的。结果如下：对课程理论与新课程理念的了解程度，"十分了解"的 4 人，占 3.0%；"了解"的 35 人，占 26.3%；"知道一点"的 84 人，占 63.2%；"一点也不知道"的 10 人，占 7.5%。渴望理解课程理论与新课程理念的程度，"十分渴望"的 33 人，占 24.8%；"渴望"的 70 人，占 52.6%；"一般"的 27 人，占 20.3%；"无所谓"的 3 人，占 2.3%。

在进一步的访谈中，发现大部分学生渴望"开阔视野"。比如说："教然后知不足，在不断的实践中，我发现自己的知识面还是比较狭窄的，要想有更大的发展，必须拓展自己的视野，寻找更宽的发展空间。""教师视野的狭隘也造成了学生知识上的贫乏。我之所以选择来读书，坦诚地说，是因为在任教过程中发现自己的知识面还是那么狭窄，还存在着很多的空白。因为要当一名优秀的受学生欢迎的老师，你就一定要使你的课堂生动，能旁征博引，让学生获得多方面的知识，而不只是禁锢于课本里面的。""我期望课程让我们有更多的机会与时间开阔我们的视野，能组织我们参观好的学校，并能参与实践活动，更直接地感受新课程。""作为一名原是山区小镇教师的我，一些理论性的知识收获固然重要，但就我个人来说，增长见识、开阔视野更重要。"

三、分析

（一）问题

1. 农村中小学教师继续教育课程实施现状与学生的需求、教师继续教育目标仍有较大的差距

从整体上看，学生对目前课程与课程实施方式满意度不高。无论是学历继续教育，还是短期培训，从课程内容来看，都存在重理论轻实践、内容陈旧空洞、学科前沿内容未能进入课程、课程结构比例失调等问题。从课程实施方式看，则是单向性和封闭性的偏多。这与学生需求背道而驰。如学生对实践性课程、社会调查、参观访问等十分渴望，喜欢"师生互动、自由交流、学生参与、多媒体教学、理论联系实际、研究性学习"等教学形式，强烈渴望开阔视野。大部分教师希望能到外地接受学习或培训。但我们的课程中重课堂内的讲授忽视课外的拓展锻炼，课程实施手段单一、保守，课程实施空间狭窄。

农村中小学教师继续教育课程设置与实施现状和继续教育目标要求也有差距。1999 年 6 月中共中央、国务院颁布了《关于深化教育改革　全面推进素质教育的决定》中明确指出："优化结构，建设全面推进素质教育的高质量的教师队伍。"在该文件中，首次提出师资培养、培训的重点是提高教师实施素质教育的能力与水平。课程改革是实施素质教育的突破口。在课程改革的背景下，教师教育目标是要让教师理解课程理论，熟悉我国新一轮基础教育课程改革特点，提高对新课程的适应与教学能力，初步形成课程意识及课程开发能力，促进教师专业化发展。但从课程设置及其实施效果来看，离这个目标尚有距离。

2. 农村中小学教师对课程理论与新课程的理解不透彻

近几年，随着各类新课程培训的展开，大多数教师对课程理论与新课程理念都"知道一点"。但许多培训如蜻蜓点水，且脱离农村教师实际需要和已有知识基础，所以造成"十分了解"课程理论与新课程理念的微乎其微。在其他的一些调查中，也有同样的结论。如反映"教师没有系统的专业理论培训，专业素养不足，课程意识缺乏"①，"现任教师对新课程所倡导的教学

---

① 胡卫平，等. 小学新课程实施现状调查报告［J］. 课程·教材·教法，2005（2）：8 - 14 .

理念、课程内容、学习方式、教学评价等教学理论和实践问题认识不足，体验不够"①。

（二）对策

1. 设立农村教师异地交换学习与培训制度，改善农村中小学教师继续教育课程实施方式

在调查中，大部分农村教师希望在外地接受脱产学习或培训，渴望能真正开阔视野，促进自身发展的课程与课程实施形式。要加强农村教师继续教育课程与课程实施方式的理论研究与实践探讨，提高继续教育的实效，在改善课程实施方式方面，需要更多的外在条件保障。《国家中长期教育改革和发展规划纲要（2010—2020 年)》中提出"完善教师培训制度，将教师培训经费列入政府预算，对教师实行每五年一周期的全员培训"。因此建议设立"农村教师异地交换学习与培训制度"。这样做的好处是提高课程实施的效果，以真正促进农村教师的发展。具体表现为：

一是拓展课程实施空间，开阔农村教师视野。农村教师在接受继续教育时，大多只能"足不出户"，造成培训效果大打折扣。因为长期在封闭的环境中学习生活，视野狭隘，心灵会感到压抑，教师的自我超越本性被压制。每一种文化或环境都有其特点，又都有其局限性，接触过多种文化或环境的人无疑更具有开阔的视野。设立农村教师异地交换学习与培训制度，使他们有机会在广阔的空间中学习，有机会接触更多不同的人和事，获得丰富的学习经历与发展资源。

二是满足农村教师作为人的基本渴望。他们选择外地学习或培训的理由高度一致：增长见识、开阔视野、增加游历机会等。这体现了农村教师作为人的本性要求。从人类学的视角看，人具有"向广度进军"的种种需求和行为，具有走出狭窄空间的种种冲动。② 设立农村教师异地交换学习与培训制度，可以满足农村教师作为人的基本渴望。

目前，在干部培训（包括校长培训）中，异地学习与培训的做法还是较普遍的，可以引进到农村教师继续教育中去，探索农村教师异地交换学习与培训制度实施的基本做法与支撑条件。如承接农村教师脱产学历教育的省内外高校，可以联合起来，互相派遣（交换）一定数量学生到对方学校学习一

---

① 段兆兵，朱家存. 多维立体：我国教师教育课程设置的构想［J］. 课程·教材·教法，2009（4）：79 – 83.

② 博尔诺夫. 教育人类学［M］. 李其龙，等译. 上海：华东师范大学出版社，1999：86 – 87.

段时间（一学期或一年），互相承认学分。对于短期培训，则可以直接交换学生。如广东的培训可以放到江苏去进行，同样江苏那边的培训项目交换到广东来实施。当然，这样做之前一定要对课程方案、管理细节等进行充分论证。

异地学习肯定会大大增加成本。因此各地要设立专项经费，落实《国家中长期教育改革和发展规划纲要（2010—2020年)》中的精神，为该制度实施提供经济保障。

2. 完善课程开发机制，系统规划各类课程，建立课程结构比例合理的与培养目标相适应的课程体系

一是要从学科发展本身与社会需求出发，与时俱进开发新课程和更新课程内容。脱产学历教育要从培养目标和专业定位出发，找出各专业的核心课程与核心技能，研讨核心课程与核心技能训练的实施，改变一些课程设置过于繁杂和效率不高的现状，与时俱进地开发新课程。同时更新学科教学内容，课程内容体现社会进步和当代科技发展，反映各学科的发展趋势。

二是要从学生实际与需求出发，有针对性地设置培训课程。教师参加继续教育一方面是想开阔视野，提高自己的教育理论素养；另一方面就是想在教育教学实践中提高各种教育技能，能够较好地处理教学实际中遇到的各种问题。在2000年公布的《中小学教师继续教育工程方案（1999—2002年)》中，教育部规定了针对在职教师的继续教育的行动计划：一是新任教师培训，二是教师岗位培训，三是骨干教师培训，四是提高学历培训。在这些培训中，不同群体其实际情况与具体需求有异。因此要正确定位每个培训项目的工作目标，具体研制课程方案，以加强教师继续教育课程设置的针对性、实效性。具体要考虑的是：课程该如何安排才能更有效更合理？如何处理好各类培训中理论基础课程与实践课程、学科课程与活动课程、学科专业课程与教育专业课程的比例关系？如何保证所开设的实践课程能给教师以启迪？如何使教育理论确实能指导教学实际？课程设置如何主动适应基础教育课程改革和发展的需要？

3. 强化与深化课程理论培训

教师课程意识缺乏是课程改革的难题。课程改革要求教师发展同步跟进。但在实践中，教师普遍感到对新课程"心中无数"，"教师在课程改革中遇到的诸多实际困难，看似是操作方面的，实际上是由课程意识的缺乏造

成的"①。根据课程改革的需要与教师继续教育课程存在的问题，要强化与深化课程理论培训。

在课程理论培训中，要从教师已有的课程观出发，探讨各种新旧课程概念的内在联系，深化教师的认识，避免教师产生误解与迷茫。如教师的分科课程概念根深蒂固，而本次课程改革中提出了课程综合化问题并开设了综合课程，因此，要讲清分科课程与综合课程的关系及其表现形式。如教师原来脑海里只有学科课程与知识传授概念，当课程改革中引进经验课程理念而导致教师顾此失彼时，要帮助老师厘清课程内容、知识与经验、活动的关系。如针对教师实施新课程能力的不足，要让老师深刻理解课程的发展功能与不同课程的价值及其作用于学生发展的方式，引导教师的课程行动。

总之，从各种调研看，当前农村教师继续教育课程设置与实施存在问题仍较多，与农村教师需求及新时期教师继续教育目标尚有较大差距。农村中小学教师继续教育课程改革不单包括课程体系的完善，也包括课程实施方式的改进。要基于农村教师的实际深化课程理论培训，设立农村教师异地交换学习与培训制度，拓展课程实施空间，开阔农村教师视野。

（本文原载于《广东教育学院学报》2010 年第 6 期）

---

① 许洁英. 课程意识：新课程中教师发展的生长点 [J]. 课程·教材·教法，2004（10）：78 - 81.

优化培训的物理空间是改进农村
教师培训的关键

——空间哲学的视角①

摘要：当前农村教师培训的低效现象，亟待改进。从空间哲学角度看，人的存在与发展具有空间性，个体经历的物理空间差异对精神空间的发展具有重要意义；农村教师发展不足是由其长期狭窄封闭的生活空间决定的。这要求优化农村教师培训的物理空间。优化培训的物理空间是改进农村教师培训的关键，它可以促进农村教师精神空间发展和意识觉醒，有助于培养农村教师创新能力。

关键词：农村教师；培训；物理空间；精神空间；发展

对比城市教师，农村中小学教师的发展更加需要关注。《国家中长期教育改革和发展规划纲要（2010—2020 年）》提出"以农村教师为重点，提高中小学教师队伍整体素质"。但是，当前农村教师培训效益低下，亟待改进。本文从空间哲学的视角，基于对人的发展机制的探讨及农村教师发展现状的分析，反思当前农村教师培训低效的根源，提出优化培训的物理空间是改进农村教师培训的关键。

一、当前农村教师培训的低效现象及其改进

在职培训是促进教师持续发展的重要途径。当前农村教师培训主要是通过校本培训、网络远程培训进行的。校本培训是指在教师任职学校中进行，由中小学自己组织，教师在岗位上接受的培训，是教师不脱产、不远离家门就能接受的培训。校本培训的兴起有多种原因，就农村而言，则主要以投入少、工学矛盾少、方便易行而受到推崇。

---

① 本文是全国教育科学"十一五"规划 2009 年度重点课题"我国欠发达地区农村中小学教师在职培训模式创新研究"（编号：DHA090339）子课题"广东欠发达地区农村教师培训现状调研与改进"的研究成果。

网络远程培训也是当前蓬勃发展的一种培训方式。从理论上看，远程培训可以不受人数的限制，不受时空的限制，几乎不需要额外的培训资金，工学矛盾也少，而且能实现优质资源共享。所以，目前应用越来越多的是把远程培训与校本培训结合起来，通过网络进行校本培训。但这种培训对教师的学习主动性、自觉性要求较高，现实中农村教师恰恰缺乏自主学习的需求与时空，使得远程培训的优势不能发挥。一些调查研究表明，"目前中小学校本培训普遍存在效益低下的通弊"①。校本培训大都安排在双休日，"这虽然没有跟上课时间冲突，但大部分教师意见很大。他们认为，在双休日参加培训，放弃了休息时间，感到身心疲惫，会影响下个星期的教学工作"②。由于平时教学任务繁重，而且很多地方农村教师还要"半工半农"，校本培训反而使工学矛盾更加突出，因此农村教师对校本培训有抵触情绪。

针对校本培训的低效问题，一些研究者提出"建立以需求定供给的多元培训体系"③，改变对农村教师的"具有明显的强制性的'要求型'培训"和"积极建构'需求型'的校本教师培训"④等等。个别有专项经费支持的省市对农村教师培训进行了改进，如北京市的"农村教师研修工作站"培训模式、浙江省的"领雁工程"模式等。这些模式具有与校本培训不同的时空特点，一是在时间上，是脱产学习；二是在空间上，是进城学习。毫无疑问，这种培训比校本培训、网络培训效果会好得多。

但对于为什么农村教师校本培训低效、为什么脱产进城学习会比校本培训效果好、如何改进农村教师培训等问题，仍需要深入研究。农村教师培训也要遵循人才成长规律。从探讨人的发展机制及农村教师发展现状出发，有助于回答这些问题，得出"优化培训物理空间是改进农村教师培训的关键"的结论。

二、人的发展机制及其对教师培训空间提出的要求

关于人的发展机制，有很多研究，这里从空间哲学角度进行探讨。20 世

---

① 吴文生. 创新校本培训模式　促进教师专业成长［J］. 中国教育学刊，2007（3）：72 – 74.

② 陈彩燕. 广东省农村教师继续教育课程实施现状及需求的调研分析［J］. 广东教育学院学报，2010（6）：34 – 39.

③ 张志越. 农村教师培训现状调查与策略研究［J］. 教育理论与实践，2011（1）：38 – 41.

④ 杨晓奇. 基于教师学习资源中心的农村教师校本培训：来自甘肃榜罗的启示［J］. 中小学信息技术教育，2008（4）：74 – 76.

纪后期，西方思想界发生了某种"空间的转向"，空间不再被当作僵死、刻板、非辩证、静止的东西，而是被看成富有启发和理论生命力的概念。空间哲学主要研究人与空间的相互关系，空间表象的种类性质和它所要求的现场性的特点，以及现代社会功能系统运转的空间特征等。从人与空间的关系看，首先人的存在与发展具有空间性。不同环境（空间）给予人不同的视野，影响人的发展。如生活在内陆与生活在沿海的个体，必有不同经验，心理特征也有异；生活于开放空间与封闭空间的个体，其精神气质肯定不同。"人的主体性建构、自我意识的形成都有着深刻的外在空间影响的痕迹"，"如果空间以某种方式属于世界，那么世内的存在者就必定具有空间性"。①"井底之蛙""一方水土养一方人"等说明的便是这样的道理。列斐伏尔将空间分为三类，第一是物理的空间，即自然、宇宙，这是我们的身体和感觉所占据的空间；第二是精神空间，包括逻辑抽象与形式抽象，这是逻辑—认识论的空间；第三是社会空间，即我们社会实践的空间。② 三者是相互联系的，个体生存的物理空间影响其精神空间，精神空间反映人的物理生活空间，个体怀着一定的精神空间在一定物理空间中展开实践，这种实践构成了社会空间。如全球旅行的人，你让他有"小农意识"不容易；足不出户的农民或农村教师，你让他具有世界视野与国际意识，也不大可能。具有"国际视野"与具有"小农意识"的个体或群体，其社会空间肯定迥然不同。

其次，人的成长与身心的时空拓展是同步的。从人的成长过程看，人的一生其实是一个不断扩展时间与空间的过程，同时也是一个不断发展的过程，两者相辅相成。空间存在具有时间性，时间进程也是不断拓展空间的过程。如胎儿瓜熟蒂落来到这个陌生好奇的世界，婴儿开始接触到的是一个在时间和空间上都极其有限的环境。这个环境，随着他自身能力的增强，不断扩展。当婴儿学习抓、爬、行走、说话的时候，他经验的内容与范围便扩大了。他和新环境、新事物和新事件接触时，就激起新的力量。而这些力量的运用，便扩大了他的经验，他生命的时间与空间便扩展了。时间与空间的拓展促进人的发展，人的发展又促进个人生活时空的扩大。人的成长是个体生活时空的反映，生活时空体现个体的发展程度。

再次，身体经历的物理空间差异对精神空间的发展具有重要的意义。这从许多杰出人才成长过程可以看出来。如康有为在叙述自己思想转变时说："于是舍弃考据帖括之学，……得西国近年汇编环游地球新录及西书数种览

---

① 童强. 空间哲学［M］. 北京：北京大学出版社，2011：8，71.

② LEFEBVRE. The production of space［M］//童强. 空间哲学. 北京：北京大学出版社，2011：41.

之，薄游香港览西人宫室之瑰丽，道路之整洁，巡捕之严密，乃始知西人治国有法度不得以古旧之夷狄视之，渐收西学之书，为讲西学之基矣。"① 孙中山 1878 年离家赴檀香山，"始见轮舟之奇，沧海之阔，自是有慕西学之心，穷天地之想"（见孙中山故居中孙中山生平介绍）。百闻不如一见，个体以自己身体经历他所在的空间、以身体位移的方式经历差异空间，更容易引发心灵成长。这样的例子不胜枚举。这也印证了脑科学的研究成果"益智是大脑在对比反差环境中产生的积极的生物反应"②。这些都说明经历的空间差异对人才成长的意义。

遵循人的发展机制，教师培训要在广阔的有差异的空间中进行，才能有效促进教师发展。改进农村教师培训的基本理路，正在于此。

三、农村教师的发展现状及其对优化培训物理空间的需求

从人的发展机制对照农村教师的生活时空，农村教师发展状况堪忧；从人的发展机制看当前农村教师培训，其低效是情理之中。优化培训物理空间是改进农村教师培训的关键。

从空间哲学角度看，农村教师发展不足是由其长期狭窄封闭的生活空间决定的。农村教师与城市教师相比，既有先天不足，又有后天劣势。城市里长大的孩子一般不会到农村当教师，农村教师参加工作之后便很难获得时空的进一步拓展。他们外出参观学习的机会很少，常常只能利用业余时间，在当地设的各类分教点、函授站，甚至是任职的学校"足不出户"地被动地接受培训。同样，由于经济窘迫，农村教师在寒暑假里也没有外出旅游的机会。规范的生活、狭隘的生活、重复的生活是长期以来教师主要的生存状况。③ 对农村教师来说，更是如此。"心灵的本质是心理的东西同一于物理的东西"④，由于长期在狭窄的封闭的没有差异的空间中工作生活，农村教师视野狭隘，心灵压抑，自我超越本性也被压制。

当前农村教师培训，其实施空间主要是在本地，是在学校，其给农村教

---

① 沈灌群，毛礼锐. 中国教育家评传：第三卷 ［M］. 上海：上海教育出版社，1989：202.

② JENSEN E. 聪明的秘密：发掘大脑潜能的 7 个法则 ［M］. 杜争鸣，钱婷婷，译. 上海：华东师范大学出版社，2008：35.

③ 吴惠青. 论教师个体的生存方式 ［J］. 教育研究，2003（6）：42－45.

④ 高新民，储昭华. 心灵哲学 ［M］. 北京：商务印书馆，2002：13.

师提供的时空依然是狭窄的陈旧的，没有打破教师习以为常的时空方式，教师所处的物理空间没有变化，精神空间也没有得到触动。这与人的发展机制是矛盾的。当前农村教师培训方式的选择，只考虑了实际困难，少考虑人的发展规律。其培训效益低下，根源便在于此。

另外，据笔者的口头访问，广州市一些重点小学的校长或主管教学的副校长，认为校本培训对教师的提高"作用还是挺大的"。为什么大城市里的一些重点学校较认可校本培训？这是因为这些学校的教师发展程度较高，专业发展自主性较强，而且已有较多的出省甚至出国游学的开阔视野的机会，校本培训、网络培训能与之起到互补的作用。对于已经很闭塞的农村教师，再继续放在闭塞的环境里被动地接受培训，效果只能适得其反。这要求首先要优化培训的物理空间，这是改进农村教师培训的前提与关键。

当前普通高校教育教学改革中，逐渐重视通过第二校园学习、国际交流、社会实践等拓展学生的学习空间。这体现了对人的发展机制的把握。农村教师由于先天发展不足，对他们的培训更要遵循人才成长规律，优化培训的物理空间，拓展农村教师的视野。

四、优化培训物理空间，促进农村教师发展

根据人的发展机制，优化培训物理空间，是指让农村教师有机会到异地、到不同于其工作生活环境的地方、到学校以外的地方去参加培训，而不是仅局限在本地、在农村教师熟悉的地方、在学校参加培训。

1. 优化培训物理空间，可以促进农村教师精神空间发展和意识觉醒

由于长期处于一成不变的狭窄的单调的环境中，缺乏精神成长的外在刺激，农村教师日渐保守麻木，自主发展意识缺乏。"教师意识觉醒是当前国际教师教育的前沿课题"，"教师意识觉醒是教师建立主体性，发展自主性，活出解放教育理想的关键"。[①] 而"对教师具有可持续发展意义的最理想的发展样式是教师的自主发展"[②]。因此改变农村教师的精神面貌，促进其意识觉醒，是农村教师培训的首要任务。

我们对空间的认识过程是从物理空间开始的，物理空间具有起源性。如前所述，身体在空间中的存在方式在很大程度上揭示人的存在方式，身体经历的物理空间差异对人的成长具有巨大的刺激作用。"目既往返，心亦吐

---

① 姜勇. 关于教师专业意识的研究：从角色隐喻看教师专业意识的觉醒 [J]. 教师教育研究，2006（5）：7－11.

② 金美福. 教师自主发展论 [D]. 长春：东北师范大学，2003.

纳"，个体所处的环境直接影响他的内在体验，自然环境造就了精神环境，空间创造活动，通过开阔眼界可以打开心胸。优化培训物理空间，让教师能到有差异的地方去学习，可以刺激心灵成长。

眼界和心胸开阔了，可以促进农村教师意识觉醒。不同的环境有不同特点，其他行业与工作场所也有别于学校并或许比学校有更大的开放性。到异地、到学校以外的场所参加培训，农村教师成为"陌生的异乡人"，带着惊奇眼光审视眼前一切，然后再作"返乡的陌生人"，反思"故乡"，直面差异，不再视一切为理所当然。新异的刺激才容易引起注意和触动心灵，和新环境、新事物、新事件接触时，容易激起新的力量，从而促使农村教师沉睡的意识觉醒。

2. 优化培训物理空间，有助于培养农村教师创新能力

陶行知提出了"六大解放"（解放眼睛、双手、头脑、嘴、空间、时间）以解放儿童的创造力，他说："我们要解放小孩子的空间，让他们去接触大自然中的花草、树木、青山、绿水、日月、星辰以及大社会中之士、农、工、商、三教九流，自由的对宇宙发问，与万物为友。解放了空间，才能搜集丰富的资料，扩大认识的眼界。"① 对教师，也要如此。优化培训物理空间，实质是让农村教师能获得一定的异地旅行经验，开阔眼界。

旅行是空间的移动，创新是在差异中产生的。一个人到一个陌生的地方，看到一些不同，转而惊讶，然后对比，觉得好，于是仿效、改进。这样，创新便产生了。有学者指出，理论一词的原初意象"指在空间上的离家与回归，强调不同空间差异所产生的距离、转换。简言之，理论即旅行——指脱离中心、离开家园熟悉的环境，到另一个陌生的、异己的文化空间的旅行。旅行作为空间实践，是经验的积累方式，是以自然之道求取文化之道的途径"②。优化培训物理空间，有助于培养农村教师的创新能力。

因此，优化培训的物理空间是改进农村教师培训的关键。农村教师发展问题事关基础教育发展的大局，与其基于现实选择简便、省钱但低效的培训方式，不如遵循人的发展规律，优化培训物理空间，以促进农村教师发展。

（本文原载于《教育导刊》2012 年第 10 期）

---

① 方明. 陶行知教育名篇［M］. 北京：教育科学出版社，2005：325.

② 彭兆荣. 走出来的文化之道［J］. 读书，2010（7）：81 – 87.

《在校园里"养心"》① 序言

文如其人，人如其文；做人即做事，做好人便有做好事情的根本。我很乐意并深感荣幸地为伟贞的书作序，正是出于对她做人做事境界的了解。心底无私天地宽，一个总是乐呵呵地做事，坦坦荡荡地为学生、教师、学校的发展服务的人，其文稿立意自然清新高远。

我与伟贞是大学同学，是好朋友。大学毕业后我们都痴心地从事着教育的事业，我侧重于理论思考，建树不多，伟贞则开展了富有成效的行动研究，声名威望甚远。近几年外人总说我们貌似姐妹，其实我们更多是神似。情同于心而形于外，貌似乃神似所致。所以由我来解读作者文字后面的心灵故事，自然也确切。

伟贞先后在广州市文德路小学任教师、副校长，在广州市朝天路小学任党委书记，现在广州市越秀区大沙头小学任校长。在承担繁重的学校管理工作之余，她依然坚持上课与课题研究，并指导青年教师上优质课，甚至节假日去当志愿者、做义工。其工作强度之大，可以想象。但每次见到她，她都意气风发，没有半点为工作为事务所累的迹象。说起学校、教师、学生成长的事，她如数家珍，眉飞色舞。人的心灵就是人的一切，你有什么样的心灵，决定你做什么样的事，决定你成为什么样的人。试想，若没有一种精神，没有一颗超越现实的心灵，没有一种理想情怀，能够如此做事吗？在伟贞那里，工作着是快乐的，为他人做事是幸福的。这在她文章的字里行间，也流露出来。

本书记录了伟贞在学校管理、教师专业发展、学生成长方面的思考与实践沉淀。作者其人其事，至少有两种典型意义。

一是启示教师发展之路的意义。金美福博士在对许多名师进行个案研究之后，得出结论：对教师具有可持续发展意义的最理想的发展样式是教师的自主发展；教师自主发展的影响因子是人生追求与目标、知识资本、教育研

---

① 林伟贞. 在校园里"养心"［M］. 广州：广东教育出版社，2013.

究。① 志当存高远，人生追求与目标是影响教师发展的首要因子。伟贞以自身发展历程，印证了名师的成长之路。她在本书中也具体论述了其体会，如提出教师健康的人格是职业生涯的基本素养，教师正确的自我认识有助其正确规划职业生涯，成就动机影响教师的专业成长等。

二是精神境界对幸福人生的意义。时下，在一片功利与浮躁中，"常戚戚"之"小人"越来越多，"坦荡荡"之"君子"越来越少。幸福是每个人的追求，"常戚戚"之人往往为物质所累，为形体所役，做人做事患得患失，反而得不到幸福；精神坦荡荡之"君子"不为物累，不为形役，送人玫瑰，手留余香，助人为乐，反而活出真我的风采，活出幸福生活的真谛。道德道德，有"道"才有"得"，过有德性的生活，快乐做事，善良待人，才能有所得。伟贞的幸福快乐就在于此。我强调这一点，是因为越来越多的人迷失了精神境界于幸福生活的"道"，想借此表达我对当今重物质轻精神导致系列危机的一种关注和清醒。人，真的要活出一种精神。伟贞，活出了一种精神！

总之，伟贞其人其事其文给人的启发是很多的。开卷有益，基于我对作者的了解，我相信，不管您是一名学校管理者，还是一名教师，或是作为家长，阅读本书都是有益的。

---

① 金美福. 教师自主发展论：教学研同期互动的教职生涯研究［M］. 北京：教育科学出版社，2005.

第三部分　高师人才培养模式

尽早谋划人才培养蓝图，
探索人才培养模式改革

摘要：学院改制成功，要认清形势，尽早谋划人才培养蓝图，探索人才培养模式改革。一是在全院范围内展开人才培养目标的探索；二是培养师范生的课程开发能力；三是着力于开阔学生视野，探索人才培养模式改革。

关键词：改制；人才培养蓝图；人才培养模式

学院改制成功，为学院获得了新的发展平台；学院更名为"广东第二师范学院"，更让人扬起很多期望和遐想。学院今年便将以普通高等院校身份招收本科生，对首批新生如何培养，将对后续招生及学院形象影响甚大。借此时机，学院应该尽早谋划人才培养蓝图，探索人才培养模式改革。

一、基本情况分析

我们有过十几年举办普高本科师范教育专业的历程，但对比省属几所师范院校，我们没有更多的优势。首先，从生源看，没有优势。我院和华南师范大学不可同日而语。粤东、粤西两翼的韩山师范学院和湛江师范学院作为老牌的师范学院，在当地都有不错的口碑，而且这两所学校都在全国部分省市招生，也优化了生源。从办学条件看，我们更加没有优势。硬件的差距很大，我们的观念也有待更新。我院普高本科招生停止了5年，这5年也是教师教育大讨论大改革时期。我们要把这5年的课补回来。

我院有地域优势，还有个好的校名，加上广东教育学院55年的办学历史与经验，会让人扬起很多期望和遐想。但这些都很脆弱，稍不注意便会击破人的"想象"。鉴于目前的情况，学院还必须同时在软件上用力，要在提升人才培养质量与形成特色上用力。因此，建议学院尽早谋划人才培养蓝图，探索人才培养模式改革。

二、"谋划人才培养蓝图，探索人才培养模式改革"的思路与建议

1. 思路："钱学森之问"与当前高校课程及人才培养模式改革

学校的声誉是靠毕业生质量提升的。"名校"是培养了"名人"的学校，名师范院校就是培养了"名教师""名校长"的学校。"钱学森之问"——"为什么我们的学校总是培养不出杰出人才"提出后，国内一流大学都做出积极回应，并进行人才培养模式改革。重点之一便是着眼于开阔学生视野。

对广阔视野的追求是许多教育家的课程理想。如洛克认为旅行是必要的教学科目；陶行知提出要解放儿童空间、时间，"扩大认识的眼界"等等。联合国教科文组织倡导国际了解课程，"为了熟悉其他社会而能够到国外游历的学生仍然是少数。但是全部学生都应该有机会通过他们的学习计划了解自己文化以外的文化，从而能够意识到人类的统一性。……但是现在，世界各国制订的课程计划，除少数外，仍旧是狭隘得使人可怕"。

在目前国内外很多大学课程与人才培养模式改革中，这些课程理想在逐渐转化为现实，课程计划"狭隘得使人可怕"的现象逐渐改变。表现为课程设置与实施空间突破了课堂的限制而走向其他学习场所；突破某一系、某学院、某一学校的限制而走向跨系、跨学院选课，甚至跨校、跨国学习；突破书本学习的限制而走向广阔的"田野"等等。当前英美很多大学鼓励学生到大学外的其他地方如公司或其他公共机构工作一整年，创造条件让学生获得体验外国生活的机会。如牛津布鲁克斯大学在欧洲、美国、加拿大和澳大利亚有许多合作机构，学生交换到这些机构学习，在那儿获得的学分可以转为本校的学位课程学分。这种改革的优势在于扩展学生视野，以大视野促进大发展。

在我国，也有越来越多的高校发展国内外合作办学，探索各种方式以开阔学生视野。如钱老的母校上海交通大学长期积极拓展国际化办学层次，2009 年海外游学比例提高到 22.8%；携手成立九校联盟等。九校联盟（包括上海交大、清华、北大在内的我国 9 所一流高校）签订了《一流大学人才培养合作与交流协议书》，在本科生层面主要开展课程学分互认和学生第二校园学习交换，交换学生可以在另一学校进行一学期或多学期的学习，9 校互相承认交换生在他校学习和交流期间取得的课程成绩与学分。上海交通大学继 2008 年之后，2009 年再居中国大学满意度排行榜榜首。2009 年，国际

合作办学成效斐然，获国家级教学成果一等奖。这说明上海交通大学致力于开阔学生视野与拓展学习资源的改革是符合学生需要与人才成长规律的，体现了课程与人才培养模式改革的大方向。

在我国，随着高等教育大众化及就业市场的矛盾日益突出，目前大学普遍都强调实践能力培养。但对培养视野开阔的人才强调不足，没有充分认识到视野与人的发展的关系。要通过课程与人才培养模式改革，开阔学生视野，培养学生可持续发展能力。

2. 建议

结合我院实际情况，"谋划人才培养蓝图，探索人才培养模式改革"着力点在三个方面：一是在全院范围内展开人才培养目标的探讨；二是除了着力于教师职业技能训练外，要培养师范生的课程开发能力；三是着力于开阔学生视野，探索人才培养模式改革。

（1）关于"培养什么人"问题，对于教师教育专业，我的建议是：培养具有扎实的专业技能与实践能力的应用型人才；培养具有良好师德的人才；培养具有自主发展与课程开发能力的人才；培养具有较开阔视野的人才。这样的目标或许过于"理想化"，但"法乎其上，得乎其中"，可以成为我们努力的目标。

（2）开展师范生参与课程开发的实验，形成我院人才培养特色。本着"人无我有，人有我优"竞争原则，建议学院开展师范生参与课程开发的实验，先找一两个专业或班级试点改革，取得实效后再铺开，以形成我院人才培养特色。这样做有以下两个好处。

一是促进大学生自主发展。最有效、最成功的教育是自我教育！古今中外成大事者，无不是高度自主和善于自我教育的人，无不是善于做课程策划和具有丰富阅历的人。课程，不仅仅是课程表上一个个的科目，不仅仅是固定课室里固定教师冗长的讲授。课程，是学生的学习经历，是个人的阅历，是发展资源。入学教育中要向学生解说人才培养方案，重点说明课程设置与培养目标、生涯发展的关系，让学生明确其在大学四年中的课程责任，学会做课程与人生策划，学会用各种方式开阔视野。

二是培养师范生课程开发能力以适应基础教育课程改革对教师提出的新要求。新一轮课程改革明确规定课程实行国家、地方、学校三级管理体制，学校在执行国家和地方课程的同时，应视当地社会、经济发展的具体情况，结合本校的传统和优势、学生的兴趣和需要，开发或选用适合本校的课程。《普通高中课程方案（实验）》要求："学校要积极进行制度创新，建立行之有效的校内选课指导制度。……班主任及其他老师有指导学生选课的责任，并与学生建立相对固定而长久的联系，为学生形成符合个人特点的、合理的课程修习计划提供指导和帮助。"这赋予教师以课程开发者、课程导师的角色。师范生只有懂得为自己策划课程，才能为学生开发课程，履行课程改革对教师提出的新的角色要求。

（3）探索改革培养模式，与省外同类优质院校联合，交换培养学生，开阔学生视野。目前很多高校都在探索或实行与国内外高水平大学建立联合培养或交换联合培养制度。我校也可以着手探索，可先借鉴"九校联盟"做法，与省外同类高校实行联合交换培养学生。这样可以开阔学生眼界，让学生在有差异的环境中学习，享受更多的学习资源。

三、可行性分析

开展这些建议中的行动需要投入的经费不多，我校现有师资队伍与研究成果也可以为这些改革提供智力支持与理论支撑。对于联合交换培养学生，省外其他同类院校应该也会有同样的需求，很容易一拍即合。

值广东第二师范学院第一批新生即将入校之际，着手准备省外同类院校联合交换培养制度，让部分学生能享受两个学校（两个省）的资源，这是开阔学生视野的很好方式，也是探索高等教育大众化背景下精英教师培养的一种方式。这可以作为一个亮点，在明年招生中扩大宣传，以吸引优质生源。

学院应本着形成教师教育特色或品牌角度去提升学校软实力。诚心希望学院能利用居于省会城市的优势，办成"广东第二"的师范学院！

（本文获广东第二师范学院主办"我为学院发展献计策"征文一等奖，并原载于《广东教育学院报》2010年9月20日第2版）

完善中小学教师培养模式的思考与探索

——以广东第二师范学院为例

摘要："双转型"背景下中小学教师培养面临严重的挑战。根据教师职业特点、教师成长规律及对存在问题的反思，广东第二师范学院坚持以教师教育为特色，并按照四个"并重"——人文教育与专业教育并重、理论教育与职业技能训练并重、教师指导与学生自主发展并重、课内与课外并重的理念，完善中小学教师培养模式，提高人才培养质量。

关键词：中小学教师；培养模式；四个"并重"；协同

21世纪以来，教师教育在"转型"改革中发展。教师培养体制转型——教师教育从封闭的独立的师范教育向开放的教师教育转型引发的问题得失尚未及时清理，当前国家又在引导部分普通本科高校向应用型高校转型。那"双转型"背景下，地方师范院校如何应对？广东第二师范学院对相关问题进行深入思考，坚持以教师教育为特色，认为中小学教师就是应用型人才。是否面向职业规划人才培养目标与设置课程，是判定培养应用型人才和学术型人才的分水岭。据此，学院根据教师职业特点、教师成长规律，提出教师教育应坚持四个"并重"——人文教育与专业教育并重，理论教育与职业技能训练并重，教师指导与学生自主发展并重，课内与课外并重，开展中小学教师培养模式改革，提高人才培养质量。

一、"双转型"背景下中小学教师培养面临的挑战

（一）教师培养体制转型背景下的教师培养质量问题

20世纪末，我国提出构建一个以师范院校为主体，其他院校共同参与的教师教育新体系。由此我国教师培养体制由定向型、封闭型向非定向型、开放型转变，高师院校开始开放化与综合化的办学历程。但新近的调研表明，转型后我国教师培养的质量依然不能令人满意，甚至出现了用人单位认为师

范生质量下降的判断。① 对此，有很多归因分析。如认为生源质量下降、课程设计不合理、新的教师教育体系尚未建立、教师教育从学术制度上没有得到合法的学科支撑等，都造成了教师培养质量下降。笔者认为，还有一个重要的原因是高师院校在开放化综合化后的办学实践中追求大而全，弱化淡化了教师教育。

如从封闭的师范教育体系转型到开放的教师教育体系，意味着师范文化的淡化。当前师范院校师范生招生比例在逐渐缩小，甚至师范生占比低于50%，一些高师院校把注意力放在发展理工科专业，再也难以找到纯粹的师范校园文化，造成师范文化养成教育淡化。这不利于师范生的教师专业思想与情感的形成，而职业道德、职业信念弱化，正是当今师范毕业生的弱项所在。

（二）向应用型高校转型发展背景下的中小学教师培养存在的问题

当前国家、省（市）正在出台相关政策引导部分普高本科高校向应用型高校转型，培养应用型人才。这是当前本科高校的发展趋势和必然选择。在我国本科应用型人才培养模式改革与实践中，总体思路与做法是改变重理论轻实践的传统学术型人才培养方法，强化职业技能训练，延长实践（实训）时间。这对于培养适应经济社会发展要求的人才，适应高等教育大众化的趋势和改善大众化高等教育时代学术型人才培养模式的弊端，无疑是合理的，也是必要的。

培养应用型人才也是高师院校教师教育专业的大势所趋。但在当前的改革探索中，对教师培养与从事一线生产的技术或专业人才的应用型人才培养的模式缺乏自觉的区分。主要表现在教师教育在强调"实践育人"时忽视"理论育人"。在转型发展与应用型人才培养背景下，简单地把"应用"等同于"实践"，教师教育的实践专业主义模式也大行其道，把延长教育实践时间看作是提高教师培养质量的手段。在强调"实践育人"的氛围中，不自觉地把技能提升作为单一目标，忽视"理论育人"，造成新任教师理论积淀薄弱。例如民盟广东省委员会在2015年对广东省惠州市、湛江市、阳江市、韶关市等地方教育局的调研中，用人单位对当前师范毕业生教学技能总体较满意，但认为新任教师专业知识及理论基础不扎实，发展后劲不足。在2015

---

① 教育部普通高校人文社会科学重点研究基地北京师范大学教师教育研究中心.构建我国现代教师教育体系研究报告［C］.教育部教师工作司委托"构建我国现代教师教育体系"研究课题，2012.

年广东省师范生教学技能大赛上，笔者全程参加了历史学专业比赛的现场工作，发现参赛学生在提前准备好的环节上，大都表现不错，但现场回答评委老师提问时，普遍答不到点子上，有些甚至答非所问。这正可以说明学生专业知识及理论基础不扎实，知识储备不足。我国教师培养的质量并不令人满意，其中一个原因正在于此。

即是说，在"双转型"背景下，中小学教师培养面临严峻的挑战。高师院校开放化综合化后弱化了教师培养，应用型人才培养中教师培养与从事一线生产的技术或专业人才培养的模式缺乏区分，造成新任教师未能更好适应基础教育的要求，可持续发展能力不足。对此，广东第二师范学院进行了深入的研讨，认为中小学教师也是应用型人才。是否面向职业规划人才培养目标与设置课程，是判定培养应用型人才和学术型人才的分水岭。应用型人才培养的核心是基于职业的能力培养。面向人的生产的教师职业与面向物质生产的职业，其职业特点及职业能力要求肯定不同，中小学教师培养模式应有自己的特质。因此，学院提出教师培养要坚持四个"并重"——人文教育与专业教育并重，理论教育与职业技能训练并重，教师指导与学生自主发展并重，课内与课外并重。

二、中小学教师培养四个"并重"理念的提出及依据

（一）"双转型"背景下高师院校更要突出教师教育特色

根据"双转型"背景下高师院校发展及中小学教师培养存在的问题，广东第二师范学院认为，高师院校综合化开放化后，不是"去师范"，而是强化教师教育特色；高校向应用型转型和应用型人才培养改革，不是趋同，而是要做精做特做强教师教育。教育部副部长杜玉波指出："高校'同质化'现象严重，许多高校主要精力还是放在追求学科专业'大而全'，专业陈旧雷同，人才培养方式与实际需求脱节。"① 因此，学校提出四个"并重"的培养理念，把它作为完善中小学教师培养模式及突出教师教育特色的一个努力方向。

四个"并重"互相依存，辩证统一，理论与实践有机统一。前两个"并重"——人文教育与专业教育并重、理论教育与职业技能训练并重，更加侧重理念，主要体现于人才培养方案的制订；后两个"并重"——教师指

---

① 杜玉波. 高等教育要更加适应经济社会发展需要［N］. 中国教育报，2014 - 07 - 24（3）.

导与学生自主发展并重、课内与课外并重，则是理念得以实现的保证。缺少学生的自主学习、自主发展与课外学习，前面两个"并重"便不可能实现，人文教育与职业技能训练便落不到实处。

（二）四个"并重"提出的依据

四个"并重"主要是依据教师职业特点、教师成长规律及针对当前高师院校在"双转型"发展中存在的问题提出的。

1. 教师职业特点需要教师具有深厚的人文情怀和丰富的理论素养

教师的职业特点要求教师具有深厚的人文情怀和丰富的理论素养，中小学教师培养模式需要人文教育与专业教育并重，理论教育与职业技能训练并重。

教师职业是一个道德的和伦理的、需要仁心大爱的职业。区别于与物打交道的职业，教师在工作过程中不仅仅是他的"专业技能"在发挥作用，更是他的整体人格在发挥作用。教师人格越高尚，越富有人文情怀，其教育效应越大。2014 年，习近平总书记在北京师范大学与师生代表座谈时提出，要做好老师，就要做"有理想信念、有道德情操、有扎实知识、有仁爱之心"的"四有"老师，其中的"三有"——理想信念、道德情操、仁爱之心，都是关于人文情怀的。相关研究指出，"当前我国中小学教师的主要问题不是学科专业知识的匮乏，也不是教育专业知识的不足，而是人文素养不高。"① 这更加凸显加强教师人文教育的重要性。教师教育是"道"与"术"的结合，"道"是"术"的基础，"道"统摄"术"。真正的教师，以身载道，不仅有术，而且更加有道。术是末，道是本，以道驭术，术便是仁术。教师教育专业不能照搬其他专业应用型人才培养模式和只停留在"术"的层面，必须进入到"道"的境界，才能回归教师培养之本真，以避免"没有灵魂"的"技能"培养。

教师是反思性实践者，这也是教师职业与其他生产一线应用型人才的最大区别。这种特点要求教师要比其他生产一线应用型人才具有更高的理论素养。因为教师是与人打交道，教师的教学实践能力不是单纯的实操能力，其不仅要眼到手到，更重要的是脑到，要学会因人因时因境而异，这种能力的形成要以丰富的理论素养为基础。教学实践需要教师具备与学生互动的能力，互动能力体现教师的教育机智或智慧，这种机智与智慧也需要教师具有

---

① 李群. 让教师为课堂带进人文的阳光：教师教育的博雅化探索［J］. 课程·教材·教法，2007（4）：68－72．

全面的知识素养。"从教师职业特点与教学实践能力形成机制看，理论越丰富越彻底便越有利于实践。国内外教师教育改革经验也说明理论取向对于教师专业成长的重要性"①。因此，教师教育专业应用型人才培养模式需要人文教育与专业教育并重，理论教育与职业技能训练并重，不能在一片"应用"的氛围中忽视"人文"与"理论"。

2. 完善中小学教师培养模式需要发挥学生主体作用与拓展课程实施空间

根据对卓越教师发展历程的研究，发现"对教师具有可持续发展意义的最理想的发展样式是教师的自主发展"②。教育部《关于实施卓越教师培养计划的意见》指出，要"培养一大批师德高尚、专业基础扎实、教育教学能力和自我发展能力突出的高素质专业化中小学教师"，第一次强调了"自我发展能力"，并把其列为培养目标，正是对教师这一成长规律的运用，也是对教师职业能力特点与要求的高度概括。国家教师资格考试制度的实行也需要师范生具有较强的自主学习与自我发展意识。如何发挥学生的主体作用，培养师范生的"自我发展能力"，是教师培养机构面临的一个课题。因此，需要加强研究和探索，以完善中小学教师培养模式。

在传统学术型人才培养模式中，理论课程、学科课程独行天下，因而说到课程与教学改革，似乎只关乎教师，只涉及课堂内，学生的主体作用与课外生活的意义被忽视。中小学教师培养模式改革中，课程类型越来越多样化，实践性课程增加，教师职业技能训练与教育实践性课程的实施需要拓展到课外校外。人才培养模式改革，若缺少学生的主体参与，其作用便如陶行知先生说的"按着鸡的头吃米"。只关注教师与正式课堂层面的改革已经不适应应用型人才培养的要求。因此，完善中小学教师培养模式需要教师指导与学生自主发展并重，课内与课外并重。

三、完善中小学教师培养模式的实践探索

广东第二师范学院从 2011 年开始，紧密结合教师职业特点，实施四个"并重"，从人才培养目标、课程设置、课程实施等方面，积极开展中小学教师培养模式改革的探索，取得了一定的成效。

---

① 陈彩燕. 教师教育改革：实践还是理论取向？［J］. 课程教学研究，2015（8）：12 – 16.

② 金美福. 教师自主发展论：教学研同期互动的教职生涯研究［M］. 北京：教育科学出版社，2005.

（一）根据"胜任教师"的综合素养和专业成长需求，重构培养目标与课程体系

根据"胜任教师"的综合素养和专业成长需求，广东第二师范学院把师范生培养目标设定为：培养具有人文情怀、文化知识广、专业基础实、职业技能强和自我发展能力突出的中小学教师。四个"并重"的课程设计理念，能保证人才培养目标的实现。据此，学校改革课程结构，调整模块比例，构建"三三制"课程体系，即将所有课程划分为制度性课程、社团性课程和自修性课程三个系列，其中制度性课程又分为文化课程、专业课程、职业课程（教师教育课程）三个模块，并把教师教育课程细分成教育理论基础、教师职业技能训练、教育实践三大类别，形成了级类明晰、结构严密、功能完整的课程体系。

同时，按"1＋2＋1"模式设置制度性课程，即文化课程、专业课程、职业课程（教师教育课程）三个模块课程的课时比例按1∶2∶1的比例设计，既突出专业性，又凸显多样性，使师范生的综合素质培养有了最基本的保障。

（二）遵循新型教师专业发展规律，拓展素质训练

教师的专业发展实质上是以专业素养为核心的综合素养的不断提升和解决问题的有效性的不断提高。依据"经验＋反思＝成长"的原理，学校构建起课内课外结合，规定项目与自选项目结合，分解训练与合成训练结合的"三结合素质训练模式"，学系按照专业标准开展训练，教师教育技能实训中心依照职业要求开展训练，社团按照兴趣爱好开展训练，个人按照特长发展和职业规划自主训练。而学校则以一年一度的师范生技能综合大赛来推动和检验。

（三）强化实践性课程教学：建立专业技能训练课程体系

按教师指导与学生自主发展并重、课内与课外并重的实施原则，构建满足教师专业化需求的实践性课程体系，强化实践性课程教学，把职业技能训练贯穿人才培养的全过程。制订并落实师范生技能课外训练计划；研制教师教育实践课程标准，提高实践教学质量；尝试开展学术实践活动。

（四）整合课程资源，建立协同育人、全方位育人的观念和机制

从新的课程理念——课程即"发展资源"观念出发，所有对学生发展有帮助的时间空间和事件，都可以是课程。这就需要整合各种有利于学生发展

的资源，而整合资源需要协同。中小学教师培养要真正实现四个"并重"，必须校内相关部门协同，如师范生职业技能形成除了教务处制订课程方案与考核机制外，更加需要求助学生课外的自主训练，这就需要学生处、相关院（系）去抓落实。因此，在校内外建立协同育人、全方位育人的观念和机制，才能更好推动中小学教师培养模式的改革。为保证四个"并重"实施到位，学校把各项工作落实到各个部门，各司其职，各负其责，互相协同。

1. 协同构筑人文教育的阅读环境

改变人文教育以单一的通识教育课程来实施的方式，加强教师教育隐性课程建设与校本课程建设，构筑人文教育的阅读环境，探索教师人文教育的新方式。具体包括：教务处与学生处、培训处协同，编制名师故事读本；教务处与宣传部协同，在全校组织人文教育征文，在学校报纸开设"人文教育"阅读专栏；以宿舍阅读文化建设为载体，开展人文教育阅读及人文阅读体验征文。在实施中，体现教师指导与学生自主阅读、课内与课外相结合的原则。

2. 协同开展实践性课程与技能训练的教学研究

学院研制 16 个《教师教育专业实践教学标准》（以下简称《标准》）和《师范生教学技能课外训练实施方案》（以下简称《方案》）。《标准》和《方案》研制团队由中小学各学科的教学名师、高校课程与教学论专家、师范院校教务处分管实践教学领导组成。

3. 协同营造促进学生自主学习的氛围

如教务处与学生处、宣传部协同，在全校师生中开展"促进学生自主学习"主题征文比赛，全校师生积极踊跃投稿。这对营造促进学生自主学习的氛围，培养专业理论基础扎实和自我发展能力突出的人才，会起到有力的推动作用。

总之，在"双转型"背景下，完善中小学教师培养模式，是个具有深远意义的实践课题。广东第二师范学院经过多年探索，在总结得失的基础上，根据教师职业特点、教师成长规律及当前教师培养中存在的问题，按照四个"并重"的理念开展行动研究，不断完善中小学教师培养模式。

（本文原载于《广东省应用型本科人才培养改革成果论文集》，高等教育出版社 2016 年版）

《教师教育课程标准（试行）》的课程理念解读与贯彻

——以广东第二师范学院为例①

摘要：《教师教育课程标准（试行）》（以下简称《标准》）是国家对教师教育机构设置教师教育课程的基本要求。《标准》体现了"课程即发展资源"的理念，力求课程设置与课程目标适切。创新课程理念，才能形神兼备地贯彻《标准》。遵循《标准》的课程理念，广东第二师范学院研制了教师教育课程新方案，这个新方案可以为教师教育机构落实《标准》提供参考。

关键词：《教师教育课程标准（试行）》；课程理念；发展资源；教师教育课程方案

2011 年 10 月，教育部颁布了《教师教育课程标准（试行）》，总体部署教师教育课程改革。《标准》是国家对教师教育机构设置教师教育课程的基本要求，若没有深入理解它内蕴的课程理念，课程改革便容易失去灵魂，流于形式。因此，本文解读《标准》的课程理念，提出创新课程理念，形神兼备地贯彻《标准》，并以广东第二师范学院为例，探讨教师教育课程方案研制，以为教师教育机构落实《标准》提供参考。

一、《标准》的课程理念解读

《标准》研制专家组指出，教师教育课程实践的不足表现为"理念陈旧、结构失衡、功能低效"，"理念陈旧"放在首位；《教育部关于大力推进教师教育课程改革的意见》中开篇就提"创新教师教育课程理念"。这反映课程理念更新的重要性。那么，《标准》体现了什么新课程理念呢？

---

① 基金项目：广东省教育科研"十二五"规划 2011 年度项目"引领基础教育改革的教师教育课程方案研制"（课题批准号：2011TJK047）；广东省教育综合改革试点项目"高师人才培养模式综合改革试点"项目（项目文件号：粤教规函〔2011〕46 号）。

（一）《标准》体现了"课程即发展资源"的理念

在关于课程概念的探讨中，除了知识课程观、经验课程观外，还有一种观点认为，"课程即发展资源"，"发展资源是指对学生身心素质的形成与完善具有价值、意义和促进作用的'养分'或原材料"；"凡是对学生发展有价值、有影响的东西，不论是知识、经验、环境、活动，或其他什么东西，均有可能成为课程"。[①] 这种课程观以"学生的发展"为中心去建构课程的外延，体现了课程的本质追求及人才成长规律，体现了基础教育课程改革的宗旨——"为了每位学生的发展"。《标准》也正体现了这种课程理念。

如《标准》中多次提到教师要认识或理解"生活""交往""环境"等对学生发展的重要意义，如"认识健康愉快的幼儿园生活对幼儿发展的意义"，"理解交往对小学生发展的价值和独特性"，"认识积极主动的中学生活对中学生发展的意义"，"学会联系并运用中学生生活经验和相关课程资源，设计教育活动，创设促进中学生学习的课堂环境"等等。这些陈述表明，不只是知识、课本知识对学生的发展有价值，环境、活动、交往、生活等对学生发展也意义重大。全面关注影响学生发展的因素，正是《标准》"育人为本"基本理念的具体化。

《标准》的第二个基本理念是"实践取向"，实践取向是相对于"理论取向"而言的，反映了对实践育人的重视，对"理论育人"是一种补充。《标准》在幼儿园、小学、中学职前教师教育的课程目标之中都强调教师要"具有观摩教育实践的经历与体验"，"具有参与教育实践的经历与体验"，"具有研究教育实践的经历与体验"等。这些表述认可了"经历和体验"的教育价值，是对"实践取向"基本理念的具体化。这对单一的学科或知识课程是一种补充，也扩大了学生的发展资源外延。

《标准》中的教师教育课程目标分为"教育理念与责任""教育知识与能力""教育实践与体验"三个目标领域，体现了对人的发展规律的把握。这三方面因素相辅相成，共同推动人才成长。非智力因素与智力因素相得益彰，"实践与体验"促进"知识与能力""理念与责任"的形成。教育理论知识是深刻理解教学生活经验的前提，实践与体验是教育理论知识现实化并形成现实完整知识的内容和途径，它们共同构成教师专业化发展所需要的完整知识。三方面因素不可或缺，致力于发展这三方面目标的课程或学习领域也不可或缺，因为它们都可以成为学生的发展资源，对学生身心素质的形成

---

① 陈佑清. 课程即发展资源：对课程本质理解的一个新视角 [J]. 课程·教材·教法，2003（11）：10－14.

与完善都具有价值、意义和促进作用。这对活动课程观念是一种超越。《标准》体现了"课程即发展资源"的理念。

(二)《标准》力求课程设置与课程目标适切

《标准》力图纠正教师教育课程实践的"功能低效"问题。它从"培养造就高素质专业化教师队伍"总目标出发，分幼儿园、小学、中学教师培养三部分分别讨论教师教育课程目标与课程设置，力求课程设置与课程目标适切，强调课程是实现人才培养目标的手段。

首先，《标准》的课程目标明确，层次分明。课程目标从人才成长规律与教师的专业化发展需求出发，分解为"教育理念与责任""教育知识与能力""教育实践与体验"三个目标领域；每个目标领域又分解为"目标"，目标再细化为"基本要求"；"基本要求"构成课程研制的基本依据。课程目标层次分明，可操作性强。

其次，《标准》中规定的课程设置力图与课程目标适切。各阶段各层次课程均设六大学习领域，每个学习领域下再设"建议模块"。课程设置与课程目标基本可以找到一一对应关系。如"教育实践"学习领域对应"教育实践与体验"目标领域；"教师专业发展"建议模块对应"具有发展自我的知识与能力"目标；"儿童发展、幼儿（小学生、中学生）认知与学习"建议模块对应"具有理解学生的知识与能力"目标；"中学综合实践活动"建议模块对应"了解活动课程开发的知识，学会开发校本课程，设计与指导课外、校外活动"的基本要求；"教师语言；现代教育技术应用等"建议模块对应"掌握教师所必需的语言技能、沟通与合作技能、运用现代教育技术的技能"的基本要求；等等。

《标准》的课程设置体现课程目标的要求，课程目标体现人才培养目标，课程服务于人才培养目标的实现，追求课程设置、内容与课程目标适切。这种课程设置理念，对纠正传统的以学科知识、学科知识权力以及教师利益为本位的课程设置框架有极大的帮助，有助于解决教师教育课程的"功能低效"问题。

二、创新课程理念，形神兼备地贯彻《标准》

《标准》只是体现国家对教师教育机构设置教师教育课程的基本要求，不可能面面俱到与具体详尽。若没有新的课程理念作指导，那课程改革便容易失去灵魂，流于形式。这要求教师教育机构把握《标准》的课程理念，创新课程理念，才能形神兼备地贯彻《标准》。

（一）创新课程理念：课程观从知识、经验观向发展资源观转化

课程概念是伴随着教育实践历史地形成与变迁的，[①] 它不是固化的，也不是理所当然的。《标准》体现了"课程即发展资源"的理念，正是当前课程改革实践的需求。

在我国，有三种课程观及相应的课程价值观。除了大家熟知的知识（学科）课程观、经验（活动）课程观外，第三种就是前面说的"课程即发展资源"的课程观。无论哪种课程观，对课程的价值都隐含着"促发展"的假设，只是立场不同。学科课程主张理论知识（间接经验）更能促进学生的发展；经验课程主张基于学生经验或面向"生活世界"的知识才能促进学生的发展。无论是"知识发展观"，还是"经验发展观"，在实践中都可以找到反证。如若认可前者，那为什么知识课程实践，会有那么多弊端呢？如何解释实际存在的"高分（知）低能"现象？若后者为真，那美国在20世纪60年代教育改革为何要"回归基础"（back to basic）？我国大陆和台湾为何会担心"安乐死"（指学生在各种形式的活动中轻松快乐地学，但课堂活动目标不明确，学生对知识的掌握不足现象）？这说明仅从知识或经验的角度去解释课程及其价值实现，各自都很难自圆其说，无助于摆脱课程实践的困难。正如有学者指出的，当代课程的本质既不能定性为"知识"，也不宜概括为"经验"，当代新课程是用以促进学生各项基本素质主动发展的指南。[②]

"发展资源"课程观认为，人类精神文化（知识）、生活经验、生活环境等，都可以是学生的发展资源；发展资源只是影响学生发展的一种外在条件，发展资源的发展价值的实现取决于发展主体与之进行的相互作用。当前需要挖掘这种课程观的实践价值。

课程改革目的是"为了一切学生的发展"，把课程看作是学生的发展资源，更切合当前课程改革的目的，也符合人才成长的规律。人才成长都是多方面因素协同作用的结果，不是单一的"知识"或"经验"使然。"发展资源"课程观，可以把知识课程观、经验课程观的意义都包括进去，并互相促进对方价值的实现。[③] 把课程当作发展资源，可以突出从与发展的关系来理

[①] 陈彩燕. 自我课程策划：意义、可能性及其实现 [J]. 教育理论与实践，2012（1）：51-55.

[②] 廖哲勋. 我对当代课程本质的看法（上）[J]. 课程·教材·教法，2006（7）：10-16.

[③] 陈彩燕. 课程·视野·发展：对课程价值的阐释 [J]. 华南师范大学学报（社会科学版），2012（1）：40-44.

解课程的本质，便于从落实学生发展的角度去选择和组织课程内容。除了知识、环境、经历、生活都可以是学生的发展资源；除了课堂，学生在宿舍、在校外，也可以获得发展资源；除了教师教，学生自主学习与体验，也可以获得丰富的发展资源。这种广义的课程概念，大大地拓展了课程的外延与课程开发的视野，为在课程编制和开发中广泛利用各种资源，以促进学生更好地发展，提供了理论依据。因此，课程观要从知识观、经验观向发展资源观转化，课程开发要致力于为学生提供丰富的发展资源。

（二）课程设置与人才培养目标适切，才能形神兼备地贯彻《标准》

形式是内容的载体，内容决定形式，形式为内容服务。内容和形式相互依存，任何内容都具有某种形式，离开了形式，内容就不能存在；任何形式都是一定内容的形式，离开了内容，就没有形式。课程设置是形式，人才培养目标是内容，课程服务于人才培养目标的实现。《标准》的课程设置力图与课程目标适切，正体现了形式与内容的统一。课程设置与人才培养目标适切，才能形神兼备地贯彻《标准》。

1. 课程的"内在精神"是确定课程方案的基本依据

《标准》课程设置"说明"中指出：学习领域是每个学习者都必修的；建议模块供教师教育机构或学习者选择或组合，可以是必修也可以是选修；每个学习领域或模块的学分数由教师教育机构按相关规定自主确定。

《标准》中给出的学习领域和建议模块只是"形式"，教师教育机构如何"自主确定"具体的课程方案呢？那便要考虑课程的"内在精神"，即课程与人才培养目标的关切度。如何选择与组合"建议模块"、谁是必修谁是选修、学分多少，其确定的依据便是课程的"内在精神"，不是教师与部门的利益，不是老三门教师教育课程内容。否则，便造成课程设置与人才培养目标脱节，课程变成徒具形式的空壳。

2. 课程的内容设计与实施是形神兼备贯彻《标准》的关键

《标准》中的课程设置尽管力图与课程目标一一对应，但不可能详尽。根据人才培养目标进行分解，课程的目标可以很多，科目则不能多。课程名称是个符号，要做到形神兼备贯彻《标准》，关键还在于每个科目的内容设计与实施。课程的内容设计与实施，除了整体考虑课程目标，也要考虑突破薄弱环节，设置体现《标准》亮点与突破薄弱点的课程。

《标准》从内容到形式，都有很多亮点。就内容，即课程目标而言，如要求教师"了解活动课程开发的知识，学会开发校本课程，设计与指导课外、校外活动"，"理解小学生的生活经验和现场资源的重要意义，学会设计和组织适宜的活动"，提出"保证新入职教师基本适应基础教育新课程的需要"，要求教师"具有发展自我的知识与能力"等等，非常切合当前的需要。而这也是当前教师教育课程的薄弱点。因此，教师教育课程中要强调教师课程资源意识、课程开发及自主发展能力培养。下面以这为例，阐明通过完善课程设计与实施，形神兼备贯彻《标准》的原理。

（1）开展乡土教育，培养教师课程资源意识与课程开发能力。许多研究指出，不管是老教师，还是新教师，在课程观念上仍不适应课程改革的要求。"师范生对新课程精神一知半解，或不求甚解，从而造成新教师与老教师一样，都对新课程不适应"①。这反映教师教育课程中对新课程理念关注不够，新课程理念未能进入课程。"教师在课程改革中遇到的诸多实际困难，看似是操作方面的，实际上是由课程意识的缺乏造成的"②。课程资源意识是课程意识的重要组成部分。开展乡土教育，培养教师课程资源意识与课程开发能力，是"保证新入职教师基本适应基础教育新课程的需要"的必要措施之一。

但是，就教师的课程资源意识与课程开发能力培养，《标准》中只有"综合实践活动"这一课程形式与之对应。就具体实施而言，笔者认为至少要有乡土教育与之配合，才能达到课程目标。开展乡土教育，或综合实践活动与乡土教育紧密结合，才能使学生认识身边的课程资源，形成课程资源意识，入职后才能学会因地制宜，挖掘地方教育资源，充分和综合利用本地自然资源、人文资源、特色产品等，设计活动和开发校本课程。

开展乡土教育，培养教师课程资源意识与课程开发能力，也可以体现教师教育机构课程设置的地方特色与学校特色。《标准》只是反映国家对教师教育课程的基本要求，地方教师教育机构基本上是服务于地方基础教育的，因此课程设置要结合地方实际，面向地方基础教育课程改革与发展的需求。如《广东省基础教育地方课程建设指导意见》提出开设广东省地方历史、广东省地方地理、广东省地方音乐、广东省地方美术等课程，重点突出区域性，主要反映广东区域的历史、自然和人文地理环境、文化艺术等区域特色

---

① 段兆兵，朱家存. 多维立体：我国教师教育课程设置的构想［J］. 课程·教材·教法，2009（4）：79－83.

② 许洁英. 课程意识：新课程中教师发展的生长点［J］. 课程·教材·教法，2004（10）：78－81.

资源。① 地方教师教育机构的教师教育课程实施的地域特色和学校特色就要在基础教育地方课程建设中仔细考量。这样贯彻《标准》，可以做到国家统一要求与地方要求、学校实际相结合，也符合三级课程管理体制的要求。

（2）通过各种方式，培养教师自主发展的意识和能力。要充分认识培养教师自主发展的意识和能力的重要意义。首先，培养教师自主发展的意识和能力是教师可持续发展的需要。从人才成长规律看，"对教师具有可持续发展意义的最理想的发展样式是教师的自主发展"②。《标准》的课程目标中要求教师"具有发展自我的知识与能力"，正是体现了对这个规律的把握，也体现终身学习的基本理念。教师专业化发展是个长期的不断更新的过程，只有具备自主发展的意识和能力，才能持续不断地去阅读和思考，获得各种发展资源。其次，教师具有自主发展的意识和能力是其履行教书育人职责的需要。《标准》指出，中学教师要能"指导中学生规划自己的人生"。以其昏昏，如何能使人昭昭？教师若不学会自主发展，学会规划自己的人生，那如何能指导学生规划人生？

但《标准》中只有"教师专业发展"学习模块与此目标对应，对具体内容没有规定。目前相当部分教师教育机构对这还重视不够，缺乏培养教师自主发展的意识和能力的课程，也欠缺有效的指导策略。因此，教师教育机构应在"教师专业发展"课程中强化这方面的主题，并探索通过多种方式培养教师自主发展的意识和能力，以更好实现人才培养目标。

要形神兼备地贯彻《标准》，课程设置、课程内容设计、课程实施都要从课程的"内在精神"，即课程与人才培养目标实现的关切度着眼。要思考哪些目标是最重要的，这些重要的目标中哪些已得到重视，哪些仍被忽视。那些仍受忽视的重要目标应引起高度重视，在课程设置上要重点突破，在课程内容与实施上要充实完善。这样，才能实现《标准》的理念。

三、贯彻《标准》理念的教师教育课程方案研制——以广东第二师范学院为例

从文件到形成具体的课程方案，许多问题有待解决。如怎样理解课程及教师教育课程新理念；已有一定改革基础的教师教育机构，如何与《标准》

---

① 李文郁. 广东省基础教育地方课程研究与实践 [J]. 课程教学研究，2012（3）：5 – 9.

② 金美福. 教师自主发展论：教学研同期互动的教职生涯研究 [M]. 北京：教育科学出版社，2005.

衔接；在《标准》统一要求基础上，如何体现地方特色和校本特色；研制教师教育课程方案面临的具体问题，包括学习模块的选择与组合、科目设置、内容整合、学分确定等。围绕这些问题，广东第二师范学院开展充分研讨，并根据上面的研究，贯彻《标准》的理念，结合学校的实际，提出教师教育课程方案研制的原则，设计课程方案，确保形神兼备地贯彻《标准》。

（一）研制课程方案的原则

突出贯彻落实《标准》的课程理念的原则。具体包括：

1. 明确目标定位的原则

按教师专业化发展要求，明确人才培养目标定位；人才培养目标分综合目标与专业目标两个层次；专业目标按《中学教师专业标准（试行)》《小学教师专业标准（试行)》条款，制订具体的人才培养要求。

2. 规范教师教育类课程设置的原则

课程名称、课程结构、课程学分、课程性质等与《标准》一致，保证《标准》中规定的学习领域、建议模块能进入课程表，并从形似逐步过渡到神似，最终达到形神兼备贯彻《标准》的效果。

3. 贯彻落实《标准》与完善高师人才培养模式综合改革试点项目相结合的原则

在《标准》颁布之前，广东第二师范学院已开展广东省综合试点改革项目——高师人才培养模式综合试点改革，积累了一定的教师教育课程改革经验。高师人才培养模式改革与《标准》的精神实质是一致的，两者可以结合起来。

4. 处理好新旧课程衔接，保证顺利过渡的原则

在《标准》颁布之前，尽管为适应基础教育课程改革的要求，教师教育课程内容有较大的改造与创新，也增加一些新课程，但主要课程仍沿用老三门课程名称，即用"旧瓶"装了一些"新酒"，教师思维定势上也仍习惯于旧名称。贯彻《标准》，用"新瓶"（新形式）全面装"新酒"（新内容），但要处理好新旧课程衔接，保证课程改革顺利过渡。

5. 实践育人与理论育人平衡的原则

《标准》强调"实践取向"理念，通过延长教育实践时间，达到实践育人的目的，但不能因此忽视理论育人的重要性，要保证专业理论课程不减少，理论与实践相结合，做到实践育人与理论育人平衡，为学生提供各种发展资源。

（二）中小学职前教师教育课程方案

1. 课程方案表

根据上面的原则，广东第二师范学院确定了四年制本科中、小学职前教师教育课程（如下表）。

中学职前教师教育课程

模块	课程性质	课程名称	学分	内容
教育理论基础	专业必修课	儿童发展与学习	2	包括儿童发展、中学生认知与学习等模块
		中学教育基础	3	包括教育哲学、课程设计与评价、有效教学、学校教育发展等
		心理健康与道德教育	2	包括中学生心理辅导、中学生品德发展与道德教育
		中学学科教育	3	包括中学学科课程标准与教材研究；中学学科教学设计
		教师职业道德	1	包括《中小学教师职业道德规范》等
		小计	11	
教师职业技能训练	专业必修课	教育技术与技能训练	2	
		书写技能训练	1	
		教师语言训练	1	
		班级管理	1	
		小计	5	
	专业选修课	中学综合实践活动	2	
		学科教学技能训练	1	
		教育研究方法	1	
		教师专业发展	1	
		小计	5	
教育实践	专业必修课	见习	4	
		实习	14	

小学职前教师教育课程

模块	课程性质	课程名称	学分	内容
教育理论基础	专业必修课	儿童发展与学习	3	包括儿童发展、小学生认知与学习等模块
		小学教育基础	4	包括教育哲学、课程设计与评价、有效教学、学校教育发展等
		心理健康与道德教育	3	包括小学生心理辅导、小学生品德发展与道德教育
		小学学科教育	5	包括小学学科课程标准与教材研究；小学学科教学设计
		教师职业道德	1	包括《中小学教师职业道德规范》等
		小计	16	
教师职业技能训练	专业必修课	教育技术与技能训练	2	
		书写技能训练	2	
		教师语言训练	2	
		班级管理	2	
		小计	8	
	专业选修课	小学综合实践活动	2	
		学科教学技能训练	2	
		教育研究方法	1	
		教师专业发展	1	
		教育政策法规	1	
		学校组织与管理	1	
		小学跨学科教育	2	
		小计	10	
		下限	8	
教育实践	专业必修课	见习	4	
		实习	14	

2. 该教师教育课程方案的特点

该教师教育课程方案的特点是形式与内容统一，充分体现《标准》的理念。一是课程设置在形式上与《标准》一致。该方案中，必修课的课程名称来自《标准》中的"学习领域"，有的直接以"学习领域"命名，有的只取"学习领域"的一部分；选修课名称则来自"建议模块"；建议模块中的课程全部开出，大部分模块组合到必修课中，剩余的模块则作为选修课。《标准》中规定的学习领域、建议模块全部进入了课程表。这样，确保课程设置在形式上与《标准》一致，为课程建设与实施奠定基础。

二是该方案力求课程设置与人才培养目标适切，充分体现《标准》的理念。在中学职前教师教育课程中，必修课学分高出《标准》的 60%。这是因为该校自 2011 年以来探索高师人才培养模式综合试点改革，该项目改革目标之一是使高师毕业生成为文化知识广、专业基础实、职业技能强的让基础教育满意的教师。为实现人才培养目标，该校创新课程体系，探索"1 + 2 + 1"课程设置模式，即文化课程、专业课程、职业课程（教师教育课程）的课时比例为 1∶2∶1。这种致力于从人才培养目标出发，探索课程设置及其结构比例的做法，与《标准》的理念是一致的。而且，为使教师明确各种课程的"使命"，还把教师教育课程分成教育理论基础、教师职业技能训练、教育实践三大类。这样，使课程目标更加明确，有利于促进各类课程完成自己的"使命"。

另外，在《标准》的规定之外，设置了选修课"学科教学技能训练"。这是基于提升师范生教学技能，提高实习教学质量的考虑。延长教育实践时间，只是形式上的保障，并不能保证实践教学质量的提高。强化实践育人环节，在延长时间之外，应将"加强师范生职业基本技能训练"与之配套。当然，还要强化实习指导与实践基地建设。这也是形神兼备贯彻《标准》的要求。

总之，《标准》体现了"课程即发展资源"的理念，力求课程设置与课程目标适切。充分领会《标准》的精神，创新课程理念，才能既形似又神似地贯彻《标准》。广东第二师范学院从这些理念出发，提出教师教育课程方案研制的原则，制订具体的方案，其可以为教师教育机构贯彻《标准》提供参考。

（本文原载于《高教探索》2013 年第 4 期）

教师教育改革：实践取向还是理论取向？

摘要：当前我国教师教育改革提出了应该是实践取向还是理论取向的问题。从原因看，我国教师教育改革的实践取向是受应用型人才培养模式的影响、模仿西方国家的做法、对教师培养质量下滑简单归因及受急功近利社会氛围影响的结果；从效果看，其并不能保证教师专业发展水平的提升，因为其容易弱化理论学习。从教师的职业特点及教师的教学实践能力形成机制看，教师教育改革强化理论取向，更有利于教师的专业可持续发展。

关键词：教师教育；实践取向；理论取向；理论育人

当前我国教师教育改革倾向实践专业主义模式，表现之一是批评高师教育"重理论轻实践"，强调"实践育人"。尽管学界对此有不同的声音，但这些不同的声音被淹没。教师教育改革，应该是实践取向还是理论取向？本文通过分析我国当前教师教育改革实践取向的成因及其可能结果，尝试从教师的职业特点及教师的教学实践能力形成机制回答这个问题。

一、问题提出：教师教育改革，实践取向还是理论取向？

围绕促进教师专业发展问题，当前我国教师教育改革在理念上强调"实践育人"，在行动上则延长教育实践时间，强化职业技能训练。2011 年教育部颁布的《教师教育课程标准（试行）》中规定，各阶段各层次职前教师培养的教育实践（包括见习和实习）时间不少于 1 个学期，比之前通行的 4 ~ 8 周教育实习时间大大延长了。当前我国教师教育专业人才培养方案修订中最明显的变化便是延长教育实践时间，甚至有院校把"课程体系实践化"作为卓越教师培养经验来介绍。

学界对此有不同的声音，如有研究者指出"学术训练是教师教育人才培养模式的核心"①，当前的教师培养改革存在"培养方案重'术'轻'学'，

---

① 张桂. 教师教育学术训练模式的内涵与构成：从丽水学院"卓越教师"培养模式改革谈起［J］. 丽水学院学报，2015（1）：92－98.

过分强调教学技能与技巧的训练，忽视了教育理论的引领与指导"① 的问题，有学者甚至对此进行了严厉的批评："教学之所以不那么让人理直气壮，就是它太过于强调让人去如何做，而忽略了它首先要研究教学中为什么要这样做。"② 尽管如此，强化"实践育人"，延长实践教学时间仍是当前教师教育改革主要的思维与行动方向。

教师职前培养中理论与实践的关系是个老问题，是教师教育中学术性与师范性关系问题的延伸。学界也有研究者提出，教师职前教育应该是"理论与实践的融合教育"③。从理想的角度看，对立的双方"平衡""融合"当然是最好的状态。本来强化"实践取向"与加强理论育人并不矛盾，两者可以是并驾齐驱的，但基于我国当前的教师培养体制，再加上娱乐化氛围中学生对理论学习的排斥，"理论育人"有被忽视的危险，教师教育理论与实践的紧张关系以新的形式显现。在教师职前培养的理论育人与实践育人之间，恰当的平衡在哪里？平衡不是简单的相等，或各占半壁江山。由此提出了这样的问题：当前我国的教师教育改革，应该是实践取向还是理论取向？或说，两者之间，孰重孰轻？要回答这个问题，必须探讨当前这种改革的来龙去脉及其可能造成的结果，并追寻因果背后的因果。

二、我国教师教育改革实践取向的背景、原因与效果分析

（一）我国教师教育改革实践取向的背景、原因

我国教师教育改革实践取向的背景、原因主要有：一是应用型人才培养模式的影响，二是受国际教师教育课程改革趋势的影响，三是与对我国当前教师教育质量下滑的归因有关。

1. 应用型人才培养模式改革的影响

培养应用型人才是当前本科高校的发展趋势和必然选择。在我国本科应用型人才培养模式改革与实践中，总体思路与做法是改变重理论轻实践的传

---

① 王瑛，李福华. 关于"卓越教师计划"实施的思考：基于若干所高等院校"卓越教师计划"实施情况分析研究 [J]. 中国大学教学，2013（4）：26－28.

② 石鸥. 新世纪拒斥这样的教学论 [J]. 湖南师范大学教育科学学报，2002（3）：32－36.

③ 苗学杰. 融合的教师教育：教师职前教育中理论与实践关系研究 [D]. 长春：东北师范大学，2012.

统的学术型人才培养方法，强化职业技能训练，延长实践（实训）时间。这对于培养适应经济社会发展要求的人才，适应高等教育大众化的趋势和改善大众化高等教育时代学术型人才培养模式的弊端，无疑是合理的，也是必要的。在这种背景下，教师教育改革也是如此。但是在推进应用型人才培养模式改革中，有两个模糊的认识。

一是在对应用型人才的理解上，模糊地把"应用"等同于"实践"，应用型人才就是"实践操作能力强"人才，所以在课程设置上要强化实践课程，强化实践课程就是要延长其时间，有意无意地忽视了理论学习的维度。

二是对教师教育专业与其他专业的应用型人才培养缺乏区分。应用型人才培养的核心是基于职业的能力培养。面向人的生产的教师职业与面向物质生产的职业，其职业特点及职业能力肯定不同，因此，培养教师与培养从事一线生产的技术或专业人才的应用型人才培养模式，应该也是不同的。但是因为缺乏区分，而把教师的教学能力与从事一线生产的技术或专业人才的实践操作能力混淆，没有细致分析不同行业的职业能力及其形成机制，从而造成教师教育专业与其他专业应用型人才培养模式缺乏自觉区分的情况。

2. 国际教师教育课程改革趋势的影响

20世纪80年代以来，世界范围内的教师教育转型主流趋势是教师教育的理念根基由"理论"转向了"实践"。西方一些国家如英、法、德等在教师培养中，都强化了教育实践。

但细心研究一下，会发现有一些不同。西方国家延长教育实践时间往往伴随教师培养体制、课程领域运作方式的改变与学制的延长。如英、法两国的教师培养，逐渐倾向招收已经获得非教育专业的学士学位的学生，进行研究生阶段的教育实践培养，获得研究生教育证书课程后方可成为教师。德国的教师教育课程模式分修业和见习两个阶段，修业阶段为期3~4年，侧重于教师教育的理论学习，见习阶段为期2年，侧重于教师教育的实践训练。即这种培养教师的机制或方式不会挤压准教师的理论学习或学术训练时间，或说他们的教育实践都是建立在较充分的理论学习的基础上。我们的"实践取向"做法和西方这些国家只是形似。

3. 对我国当前教师教育质量下滑的简单归因

当前，我国教师培养的质量并不令人满意，甚至出现了用人单位对师范生质量下降的判断。[1] 许多研究把此表征为师范生职业技能与实践能力不强，

---

[1] 朱旭东，李琼. 论我国教师教育的二次转型［J］. 教育学报，2014（5）：98 - 104.

即"不会教"，而"不会教"的原因则在于实践时间太少，批评高师教育"重理论轻实践"。所以，当前无论是理论上还是实践上，教师教育改革都倾向于强化"实践育人"，延长教育实践时间，强化技能训练。

毫无疑问，教师实践能力是教师教育的核心问题，但这种归因全面准确深入实质吗？或者只是流于表面？教师实践能力不强指的是哪方面能力的欠缺？师范生实践能力不强是实践时间太少还是另有他因？当前新任教师"质量下降"，只是教学实践能力不强吗？新任教师的理论素养强吗？影响教师教学实践能力形成的机制是什么？仅仅是实践时间因素吗？笔者认为当前教师素质不如以前，不仅仅是教学实践能力不足的问题，也不单纯是实践时间长短的问题，还有理论素养的问题。教师培养质量是多环节多因素综合作用的结果，不是某个单一的因素所为。限于主题，这里不做详细讨论。但正如西方学者所指出的一样，"对于教师教育改革的主要误解存在于对问题本质的单维度省察并提出对应的单维度对策"。[①] 以强化实践育人、延长实践时间方式化解师范生实践能力不足的问题，正是单维度省察与单维度对策的表现。

4. 急功近利社会氛围的影响

从整体看，教师教育改革"实践取向"则受急功近利社会氛围或短期功利主义的影响。因为实践教学、技能训练的效果可以立竿见影，而理论是内隐的，"理论育人"的效果是后发的。当前，举目地方高师院校，强调"理论"的少，重视"实务"的多。

综上所述，从背景、原因看，我国教师教育改革的实践取向是受应用型人才培养模式影响、形式上追随国际教师教育课程改革的趋势、对教师培养质量下滑简单归因及急功近利社会氛围影响的结果。

（二）教师教育改革实践取向与教师专业发展的效果及原因分析

教师教育改革的实践取向能达到促进教师专业发展的目的吗？为什么？这需要实证研究，需要进行纵向的比较。教师教育改革的实践取向主要表现在延长教育实践时间，所以下面以我国近 30 年来教师教育实践教学时间的变迁与教师专业发展的关系来说明。

1. 我国近 30 年来教师教育实践教学时间的变迁与教师专业发展

关于教师专业发展状况，目前有一个判断，就是许多用人单位表示"非

---

① TOM A R. Redesigning teacher education ［M］. Albany, NY: State University of New York, 1997: 2 - 3, 8.

常怀念当年中师生"。如"许多小学校长反映，现在专科或本科毕业的小学教师反而不如中师毕业生那样适应小学教育"①，"不少大学本科的师范毕业生难以胜任岗位，敬业精神和教学技能都欠缺。他们非常怀念以前的中师毕业生，师德好、技能好，有上进心，还非常稳定"②。这里说的中师生，主要是指 20 世纪八九十年代的中师生。因为从 20 世纪 90 年代末开始，我国的师范教育体系开始转型，三级师范（中师、师专、师院）向二级师范转变，中师学校逐渐消亡。

20 世纪八九十年代，中师生实习时间一般为 1 个月。20 世纪 90 年代，高师院校实习时间一般是 6 周。近几年来教育实践时间逐步大幅增长，直至现在，相当多的高师院校把教育实践时间延长至 1 学期。甚至，实践时间延长至 1 年的呼声也很高。

目前没有看到具体的实证研究，证明教育实践时间延长到 12 周以上乃至 1 学期甚至 1 年比之前通行的实习 4~6 周效果更好。但我们能看到，当前活跃在基础教育领域的卓越教师在他们的师范学习阶段，实践时间肯定没有现在的多，也没有像现在这样强化"实践"。让用人单位怀念的中师生的实习时间也没有现在的高师生多，"用人单位对师范生质量下降的判断"恰恰出现在延长了实践教学时间即在强化"实践育人"的背景下。由是观之，强化实践育人、延长实践时间并不能保证教师专业发展水平的提升。

2. 为什么教师教育的实践取向并不一定能提升教师专业发展水平

教师教育的实践取向并不一定能提升教师专业发展水平，更深层的原因是什么？这可以从教师的职业特点及教师实践能力形成的机制去探讨。

（1）教师的职业特点要求教师有更高的理论素养。面向人的生产的教师职业与面向物质生产的职业，其职业特点及职业能力要求不同。教师是反思性实践者，这是教师职业与其他生产一线应用型人才的最大区别。这种特点要求教师要比其他生产一线应用型人才具有更高的理论素养。《教师教育课程标准（试行）》中指出："教师是反思性实践者，在研究自身经验和改进教育教学行为的过程中实现专业发展。"一个教师假如不具备相关的理论素养，他便无从"反思"与"研究"他的"自身经验"，从而无法"实现专业发展"。

名师成长规律也说明了理论素养对教师专业成长的意义。如有学者通过解剖古今中外名师如孔子、陶行知、苏霍姆林斯基、魏书生、邱学华、王泽

---

① 顾明远. 我国教师教育改革的反思［J］. 教师教育研究，2006（6）：3-6.

② 益众. 高师毕业生为什么站不稳三尺讲台［N］. 中国教育报，2007-05-21
（2）.

钊、李镇西、李吉林等人的发展历程，得出结论是，人生追求与目标、知识资本、教育研究对教师可持续发展意义最大，知识资本决定教师教育业绩轨迹的长短与深浅。[①]名师不但传授知识，也生产知识。他们的知识生产或创新思想的提出，是通过教育研究实现的，而没有深厚的知识资本，便不可能开展教育研究。无论是"反思"，还是"研究"，都需要教师有深厚的理论素养和知识基础。

（2）教师的教学实践能力形成以丰富的理论素养为基础。教师的教学实践能力不是单纯的实操能力，其形成以丰富的理论素养如多学科知识、专业素养、教育理论为基础。目前关于理论对教师实践能力影响的系统的实证研究比较少，但通过观察、比较分析可以推断出理论素养对教师实践能力形成的意义。如师范生通过技能训练与实习，掌握了某种教育技能（如导入课堂的种种策略），但他必须具有探究能力和反思的态度才可能恰当地将技能运用于新的情境。因为他每次使用"导入技能"时，所面对的目标、内容、对象都是新的，需要重新分析才能决定具体实施导入课堂的方式。教学实践能力的形成不仅是眼到手到，更重要的是脑到，要学会因人因时因境而异。如名师一般具有高超的教学实践能力，即教学机智，而名师常常是喜欢阅读，博览群书。宽广丰富的知识积淀使他们在教学过程中能够深入浅出、举一反三和随机应变。正如赫斯特（P. H. Hirst）在研究教师教育中的理论与实践关系时指出，教师所从事的专业活动就是依靠"理论"的指导、依靠他们所使用的概念、信条和原理来开展的。

也正因为教师的教学实践能力以丰富的理论素养为基础，师范生的教育实践方式不同于其他生产一线的技术或专业人才的实践。其他生产一线专业人员需要花更多的专门时间才能熟悉其所从事的生产活动过程，但对师范生来说则未必需要。因为，师范生十几年里一直在学校接受教育，对学校教学的场景一点也不陌生。若一个师范生真正有心——有理论素养与反思能力，他便会分析自己的老师，如：什么样的老师受学生欢迎？什么样的课堂能吸引学生注意力？从中他便会获得许多成长为一个好老师的经验。若他没有一定的反思批判能力，对他自然而然接触的教学经验照单全收，那么这种经验对他便有可能产生负面影响，特别是在优质实践基地与教师实习指导力量不足，实习生获得优质经验机会越来越少的情况下，这种负面影响尤其。

简而言之，教师教育强化实践取向未能带来预期的效果，根结就在于教师的职业特点及教师教学实践能力形成的机制。因为广博的理论素养是对教

---

① 金美福. 教师自主发展论：教学研同期互动的教职生涯研究［M］. 北京：教育科学出版社，2005.

师作为反思性实践者的要求，是教学实践能力形成的基础。在我国，在其他一切不变的情况下，学生在校的时间是恒定的，强化"实践取向"必然会减少学生的理论学习时间，容易弱化理论学习。而理论修养不足，则影响师范生的实践能力生成与专业可持续发展。

三、教师教育改革：理论取向更有利于教师专业发展

根据上面的分析，教师教育改革的理论取向更有利于教师专业发展。下面再进一步说说理由。

（一）理智看待"实践育人"的作用及其可能效应

教育实践是教师职前培养中必不可少的重要因素，对于实习教师的专业发展有着重要的影响与作用，对教学能力形成至关重要。但对实习的作用不能夸大，"实践育人"有其限度。当前，我国教师教育改革在强调"实践取向"的氛围中，不自觉地把延长教育实践时间当作法宝和把提升技能作为单一目标，理论育人有被忽视的危险。再加上师范生生源素质下降及整个氛围对理论学习的排斥，使师范生理论素养越来越低，从而影响其对教育问题的深入理解与思考，更容易造成教学经验只是准教师社会化的因素而非专业发展的机会。

在基础教育课程改革至今的十几年间，大家对缺乏思想理念、缺乏创新能力的"教书匠"不适应当前的改革要求情况已批评得很多。若以前"重理论轻实践"的方式都培养了那么多"教书匠"，那当前的这种"重实践轻理论"模式则更加有把师范生培养成"教书匠"的危险。教师教育忽视"理论育人"带来的危险比忽视"实践育人"的危险更加危险。

（二）国内外教育改革经验说明对培养教师而言，理论育人更为根本

从教师职业特点与教学实践能力形成机制看，理论越丰富越彻底便越有利于实践。国内外教师教育改革经验也说明理论取向于教师专业成长的重要性。如在芬兰，学者们一致认为教师教育应为学术性学科，自 1980 年起芬兰教师教育从技术性转向学术性，采用以研究为基础的方式培养未来教师，着重培育师范生的教育思考、反思能力及研究能力。因而，芬兰老师的专业水准都很高。自 2000 年以来，芬兰学生连续四次在国际学生评估项目（PISA）中名列前茅。"高品质的教师教育培养高素质的教师是促使其教育

成功的关键"，而"以研究为基础的教师职前教育是成就其高品质教师的关键"。① 西方一些国家教师教育改革如教师分段培养，是先通识教育与学术训练，再到教师专业技能训练，说明其也是把理论素养放在前提与根本的地位上。

在我国，顾明远在反思我国教师教育改革的得失时指出："教师教育的学术性要加强。"② 从我国当前教师教育改革的一些经验看，"4＋2"模式即4年本科的学科基础理论学习加2年教育学硕士专业训练培养效果较好。"这种模式已在北京师范大学、东北师范大学等校取得经验，毕业生广受社会欢迎"③。这正说明学术性训练或理论基础对教师专业成长的重要性。因此，对培养教师而言，理论育人更为根本。

总之，无论从原因还是结果看，教师教育改革强化实践取向的做法需要商榷和完善。要警惕强调"实践取向"而忽视"理论育人"培养教师可能带来的问题。教师教育改革走理论取向道路，强化理论育人，更有利于实现教师专业的可持续发展。

（本文原载于《课程教学研究》2015 年第 8 期）

① SAHLBERG P. Education policies for raising student learning: the finnish approach [J]. Journal of education policy, 2007 (2): 147－171. 转引自赵士果. 培养研究型教师：芬兰以研究为基础的教师教育探析 [J]. 全球教育展望, 2011 (11): 31－36.

② 顾明远. 我国教师教育改革的反思 [J]. 教师教育研究, 2006 (6): 3－6.

③ 柳海民，谢桂新. 质量工程框架下的卓越教师培养与课程设计 [J]. 课程·教材·教法, 2011 (11): 96－101.

教师教育实践课程改革的冷思考①

摘要：当前我国教师教育改革强调"实践育人"，延长教育实践时间。从原因、表现、动机看，存在着对教师培养质量下滑简单归因、实习指导力量不足与实践基地建设滞后、一些利益主体并不把提高师范生培养质量放在第一位等问题；从后果看，其并不能保证教师培养质量的提升，因为其容易弱化理论学习，而教师的职业特点及教师的教学实践能力形成需要以丰富的理论素养为基础。因此，必须改变当前教师培养中单纯延长教育实践时间的做法，平衡理论育人与实践育人的关系，教育实践必须首先是有理论的实践，其次是理论与实践有机结合的实践。

关键词：教师教育；教育实践时间；理论育人；实践育人

当前我国教师教育改革强调"实践育人"，延长教育实践时间。现实中，教师教育实践课程改革倾向表现为单纯延长教育实践时间。延长教育实践时间，真能提升教师培养质量吗？单纯延长教育实践时间，师范生培养质量是否更有下滑的危险？本文基于教师职业特点及教师教学实践能力形成机制，对当前教师职前培养中延长教育实践时间的原因、表现、动机及可能产生的问题进行冷静的思考，以探索教师教育实践课程改革的方向。

一、我国教师教育延长教育实践时间的原因、表现及动机

围绕教师培养质量提升和教师专业化发展问题，当前我国教师教育改革在理念上强调"实践育人"，在行动上则大大延长教育实践时间，在实际中则表现为单纯延长教育实践时间。这种做法及其表现有理论上的因素，也有实践中的困境。理论上的因素主要与对我国当前教师培养质量下滑的归因有

① 本文系 2012 年广东省高等教育教学改革项目"基于创新型教师培养的高师课程改革研究"（项目批准文件号：粤教高函〔2012〕204 号，项目编号：2012274）；广东省教育综合改革试点项目"高师人才培养模式综合改革试点"（项目文件号：粤教工委〔2011〕5 号，项目编号：121）的成果之一。

关，实际表现则与教师培养体制以及师范生实习指导力量不足、优质实践基地建设滞后有关。从实际动机看，一些希望延长实习时间的主体，并不把师范生培养质量放在第一位，而是基于利益本位主义。

（一）理论上的因素：对我国当前教师培养质量下滑的归因分析

当前，我国教师培养的质量并不令人满意，甚至出现了用人单位认为师范生质量下降的判断。[①] 许多研究把师范生质量下降表征为师范生职业技能与实践能力不强，即"不会教"，而"不会教"原因则在于实践时间太少，批评高师教育"重理论轻实践"，从而把延长教育实践时间当作提高师范生"会教"能力与提高教师培养质量的手段。这种归因显然受到简单线性思维方式的影响。

我们可以再追问：当前新任教师"质量下降"，只是教学技能和实践能力不强吗？新任教师的理论素养强吗？或者甚至比教学实践能力更不强？影响新任教师教学实践能力形成的机制是什么？仅仅是实践时间因素吗？笔者认为，当前新任教师质量下降，就不仅仅是教学实践能力不足的问题，也不单纯是实践时间长短的问题，可能还有理论素养的问题，甚至理论素养的问题可能更为根本。

（二）实践的困境

延长教育实践时间的设计，初衷很好，但是在实践中却容易表现为单纯延长教育实践时间。一是由于教师培养体制机制的固化而造成延长实践教学时间后理论学习时间的减少，二是由于实践指导力量的不足及实习基地建设的滞后。

我国当前相关文件的规定是，不论学制长短，不论是培养幼儿教师、小学教师，还是中学教师，教育实践时间都是不少于一学期。在我国，在教师培养体制机制等不变的情况下，学生在校的时间是恒定的，增加实践教学时间必然会减少学生的理论学习时间。西方国家延长教育实践时间往往伴随教师培养体制、课程领域运作方式的改变与学制的延长，不会因为教育实践时间延长而挤压或减少准教师的理论学习或学术训练时间。

在高校扩招背景下，师范生实习时间为 4~6 周时，已经很难联系实习学校，实习指导力量也难以为继。延长实习时间，导致实习指导力量与实习基地特别是优质实践教学基地更捉襟见肘。而且，越好的学校越不愿接受实

---

① 朱旭东、李琼. 论我国教师教育的二次转型［J］. 教育学报，2014（5）：98 - 104.

习生，出现哪里缺教师，便往那里派实习生的情况。缺教师的学校一般是薄弱学校或边远山区学校，实习生在这样的学校里不容易接触到先进的理念与做法，也得不到有效的指导。当前由教育行政部门推动的顶岗支教实习，实习生派往的学校基本上是薄弱学校。

因为学生多，教师指导力量有限，加上实习基地缺乏，一些高师院校实行集中实习与分散实习相结合的方式，有的还把分散实习美其名曰"自主实习"，实质是放任自流，难以达到实习的真正目的。即便是集中实习，大学里的指导教师通常只是间歇性的带队检查，负责与实习学校联络沟通等，并未深入指导实习生的课堂教学，存在着"实习方式趋向走过场"① 的问题。现实的困境使我们的做法倾向表现为单纯延长教育实践时间，可能会造成实践教学质量并不与时间成正比的问题。

（三）不同利益主体对延长教育实习时间的需求及争论

从理论上看，延长教育实践时间旨在促进教师专业化发展，提高职前教师培养质量。在实践中，出于各种目的，许多利益主体也希望延长实习时间，甚至越长越好。如偏远山区教育行政部门希望延长师范生实习时间，是因为可以解决当地教师的不足及可以置换部分教师出来培训；实习基地中小学教师希望延长实习时间则是因为实习生可以分担他们繁忙的教学事务，比如批改作业、带班等。

相关媒体曾在小范围内对是否应该延长师范生实习时间有过争论。如有人呼吁"给师范生更长的实习时间"，"把实习期延长为一年，最短也不少于一个学期"。理由是"山区学校的教师经常性、学科性短缺……要求师范生都到山区学校进行教育实习活动，就可以在人力方面、教育观念和信息方面扭转目前山区教育的尴尬局面，有利于山区学校在开支不大的前提下能确保有充足的教师在岗授课"，"如果把实习期延长，学校和指导老师就必须重新考虑和安排他们的实习任务：指导老师被'解放'了，能有充足的时间专心致志帮带多名实习生；有一年的实习期，实习生才能获得普通教师的锻炼机会，真正经历教育教学的常规过程"。② 但也有作者对此表示不同意见：一是把拯救山区教育的重担放在师范生的肩上并不科学；二是师范生在校学习时间本来就不多，又要腾出一年或一个学期的时间去实习，这对师范生学习好专业知识来说，是无益的；三是师范生都到山区学校实习，很多先进的

---

① 李玲. 教师教育实践教学模式改革的探索［J］. 广西师范学院学报（哲学社会科学版），2013（2）：102－106.

② 刘顺龙. 请给师范生更长的实习时间［J］. 广东教育，2008（4）：61.

教育理念、教育方法是没办法或没条件实施的，在某种程度上说，不利于师范生教育教学能力的提高。①

由此看来，实践中希望延长实习时间的主体，并不把提高师范生培养质量放在第一位，而是基于特定的利益诉求。相反，反对延长实习时间的作者，倒是在忧虑师范生的专业发展。

综上所述，从原因、表现及动机看，延长教育实践时间并在实践中表现为单纯延长教育实践时间的做法需要商榷和完善。那么，从实践效果上看，延长教育实践时间与提高教师培养质量的关系如何呢？

二、延长教育实践时间与提高教师培养质量关系的冷思考

延长教育实践时间能达到我们期望的提高教师培养质量的结果吗？在此可以通过纵横向比较分析来说明。

（一）延长教育实践时间能提高教师培养质量吗

1. 西方学者关于延长教育实践时间效果的实证研究

伴随西方一些国家教师教育的"实践化"取向，对实践教学时间及其效应的研究也引起学界的关注。如 K. K. Metcalf 等人通过准实验研究，指出："不幸的是，一系列研究表明，教学实习无法带来我们想要的结果。实际上，我们有理由相信，教学实习不仅经常在改善专业表现方面失效，而且有可能在教师能力提升方面带来负面效果。职前教师在教学实习上花的时间越多，负面效果会越明显。"延长教学实习时间，"至少有两大难题无法解决。首先，以上所有的改善措施只能在一个极其有限的实验环境内发挥作用，如果考虑到为数众多的实习生在长时间的实习期内提供帮助，这些举措就变得不现实，甚至不可能。另一个问题同样与实习生数目及实习时间相关。因为必须安置大量的实习生，提供长时段的实习期，很多学校在寻找实习基地方面已经焦头烂额。这导致部分学校安排多个实习生在同一个教室，能开展的无非是听课等极其有限的活动"②。这些问题，也正是我国高师院校在扩招和延长实习时间后面临的问题。

---

① 潘金传. 是否应给师范生更长的实习时间 [J]. 广东教育，2008（11）：65.

② METCALF K K, HAMMER M A R, KAHLICH P A. Alternatives to field-based experiences: the comparative effect effects of on-campus laboratories [J]. Teaching and teacher education, 1996（3）：271－283.

2. 近30年来我国教师教育实践教学时间的变迁与教师培养质量

延长教育实践时间真能让师范生会教吗？教师培养质量与实习时间成正比吗？在这里可以做个纵向比较，比较近30年来我国教师教育实践教学时间的变迁和教师培养质量状况。由于在我国教师教育实践教学主要表现为教育实习，近几年来延长教育实践时间也主要表现在延长教育实习时间，所以下面以实习时间来说明实践教学时间的变迁。

关于教师培养质量，目前有一个判断，就是许多用人单位表示"非常怀念当年中师生"，普遍反映现在的专科甚至本科师范生还不如当年的中师生好用。如"许多小学校长反映，现在专科或本科毕业的小学老师反而不如中师毕业生那样适应小学教育"①，"不少大学本科的师范毕业生难以胜任岗位，敬业精神和教学技能都欠缺。他们非常怀念以前的中师毕业生，师德好、技能好，有上进心，还非常稳定"②。这里说的中师生，主要是指20世纪八九十年代的中师生。因为从20世纪90年代末开始，我国的师范教育体系开始转型，三级师范（中师、师专、师院）向二级师范转变，中师学校逐渐消亡。

20世纪八九十年代，中师生实习时间一般为1个月。20世纪90年代，高师院校实习时间一般是6周。近几年来高师院校教师教育专业实践教学时间大幅增长，以笔者所在的单位为例，2008年，实习时间从6周延长到8～10周，2011年延长到13周，2012年延长到14周（另有见习4周）。

目前没有看到更细微的实证研究，证明实习时间延长到12周以上乃至1学期甚至1年比之前通行的实习4～6周效果更好。但我们能看到，当前活跃在基础教育领域的卓越教师在他们的师范学习阶段，实践时间肯定没有现在的多，他们的实习时间大都是在4～6周。让用人单位怀念的中师生的实习时间也没有现在的高师生多，"用人单位对师范生质量下降的判断"恰恰出现在延长了实践教学时间的背景下。还有，若是实践时间越长教学能力便越强，那教龄越长岂不越优秀？但实际情况并非如此。

由是观之，无论横向还是纵向比较，教师培养质量与实习时间并不成正比，延长实践时间并不能保证教师培养质量的提升。由于实践的困境，延长实践时间在我国表现为单纯延长实践时间，实习生得不到有效的指导，实习教学质量不高，更容易造成如（K. K. Metcalf）等人所说的"在教学实习上花的时间越多，负面效果会越明显"的问题。

---

① 顾明远. 我国教师教育改革的反思 [J]. 教师教育研究，2006（6）：3－6.

② 李益众. 高师毕业生为什么站不稳三尺讲台 [N]. 中国教育报，2007－05－21（2）.

（二）为什么延长教育实践时间不必然导致教师培养质量提升

延长教育实践时间并不必然导致教师培养质量提升，除了实践基地和实习指导因素外，更深层的原因是什么？为什么教师的实践不可以和其他一些行业一样，随着时间的推移"熟能生巧"？这与教师的职业特点及教师实践能力形成的机制有关。

1. 教师的职业特点要求教师有更高的理论素养

教师是反思性实践者，这是教师职业与其他生产一线应用型人才的最大区别。这种特点要求教师要比其他生产一线应用型人才具有更高的理论素养。《教师教育课程标准（试行）》中指出："教师是反思性实践者，在研究自身经验和改进教育教学行为的过程中实现专业发展。"一个教师假如不具备相关的理论素养，他便无从"反思"与"研究"他的"自身经验"，从而无法"实现专业发展"。

名师成长规律也说明了理论素养对教师专业成长的意义。如有学者通过解剖古今中外名师如孔子、陶行知、苏霍姆林斯基、魏书生、邱学华、王泽钊、李镇西、李吉林等人发展历程，得出结论是人生追求与目标、知识资本、教育研究对教师可持续发展意义最大。① 知识资本决定教师教育业绩轨迹的长短与深浅，教育研究则说明名师不但传授知识，也生产知识。他们的知识生产或创新思想的提出，就是通过教育研究实现的，而没有深厚的知识资本，便不可能开展教育研究。无论是"反思"还是"研究"，都需要教师有深厚的理论素养或知识基础。

在我国，在其他一切不变的情况下，学生在校的时间是恒定的，增加实践教学时间必然会减少学生的理论学习时间，而理论学习获得的知识资本对教师的可持续发展意义更大。这正是由教师的职业特点决定的。

2. 教师的教学实践能力形成以丰富的理论素养为基础

教师的教学实践能力不是单纯的实操能力，其形成以丰富的理论为基础。如假设师范生通过技能训练与实习，掌握了某种教育技能（如导入课堂的种种策略），但他必须具有探究能力和反思的态度才可能恰当地将技能运用于新的情境。因为他每次使用"导入技能"时，所面对的目标、内容、对象都是新的，需要重新做出分析以决定具体实施导入课堂的方式。又如，教学实践需要教师具备与学生互动的能力，互动能力体现教师的教育机智或智

---

① 金美福. 教师自主发展论：教学研同期互动的教职生涯研究［M］. 北京：教育科学出版社，2005.

慧，这种机智与智慧也需要教师具有全面的知识素养。

教师面对的是千变万化的富有生命力的个体，教学实践能力的形成不仅是眼到手到，更重要的是脑到，要学会因人因时因境而异。狭隘的知识视野不仅会影响教师自身对所教内容的理解、扩展和迁移，而且还会使教师在教学过程中难以深入浅出、举一反三和随机应变。笔者曾经长期指导师范生实习和深入中小学课堂，许多课听下来，觉得课上得好的学生往往也是知识基础较好的学生，那些知识面广的学生课堂上会有更多的教学机智。一节成功的课，往往体现厚积薄发，厚积才能薄发。在课堂教学中，那些放得开，敢于把课堂还给学生让课堂充满生机活力的教师，往往知识积淀丰厚，有能力收放自如；那些教学机械呆板，只能"预设"课堂，严格控制学生"生成"置学生"意外回答""超常反应"不理或简单否定的教师往往知识面狭窄，缺乏灵活反馈的知识与能力。

也正因为教师的教学实践能力以丰富的理论素养为基础，师范生的教育实践方式不同于其他生产一线的技术或专业人才的实践。师范生在进入教师培养机构修习教学学科课程之前，就已经坐在教室里非正式地学习了如何教学。若一个师范生真正有心——有理论素养与反思能力，他便会分析自己的老师，如：什么样的老师受学生欢迎？什么样的老师被学生讨厌？从中他便会获得许多成长为一个好老师与上好课的经验。若他没有一定的反思批判能力，对他自然而然接触的教学经验照单全收，那这种经验对他便有可能产生负面影响。如前面分析一样，在当前环境下，师范生从教育实践中获得优质经验的机会越来越少，如果没有对经验的反思与抽象的提升，实习教师可能会满足于掌握狭隘的技艺性经验，从而影响其对教育问题的深入理解与思考。

简而言之，教师在职前培养中延长教育实践时间的做法未能带来预期的效果，根结就在于教师的职业特点及教师实践能力形成的机制。因为广博的理论素养是教师作为反思性实践者的要求，是教学实践能力形成的基础，而延长教育实践时间的做法弱化了理论学习。当前，教师教育改革强调"实践育人"，在重视学生职业技能培养的过程中，不自觉地把提升技能作为单一目标，理论育人有被忽视的危险，再加上师范生生源素质下降及整个氛围对理论学习的排斥，使师范生理论素养越来越低。新任教师质量不高，并不仅仅是实践能力不强，全面地考察，他们的理论素养也不强。理论修养的不足，影响了师范生的实践能力生成与可持续发展。"重实践轻理论"模式更加有使师范生培养质量下降的危险。教师教育实践课程改革该走向何方？

三、教师教育实践课程改革走向何方

教师教育实践课程如何改革，才能避免弱化"理论育人"带来的问题？教师教育实践课程改革走向何方？这需要平衡理论育人与实践育人的关系。平衡两者的关系，并不是说理论育人与实践育人各占半壁江山，而是说理论育人与实践育人孰重孰轻，怎样实施，由教师职业特点与职业能力形成机制决定。

（一）教育实践必须首先是有理论的实践

教育实践是职前教师教育中必不可少的重要因素，对于实习教师的专业发展有着重要的影响与作用，对师范生的能力形成至关重要。但对实习的作用不能夸大，"实践育人"有其限度。如英国教育实习也只是在"培养实习教师起始教学能力的目标基本实现，但反思能力、继续学习能力的培养目标还未充分达成"[①]。延长"实践"也不一定"育人"，如台湾学者说，"教育实习能否发挥教育功效，并不在于其经验时间的长短，而是要问是什么样的经验，要用什么样的方式运用这些经验"。[②]

从教师职业特点与职业能力形成机制出发，教育实践必须是有理论的实践，是基于理论的实践，是走向理论的实践。理论与实践相结合是首先要有理论，理论越丰富越彻底便越容易和实践相结合。有理论的实践才有基于理论的有深度的反思。如果实习教师缺乏相关的理论，对中小学指导教师教学模式只能简单、盲目地模仿而没有任何批判性的反思，那么教育实习作为情境性学习和经验性学习的过程，便会削减为教学技巧的简单传递、对教育教学的一知半解和对以往实践的毫无问题的复制。反思既需要直观又需要概念，没有理论而反思，只能是巧妇难为无米之炊。

教师教育长期讨论的一个问题便是学术性与师范性的平衡问题。西方一些国家教师教育改革如教师分段培养，是先通识教育与学术训练，再到教师专业技能训练。从我国当前教师教育改革经验看，"4+2"模式即4年本科的学科基础理论学习加2年教育学硕士专业训练培养效果较好，"这种模式

---

① 杨秀玉. 教育实习：理论研究与对英国实践的反思［D］. 长春：东北师范大学，2010.

② 王秋绒. 教师专业社会化理论在教育实习设计上的蕴意［M］. 台北：师大书苑有限公司，1991：7.

已在北京师范大学、东北师范大学等校取得经验，毕业生广受社会欢迎"①。这正说明学术性训练或理论基础对教师成长的重要性。教育实践课程是师范性训练的重要载体，掌握扎实的理论再去实习，才会有更好的效果。

芬兰以研究为基础的教师教育的成功也说明教育实践必须首先是有理论的实践。自2000年以来，芬兰学生连续四次在国际学生评估项目（PISA）中名列前茅。"高品质的教师教育培养高素质的教师是促使其教育成功的关键"，而"以研究为基础的教师职前教育是成就其高品质教师的关键"②。在芬兰，学者们一致认为教师教育应为学术性学科。自1980年起芬兰教师教育从技术性转向学术性，采用以研究为基础的方式培养未来教师，着重培育师范生的教育思考、反思能力及研究能力。因而，芬兰教师的专业水准都很高。

因此，教育实践必须是有理论的实践，必须是基于理论的实践。必须改变单纯延长教育实践时间的做法，平衡理论育人与实践育人的关系，科学合理地安排理论课程，强化理论学习，在加强实践环节时不能挤压理论学习与学术训练的时间，以培养有理论有思想会教学的教师而不是"工匠"式教师。

（二）教育实践必须是理论与实践有机结合的实践

"直观无概念则盲，概念无直观则空"③，教师的专业发展尤其需要"概念"与"直观"的结合。如果教育实践不能与理论有机地融合起来，教学经验就只能导向"机械模仿"而不是丰富的专业发展。日本教育家佐藤学曾经做过警告："教师教育中的实习经验同其他专业教育的临床经验相比，不仅在量上不充分，而且从质上看，没有超越'学徒观念'，理论与实践的有机关联亦不充分。"④ 因此，教育实践中要以理论研究的态度对待实践，教育实践课程要致力于把情境反思导入师范生教育实践过程，使师范生的教育实践成为研究性实践、反思性实践，以促进师范生职业素质生成。

可以通过开设研究性教学实习，发展师范生理论与实践结合的专业能

---

① 柳海民，谢桂新. 质量工程框架下的卓越教师培养与课程设计［J］. 课程·教材·教法，2011（11）：96-101.

② SAHLBERG P. Education policies for raising student learning: the Finnish approach［J］. Journal of education policy, 2007（2）：147-171. 转引自赵士果. 培养研究型教师：芬兰以研究为基础的教师教育探析［J］. 全球教育展望，2011（11）：31-36.

③ 汤姆森. 康德［M］. 赵成文，藤晓冰，孟令朋，译. 北京：中华书局，2014：14.

④ 佐藤学. 课程与教师［M］. 钟启泉，译. 北京：教育科学出版社，2003：275.

力，这样不仅为未来教师的日常教学提供坚实的知识基础和能力准备，而且还发展了他们的研究性思维及反思能力。

写实习反思日志，也是促进理论与实践有机结合的较好方式。如英国阿伯丁大学教育学院要求师范生在"学校体验"（school experience，指师范生到中小学现场实践）的过程中做好三方面的工作：一是写反思日志，记录每日的体验，思考理论和实践中的问题，将体验、自学和理论学习联系起来。二是做好自我评价记录，完成自我评价表。三是完成实习档案袋规定的各项内容。① 通过写反思日志，引导师范生实现教育理论与教学实践结合。这样在实习中，师范生不仅发展了教学能力，也能获得研究、发展及评价教学和学习过程的能力。

总之，教师职前培养中延长教育实践时间的做法需要完善。要警惕单纯延长教育实践时间可能带来的问题，警惕强调"实践育人"而弱化"理论育人"培养教师可能带来的问题。根据教师职业的特点与教学实践能力形成机制，要平衡理论育人与实践育人的关系，以理论学习为基础，完善教师教育实践课程，教育实践必须是有理论的实践，是理论与实践有机结合的实践。

（本文原载于《教师教育论坛》2015 年第 9 期）

---

① 张文军，王艳玲. 职前教师教育中的"学校体验"：英国的经验和启发［J］. 全球教育展望，2006（2）：23－28.

"国考"下的高师院校课程与教学改革①

摘要：中国教师资格制度的建立从实施《教师法》开始，及后相继出台的《教师资格条例》《中小学教师资格考试暂行办法》等文件，是教师资格明确化和资格考试具体化的完善发展过程。中国的教师资格考试内容侧重于教师的综合素质、教育知识和学科教学知识及其应用能力。为配合"国考"，高师院校应从三方面进行改革：一是整体改革人才培养方案，满足教师知识结构的需要；二是调整教师教育课程结构，突出理论与实践的结合；三是参照考试标准和大纲的要求，开展有效教学。

关键词：教师资格考试；课程与教学改革

教育是一项关乎国家民族发展前途的工程，而教育好坏的关键在于教师，所以国家必须建立严格的教师准入制度。虽然在不同的时期教师的入职标准会有不同，但总体上随着社会的发展和对人才培养的需求而不断提高。中国的教师资格制度也在不断完善之中，这可以从《教师法》颁布以来一系列的配套措施得到明证。尤其是 2013 年出台的《中小学教师资格考试暂行办法》（以下简称为《考试办法》），无疑是适应世界教师专业化发展潮流的一项新举措。由于 2015 年《考试办法》将正式全面实施，故此研究国家教师资格考试制度（以下简称"国考"）对教师教育专业课程与教学的影响，及时对人才培养方案做出必要的调整，是十分必要的。本文先对中国教师资格制度的演进做扼要的回顾，然后就有关《考试办法》的要求提出笔者的基本观点。

---

① 本文系 2012 年广东省高等教育教学改革项目"基于创新型教师培养的高师课程改革研究"（项目批准文件号：粤教高函〔2012〕204 号，项目编号：2012274）；广东省教育综合改革试点项目"高师人才培养模式综合改革试点"（项目文件号：粤教工委〔2011〕5 号，项目编号：121）的成果之一。

一、中国教师资格统考的背景

1. 中国教师专业化发展的需要

全国人大常委会于 1993 年 10 月颁布了《中华人民共和国教师法》，提出"国家实行教师资格制度"，规定："具备本法规定的学历或者经国家教师资格考试合格，有教育教学能力，经认定合格的，可以取得教师资格。"这是第一次在法律层面上规范公民获取教师资格的途径。1994 年国家开始实行教师资格认证，通过教师资格证书考试和教育教学能力测试等对教师专业化水平和教育教学能力进行考核。1995 年 12 月，国务院颁布《教师资格条例》，规定："中国公民在各级各类学校和其他教育机构中专门从事教育教学工作，应当依法取得教师资格。"这是国家对教师行业提出的入职条件。由始，中国的教师资格制度逐渐进入到有法可依的轨道。1999 年 6 月，国务院在《关于深化教育改革全面推进素质教育的决定》中提出："鼓励综合性高等学校和非师范类高等学校参与培养、培训中小学教师的工作，探索在有条件的综合性高等学校中试办师范学院。"综合性院校参与教师教育领域和非师范生有条件进入教师行业，使我国教师教育体系朝开放化和综合化方向迈进，有利于教师专业化发展，也符合当今世界教师教育发展的趋势。

近 20 年来，国家一直在实行教师资格"双轨"制度，即对师范生实行必然资格、对非师范生实行限定资格。例如，有关条例规定"师范教育类专业毕业生可以持毕业证书"，通过"申请直接认定相应的教师资格"。而非师范院校毕业的公民申请认定教师资格的，则"应当进行面试和试讲"和"要求申请人补修教育学、心理学等课程"。这种双轨制的实施渐渐显露了一些弊端：第一，不利于促进教师的专业化发展。一方面，师范生只要修够学分就可以轻松获得教师资格证书，实际上部分师范毕业生并未达到获取资格证书的基本标准；另一方面，许多非师范生既没有接受过教育教学基本能力的训练，也没有参加教育实践，虽然考取了教师资格证，也不能全面说明其教师素养。第二，不利于建立开放化的教师教育体系。师范院校与非师院校的培养方式差异大，资格认定的标准不同就没有说服力。第三，不利于提高教师队伍的整体素质。由于各地的教师资格标准不一致，教师的素质和专业能力等难以评估。①

---

① 　闫建璋，郭赟嘉. 从双轨走向单轨：我国教师资格考试制度的应然路向 ［J］. 当代教师教育，2013，6（2）：16 – 21.

教师资格双轨制和各地教师资格测试标准不一的情况，严重削弱了教师资格证书的权威性，制定全国统一考试标准的呼声不断。特别是中国基础教育改革正日益呼唤高素质的教师队伍，于是《中小学教师资格考试暂行办法（2013）》应运而生，这对于"严格教师职业准入，保障教师队伍质量"有着重要的现实意义。

2. 与国际教师专业发展潮流的对接

国际教师教育发展的趋势是开放、非定向型的，为了消除教师申请人之间的差别，一些发达国家采取统一的教师资格考试来选拔教师。以德国和美国为例，据资料介绍，在德国要获得教师资格通常要经过以下四个阶段：（1）接受大学教育。（2）参加第一次国家考试（考理论及其应用）。（3）实习评估。（4）参加第二次国家考试（考执教能力）。[1] 通过考试的人员进入2年的教师试用期。美国自1947年开始设立国家教师考试，1993年起逐渐过渡到使用普瑞克西斯考试体系（The Praxis Series）对教师申请人进行考核。该考试由三个系列组成：（1）学业技能测试。考教师基本素质，包括阅读、数学和写作技能。（2）学科专业测试。考申请人对教育学、心理学原理和学科知识的掌握情况以及授课常识。考试合格者能获得有效期为一年的初级教师资格证书。（3）课堂行为评价。在教室环境中对新任教师的课堂教学能力进行全面的评估，考试合格者可以获得长期教师资格证书。[2][3]

二、"国考"要求与教师教育课程标准的关系

《考试办法》规定，教师资格考试包括笔试和面试两部分。小学教师资格考试笔试科目为综合素质、教育教学知识与能力两科，中学教师资格考试笔试科目为综合素质、教育知识与能力、学科知识与教学能力3科；面试采取结构化面试、情景模拟等方式，通过抽题、备课、回答规定问题、试讲、答辩、评分等环节进行。下面以中学教师资格考试为例来分析一下"国考"的形式与内容的关系（见表1）。

---

[1] 王利敏. 德国教师资格制度简介及其对我国的启示 [J]. 科教文汇，2008（6）：6，23.

[2] 朱欣欣，陈凡. 美国新任教师教学知识和能力考试体系的分析及启示 [J]. 教师教育研究，2006，18（6）：77－80.

[3] 程家福，董美英. 美国教师资格考试：从考书本知识转向考教学技能 [J]. 上海教育科研，2008（6）：17－20.

表1　"国考"标准中内容与形式的关系

考试形式	考试科目	考试内容
笔试 （统考）	科目一　综合素质 科目二　教育知识与能力 科目三　学科知识与教学能力	◇教育理念、职业道德、法律法规知识、科学文化素养、阅读理解、语言表达、逻辑推理和信息处理等基本能力； ◇教育教学、学生指导和班级管理的基本知识； ◇拟任教学科领域的基本知识，教学设计实施评价的知识和方法，运用所学知识分析和解决教育教学实际问题的能力
面试 （委托省考）	教育教学实践能力	教师基本素养：职业认知、心理素质、仪表仪态、言语表达、思维品质等； 教学基本技能：教学设计、教学实施、教学评价等

对《考试办法》的初步分析表明，中国教师资格考试吸收了国外相关考试的一些合理成分，考核的内容既有综合素质，又包括教育和学科专业知识与能力；但对教育教学实践能力只进行结构化面试，这与国外强调的实习评估或课堂行为评价的方式有所不同。对于那些没有参与过中学教育实践的申请人，在进行教师资格认定时是否需要让他们出具有效的教育实践证明呢？这方面还需要完善。

对比《考试办法》和《教师教育课程标准（试行）》（简称《课标》）可知，教师资格考试与教师教育课程都倡导"育人为本、实践取向和终身学习"的理念。此外，考试科目与《课标》中"目标领域"之间也相呼应（表2）。

表2　考试科目与《课标》目标领域之间的联系

考试科目	目标领域	二级目标
科目一　综合素质	教育信念与责任	具有正确的学生观、教师观、教育观和相应的行为
科目二　教育知识与能力 科目三　学科知识与教学能力	教育知识与能力	具有理解学生、教育学生、发展自我的知识与能力
教育教学实践能力	教育实践与体验	具有观摩、参与、研究教育实践的经历与体验

但两者的出发点不一样，前者强调新任教师必须具备的教育教学基本素质和能力，即教师准入的底线；而后者侧重于教师专业化发展对人才培养的要求。从考试内容来看，教师资格考试中包含的"技术性"和"应用"的要求多一些；而《课标》设定的基本要求中则渗透着"实践经验"和"专业成长"的内容，其阐述更丰富，涉猎更广阔。因此，不能把资格考试简单地理解为教师培养的仅有结果。只能说，考试内容只是《课标》要求的最基本部分而已。当然，《课标》也没有百分之百地囊括所有考试内容，如学科知识与教学能力考试目标中"具有运用学科知识分析和解决实际问题的能力"便是测试申请者运用学科专业知识的能力。由此可见，落实《课标》的目标和要求，结合资格考试的内容和题型特点来调整师范专业的课程结构，实施有效教学，无疑是教师教育专业人才培养过程中值得关注的焦点。

三、高师院校课程与教学改革

国家颁布的《课标》和《考试办法》对高师院校的人才培养计划有重要的影响，促使高师院校进行课程与教学改革。一方面要沿着学科专业发展方向加强各类课程的建设，另一方面要做到有的放矢，力保学生顺利通过教师资格考试。结合学校的实际情况，我们认为应进行三方面改革：一是确定学校人才培养模式，满足教师知识结构的需要；二是调整教师教育课程结构，突出理论与实践的结合；三是参照考试标准和大纲的要求，开展有效教学。

1. 整体改革人才培养方案，满足教师知识结构的需要

高师院校的主要任务之一就是培养新教师，师范生在 4 年的本科教育中主要是学习文化知识、学科专业知识和教育类知识。因此，现行本科教师教育专业人才培养方案中一般包括了三类课程：通识课程、学科专业课程、教育类课程（即教师教育课程）。

对于普通高师院校，三类课程的组合采取"1 + 2 + 1"模式①是合适的。首先，任教学科专业知识是新教师赖以立身之本，通过 2 年左右的学习才可以打下较牢固的学科专业基础。其次，随着社会的发展，新知识不断涌现，教师必须有较为宽阔的视野，用 1 年左右时间学习包括社会、人文和自然科学知识在内的一般文化知识是十分必要的。再者，教育类知识既要学习前人

---

① 陈彩燕，肖建彬. 《教师教育课程标准（试行）》的课程理念解读与贯彻：以广东第二师范学院为例 [J]. 高教探索，2013（4）：128－132.

的经验，又要提炼自身的"经历和体验"，至少需要 1 年的时间。这样才能保证整体课程设置向重视学科基础和教师专业化的方向推进，在条件成熟时逐步过渡到更理想的"宽口径、厚基础、精学科、专业化"的重点高师院校"4＋2"培养模式。①

2. 调整教师教育课程结构，突出理论与实践的结合

自 20 世纪 80 年代以来，中国教师教育课程的内容主体一直由教育学、心理学和学科教学论课程构成，另加上 6 周左右的教育实习。课时数占师范专业总课时数的 5%～10%，这一比例远低于同时期的欧美国家和周边的韩国、印度、新加坡等国。② 由于授课时数太少，学生所学的教育理论还来不及消化，更来不及反思，难以调动起学习兴趣，致使这类课程难以起到指导教学实践的作用。此外，教育实践活动时间严重不足，并且常常由 2 名实习生来共同分担一个班的教学和管理工作，令实践活动大打折扣。

如果实行"1＋2＋1"模式，教育类课程比例将升至 20% 以上，教育实践活动时间也可以增至 18 周，这样才有利于全面落实《课标》的基本要求。《课标》中指出："教师是反思性实践者，在研究自身经验和改进教育教学行为的过程中实现专业发展。"从教师是"反思性实践者"的角度来说，教育理论与教育实践课程还必须通过有机组合才能获得最好的效果。目前许多高师院校在师范生实习前都开设了 2～5 周不等的教育见习课程，笔者建议将第 1～6 学期的教育见习以及第 7 学期的教育实习与相应学期的教育理论学习结合起来，使学生学到的理论有了实践的机会，在实践中也可以培养他们反思检验教育理论的能力，逐步学会发现和解决实际问题。要做好这一点，学科教师之间需要建立协同创新的机制，把教师教育课程作为一个整体来进行系统设计，共同完成人才培养的任务。

3. 参照《考试办法》中标准和大纲的要求，开展有效教学

把国家教师资格统考看成是对课程与教学的一种导向。中国教育专家史宁中教授认为，资格考试除了完成对教师队伍的选拔功能外，在命题形式上要有所突破，不仅考知识，更重要的是考能力，以此来"告诉师范大学该怎么教书，学生如何学习"③。有学者提出，要将教师资格证所涉及的理论与

---

①　柳海民，史宁中. 专业化教师教育课程的理论样态与基本结构［J］. 课程·教材·教法，2004（10）：72－77.

②　王泽农，曹慧英. 中外教师教育课程比较研究［M］. 北京：高等教育出版社，2003：137.

③　王世存，王后雄. 国家教师资格考试：教师教育发展的里程碑［J］. 中国考试，2012（7）：36－42.

实践知识作为教学重点，突出"新、实、用"，走上简约有效的教学变革之道，特别是在考试题型或面试技巧上有针对性地进行培训。① 我们认为，要处理好教学和考试之间的关系，关键要做好以下几项工作：

第一，让学生充分认识教师资格考试的内容和要求，增强自主学习的意识。要详细介绍"国考"的基本内容和要求，让学生明白，如果不能通过国家教师资格统考，就拿不到教师资格证书。让学生感受到压力，化压力为动力，保持对相关课程足够的重视，促进教与学相统一的双边活动顺利地开展。让学生明白，要通过国家教师资格考试，必须有自主学习的意识。考试内容涉及面广，不是所有的内容都能通过正式课程与教师讲授获得，需要学生自己去涉猎。如中学教师资格考试中，光综合素质科目的考试大纲中就涉及职业理念、教育法律法规、教师职业道德规范、文化素养、基本能力等模块，"文化素养"部分又包括了解中外历史上的重大事件，了解中外科技发展史上的代表人物及其主要成就，了解一定的科学常识，熟悉常见的科普读物，具有一定的科学素养，了解重要的中国传统文化知识，了解中外文学史上重要的作家作品，了解一定的艺术鉴赏知识，了解艺术鉴赏的一般规律，并能有效地运用于教育教学活动等内容。文化素养的获得，需要学生自己广泛地积极主动地阅读和思考。因此，要让学生充分认识教师资格考试的内容和要求，增强自主学习的意识。

第二，以考试标准和考试大纲为中心组织教学。教师要结合考试内容和题型进行引导，相关课程要以考试标准和考试大纲为中心编制教学大纲，特别是教师教育类课程要实行集体备课，设计各个内容模块。在"国考"的笔试试题中，单项选择题约占总分的 1/3，非选择题则约占 2/3。由此可见，属于记忆类的试题是少数，多数试题涉及理论知识及其应用。现举以下两例。

例 1，综合素质题例：材料分析题（阅读材料，回答问题）。

学生王林在学校因同学给他起外号，将同学的鼻子打出血了。班主任徐老师给王林的爸爸打电话，让他下午到学校来。放学时，王林的爸爸刚来到校门口，等在那里的徐老师当着众人的面，第一句话就是："这么点儿大的孩子都管不好，还用我教你吗？"

问题：请从教师职业道德规范的角度，对徐老师的做法进行评价。

例 2，教育知识与能力题例：辨析题（判断正误，并说明理由）。

①美育就是指艺术教育。②负强化等同于惩罚。

---

① 蓝秋燕. 教师资格证"国考"下师范类教学法课程变革的探讨［J］. 高教论坛，2014（3）：127 – 129.

因此，教师应针对教学重点设计中心问题，运用提问—讨论、作业—评价、实践—反思等多种变式进行教学，使学生不断加深对理论知识的理解，形成解决问题的基本能力。

第三，为学生提供必要的考试指导。学生的信心来自对考试规则的熟悉，培养机构应提供必要的信息服务，包括：（1）关于《考试标准》和各科《考试大纲》的文件和说明。使学生对考试形式、内容、分量和参考书目等了然于心，有利于规划自己的学习计划和积极地备考。（2）典型试题分析。使学生明确答题的思路、要点和文字叙述规范要求，增加得分的机会。（3）建立交流平台，方便学生随时随地学习。建议设立一个类似于远程教育平台的"师生交流平台"，既可以及时发布政策和文件信息，也可以及时反馈学生关心的问题，以及让培养机构和学科教师随时为学生提供解答等。

总之，实行国家教师资格考试制度，将对教师培养产生深远的影响。师范院校要适应形势，主动求变，积极探索课程与教学改革，为培养适教、乐教、会教的教师而不懈努力。

（本文第一作者为陈承声，第二作者为陈彩燕，原载于《教师教育论坛》2015 年第 3 期）

现代职教师资培养模式探讨

"十五"期间乃至相当长一段时间内，职业技术教育都会面临极好的发展机遇。要把职业教育做大做强，对职业教育师资队伍的质量提出了新的要求。相对于普通师范教育而言，从内容上看，职业技术师范教育既有师范教育的共性，又有其质的特殊性；从时间上看，职业技术师范教育尚是新生事物。我们有必要对此进行纵向与横向的比较，探讨现代职教师资培养的科学的合理的模式。

一、传统师资培养模式面临的尴尬

传统师资培养模式基本上是封闭型的。从小学、中学以及大学，各级各类师资大多来自师范院校。在从学生到教师这个过程中，他们除了经历简短的教育教学实习外，极少进入社会的大课堂。这种从学校到学校的封闭型师资培养模式，不仅有理论上的悖论，更有实践中的尴尬。

从理论上看，任何一本教育类教科书，都会把"理论联系实际"作为一条重要的教学原则，可是缺少实践环节与社会大课堂锻炼的教师，在课堂上凭什么去"理论联系实际"呢？这种实践与理论的不对应，必然让教师在实践中遭遇更大的尴尬，甚至让教学陷入"空对空"的怪圈之中。由于职业教育的实践操作性与职业定向性，这种尴尬在中、高等职业学校专业课及技能训练课教学中更为明显。放眼这类学校，不"管"不"理"的人上管理学课，未曾"营"与"销"的人讲授市场营销，这类现象并不少见。这种教学，如何能提高质量？

这几年职业学校意识到这个问题的严重性，有意引进或聘请相关专业的资深从业人员担任专业课教师和实习指导教师，但这又令这部分教师面对另一个尴尬：教育教学理论功底不够。由于各种原因，职业教育和职业师范教育仿佛是教育系统中的另类，长期没有得到应有的重视。而且一些职技高师课程照搬普通大学课程设置，"重学科专业，轻教育专业；重理论教学，轻技能训练"积弊明显，造成职教师资缺乏系统的师范性训练，对教书育人规律缺乏全面的深刻的领悟。如财经类中职学校专业课教师来源于更高一级财经类院校，上会计学的只懂会计业务，教计算机的只知道讲授计算机操作，对怎样设计教学及育人缺乏理论指导与操作规范。这也导致了教学质量降低，阻碍职教事业的持续发展。为适应职业教育发展的需要，构建现代职教师资培养模式，培养高素质的职教师资队伍，势在必行。

二、构建现代职教师资培养模式

为了克服传统师资培养模式的弊端及改变现有职教师资队伍现状，必须构建理论与实践紧密结合的开放的现代职教师资培养模式。下面从模式的理念、目标、保证条件、实施内容等方面论述。

（一）理念

1．开放的理念

教育作为社会大系统中的一个子系统，与社会政治、经济、文化诸方面密切联系，封闭是不可能的，也是没有出路的。江泽民同志在全国第三次教育工作会议上的讲话中指出："事实已经充分证明，'象牙塔'式教育，不能适应当今时代的需要。教育同经济、科技、社会实践越来越紧密的结合，正在成为推动科技进步和经济、社会发展的重要力量。"在全球化的环境下，教育必须而且只有敞开胸怀，与社会方方面面保持互动关系，才能显示勃勃生机。职业技术教育作为与经济联系最直接的教育，尤其必须如此，才能建立面向市场和企业的开放性办学体系。在师资培养模式上，要打开学校的围墙，面向社会，面向生产与企业实际，提高职教师资的理论联系实际能力和动手操作能力。

2．可持续发展理念

近年来，中等职业技术教育出现招生滑坡和毕业生就业困难现象，有些中职、中技学校甚至因招不到学生而面临生存问题。其中原因是多方面的，但从教育内部看，职业技术学校的教学质量不高，缺乏特色也是重要原因。职业技术教育要走可持续发展之路，必须提高教学质量，树立良好的社会形象。建设一支高素质的职教师资队伍是实现职教事业可持续发展的关键。因此，必须大力重视职业师范教育，构建新型的适应社会需要的职教师资培养模式。

（二）培养目标

在给现代职教师资培养模式的培养目标进行定格时，必须先把握职教师资专业素养的特殊性。职教师资作为教师队伍中的一个特殊群体，其专业素养要求在横向上与普教师资相比有鲜明的特点。首先，职教师资要形成与时代精神相通的职业教育理念，即现代职业教育的教育观、学生观和教育活动观，这是职教师资专业行为的基本理性支点。其次，职教师资的知识结构应是多层次复合型的，强调科学精神与人文精神、技能定向性与适应性、知识基础与应用性的统一。最后，职教师资的专业素养中对工作能力也有相当高的要求，主要为实践教学组织能力和职业教育研究能力。因此，现代职教师资的培养目标是既有扎实的理论知识，又有较强的实践能力；既有较高的专业水平，又有良好的职业道德及教书育人能力；既有科学理性价值，又是不缺失人文精神的知、情、意平衡发展的"双师型"人才。

（三）保证条件

1. 时空条件

事物的发展总是在一定的时空条件下进行的，培养高素质的职教师资队伍必须具备相应的时空条件。时间条件就是对职业教育师范生要增加实践环节的教学时数，对在职职教师资要增加各种实践的机会。空间条件就是要建立职教师资培训基地。2005 年 5 月 17 日教育部公布了第二批 24 个全国重点建设职教师资培训基地，加上 1999 年首先批准的 20 个基地，全国现有 44 个全国重点建设职教师资培训基地。但这还远远不能满足各类职业学校的具体需要，因此，职业学校、高等职业师范院校还必须建立自己的产学研基地和校内外实践基地，以给教师、学生提供更多的实践锻炼的空间。只有时空条件都能保证，才能促使职教师资理论联系实际能力的提高。广东职业技术师范学院作为广东省唯一一所独立设置的本科层次的职业技术师范学院，在这方面进行了探索。他们根据职师特点，在专业教学计划中增加实践环节的教学时数，大力建设产学研基地和校外实习基地。短短的几年里，他们建成了全省高教重点实验室——电气工程虚拟实验室，在广州、佛山等地区建立了20 多个职业教育实习基地，为职师类学生进行教育实习提供良好场所，使学生的实践锻炼空间从校内延伸到校外，与社会的客观需要进行了更为紧密的结合。

2. 制度条件

如上所述，当前职教师资培养模式的最大弊端是教育与生产劳动相分离，理论与实践脱节。要加大两者结合力度，必须加强实践环节，增大教师熟悉生产、了解社会的力度。要做到这一点，必须使教师社会实践制度化，定期让教师深入生产第一线，走向社会，以制度保证职教师资培养目标的实现。

职教师资社会实践分为两个方面：一是与专业理论应用密切结合、与专业课教学有关的生产实践；二是以了解社会、感悟社会为要义的社会调查研究。前者是作为"经师"的需要，后者是作为"人师"的要求。前者已引起人们的重视，这里不再赘述。但对于后者，无论是认识上还是行动上都远远不够。由于各种各样的原因，教师可以说是最封闭的群体。教师远离社会改革大潮，在其他各行各业饱受竞争、下岗的剧烈冲击之时，教师依然可以享受计划经济的好处，依然可以固步自封地"一本经书念到老"。这种封闭性，使那些观念落后的教师很难担当起育人的责任。很难想象，一个观念落后的对社会知之甚少甚至一无所知的教师，怎会培养出适应社会需要的人才？一个对社会缺乏观察与感悟的教师，怎样指导学生的人生？所以，除了建立职教师资生产实习制度外，还应有社会调查研究制度，保证职教师资全面素质的提高，使职业学校的教师不仅是知识的传递者，更是学生成长和个性发展的指导者。

（四）实施内容

1. 构建新的课程体系，形成职教师资合理的知识结构

课程是培养目标的具体化，是实现培养目标的载体。根据职教师资的培养目标和服务方向，必须构建新的课程体系，形成职教师资合理的知识结构。新的课程体系由以下部分组成。

（1）公共基础课模块。包括人文科学基础、自然科学基础、工具课基础三类。鉴于目前职业技术教育的工具性价值取向过于明显，建议有针对性地加大人文教育的分量。

（2）专业方向课模块。包括专业基础课和专业方向课两大部分。专业基础课指直接、间接为专业课服务的基础课。专业课的教学内容根据各学校师资和社会需求情况，可设置 3～4 个专业方向，每个方向设置一组课程，以适应社会的需要。

（3）教育能力课模块。包括教育理论课、教师基本技能课、教学实践课三部分。教育理论课包括职业教育学、心理学、教材教法等。教师基本技能课包括教态、板书、电化教育技术等方面的训练。教育实践课包括教学实习、教学实践等，是教育能力课模块中的重要部分。

（4）综合实践技能课模块。包括工种技能训练课、企业生产实践课、综合实践课、社会调查等。

（5）选修课模块。包括专业性选修课和扩展性选修课两大部分。专业性

选修课在每学期的教学中穿插进行，学生根据个人爱好进行本专业更深层次的学习和研究；扩展性选修课是鉴于现代科学技术发展的日益整体化，自然科学、社会科学、技术科学的互相渗透而设置的。

以上五个模块是一个有机的整体，也是职教师资形成合理知识结构的必备课程。他们构成了理论教学、实践教学和教育实习的三元整合，充分体现出师范性、技术性、学术性三者的融合与统一，保证职教师资培养目标的实现。由于我国现行职教师资来源的多样性，在对在职师资培训过程中，必须以此作为继续教育课程的蓝本，根据各类师资的优势与不足，系统地有针对性地进行培训。

2. 在教学过程中，强化职师学生实践动手能力和技术创新能力的培养

实践动手能力和技术创新能力是职教师资培养区别于普教师资培养的最主要方面，职师教学要注意学生实践动手能力和技术创新能力的培养和提高。广东职业技术师范学院在各专业、各科教学中，强化学生职业技能和创新能力训练，有效改变了"理论""技能"两张皮的现象。如电子信息工程系积极利用本系的多媒体技术课程优势，每年举办多媒体课件制作大赛，组织学生参加科研，培养学生的创新意识和创造能力，学生设计的《计算机网络》CAI光盘获广东省高校优秀多媒体教学软件奖。中文系在秘书学教学中，注意培养学生的"五个一"，即"一手好字，一批好文章，一口流利的普通话，一种拼搏向上的精神和一种开拓创新的思维"等基本素质和技能。这些举措突出体现了实践性、社会性和活动性，大大促进了职技高师学生全面素质的提高。

大力发展职业技术教育对职教师资提出了新的要求。针对现行职教师资培养模式的弊端，居于职教事业可持续发展的理念和开放的理念，本文提出了职教师资培养的理论联系实际的开放式模式。

参考文献：

①刘飒. 论职教师资培训基地的开创性［J］. 职业技术教育（人大复印资料），2001（1）.

②于洪文. 构建开放性的职业教育办学体系［J］. 教育与职业，2001（6）.

③徐玉坤. 新时期职业技术教育改革和发展中的几个关系［J］. 河南职技师院学报（职业教育版），2001（2）.

（本文原载于《教育导刊》2001年第8、9期）

大学生，承担起你的课程责任

——致大学新生

从今天起，你是大学生了。大学生，更多意味着自主和承担责任。若说高中时，你的学习是为了高考，那么，现在你的课程是为了拿学分，同时为了你的发展。引起我写这篇小文，是因为你们的师兄师姐们的故事。每年，总有不少师兄师姐因为学分，特别是公共选修课学分不够而不能如期毕业；每年，总有部分师兄师姐找不到工作。当然，每年大部分的师兄师姐都如期毕业，相当部分的师兄师姐如期找到工作，甚至是很好的工作。区别在哪里？为什么不能毕业的是你？为什么找到好工作的不是你？怪学校，怪社会，怪制度，是没有用的。大学新生，你要承担起自己的课程责任。

不要狭窄地理解教育，以为教育是学校、是老师强加给你的东西。最有效最成功的教育是自我教育！也不要狭窄地理解课程，以为它是课程表上一个个的科目，以为它是固定课室里固定老师冗长的讲授。课程，是学生的学习经历，是个人的阅历，是发展资源。课程即生活，生活也是课程。古今中外成大事者，无不是高度自主和善于自我教育的人，无不是善于做课程策划和具有丰富阅历的人。大学生，该如何承担自己的课程责任？

首先，你要充分认识学校各类课程的学习要求及与你自己的关系。目前，高校实行的是学分制，修完各类课程规定的学分才能毕业。你的课程分必修课与选修课。必修课又分公共必修课与专业必修课，不管哪类必修课，你都别无选择，你一定要及格，补考也要及格，补考也不及格便要重修。选修课又分公共选修课（简称"公选课"）与专业选修课。对每类选修课，都有学分规定。公选课学分是全校统一的，广东教育学院三年制全日制专科不低于10学分，专业选修课的下限学分则会因专业而异。选修课中，你有一定的自主权，选修课不安排补考。其中，公选课是个人自主性最大的课程。你某门公选课不及格没关系，但你必须保证取得规定的最低学分。目前，学分不够不能毕业的大多是因为公选课。这至少说明，你们的一些师兄师姐在学习自主性上出现了问题。这是个人要负全部责任的！你愿意重蹈他们的覆辙吗？

其次，你要学会为自己设计课程，用各种方式开阔视野，丰富自身的发展资源。就目前情况而言，学校设置的课程很难满足一个人的个性化发展需求，也较难满足个体的充分发展需求，尽管这是学校课程改革的目标。你需要自我设计课程，策划自己的生活。

一是阅读。阅读是思想与灵气的源泉，阅读是开阔视野的最好方式。思想有多远，行动便有多远，抽象的空间与行动的空间相辅相成。通过阅读可以拓展抽象的空间从而扩大个体行动的空间。如窦桂梅老师把书籍作为自己成长的土壤。教育名著、文学经典等各类书籍是她生活的伴侣，所以她教学中能做到超越教材，超越课堂，超越教师。如路遥在《平凡的世界》中描写"文革"时期农村初中生孙少平在贫困与孤独中偶然读到《钢铁是怎样炼成的》的体验："他突然感觉到，在他们这群山包围的双水村外面，有一个辽阔的大世界。而更重要的是，他现在朦胧地意识到，不管什么样的人，或者说不管人在什么样的境况下，都可以活得多么好啊！在那一瞬间，生活的诗情充满了他十六岁的胸腔。他的眼前不时浮现出保尔瘦削的脸颊和他生机勃勃的身姿。"这种阅读的兴致是那样强烈，其余兴是那样悠长，以致"这一天，他忘了吃饭，也没有听见家人呼叫他的声音。……渐渐地，他每天都沉醉在读书中"，"是的，他除过一天几个黑高粱面馍以外，再有什么呢？只有这些书，才使他觉得活着还是十分有意义的，他的精神也才能得到一些安慰，并且唤起对自己未来生活的某种美好的向往"。这位 20 世纪 70 年代陕北农村的初中生是通过对纸质媒介的静心阅读去吸纳文学的诗意启蒙力量的。现在，纸质文本的阅读在互联网普及的世界里面临挑战，但更加重要。

二是行万里路。读万卷书还要行万里路。见多才能识广，生存的物理空间决定人的心理发展空间，心理空间反映人的物理生活空间。"井底之蛙""一方水土养一方人"反映的便是这样的道理。有条件的话，不妨多到外面走走看看，通过开阔物理眼界打开心胸。

三是交朋友。听君一席话，胜读十年书，交友的意义便在于此。交良师益友，可以弥补你阅读与行路的不足，可以进一步开阔你的视野，可以获得更多的信息。在当今社会，信息无疑是重要的发展资源。

无论是阅读，还是行万里路与交良师益友，其目的都是开阔视野，丰富自身的发展资源。但是，对于多数人来说，其最初并不具备行万里路的条件，或缺少阅读的人一般也行不了万里路，或即使行了也会缺少相应的感悟和收获。同时，朋友之间的信息交流是相互的，缺少阅读也少了与他人进一步交流互动的知识资本。总之，阅读的好处很多。阅读是第一位的，也是最省钱与最可行的。如西方诗人狄金森的一首诗：

没有一艘船像一本书，

也没有一匹骏马

能像一页跳跃的诗行，

把人带向远方。

　　"远方"代表时间与空间、物理与心理上的开阔与开放性。你，无疑是想走向"远方"的！

　　你能否毕业？你能否找到工作？你能否走向"远方"？这决定于你的认识和行动。这是作为一个教学管理人员对你们说的真心话，这是作为一个"教育学"教师和一个课程论工作者的感悟，希望你们珍惜和思考！

　　（本文原载于《广东教育学院报》2009 年 10 月 20 日第 2 版教授论坛栏目）

第四部分　其他类

倡导体验式的教育学术论文风格

——作为读者、作者与编辑的体验

摘要：本文从作为读者、作者与编辑的体验出发，倡导体验式的教育学术论文风格，并从时代背景、传统学术论文风格的不适宜性和教育科研的特征等维度探究体验式教育学术论文风格存在的可能性和必然性。

关键词：体验；科学语体；体验式的教育学术论文风格

一、个人体验

1. 作为读者的体验

作为读者，我读过很多优美流畅的文章，也接触过不少晦涩难懂的学术论文。优美的文章令人荡气回肠，所得全不费功夫，且令人经久难忘；晦涩的论文读来索然无味，十分累人，若非有十分明确的目的，否则很难继续读下去。例如，我读过很多的论人性的文章，哲学的、心理学的、伦理学的甚至教育学的，这些文章读来不能说全无所获，但给我印象最深刻的久久以来都能引起我共鸣的倒是余光中先生散文中的人性论。现把余先生在《猛虎与蔷薇》（见《余光中散文·鬼雨》，第 213～216 页，花城出版社 1989 年版）一文中有关人性的描述摘录如下，以作本文一注脚。

英国当代诗人西格夫里·萨松曾写过一行不朽的警句："In me the tiger sniffs the rose." 勉强把它译成中文，便是： "我心里有猛虎在细嗅蔷薇。"……

我说这行诗是象征诗派的代表，因为它具体而微妙地表现出许多哲学家所无法说清的话；它表现出人性里两种相对的本质，但同时更表现出那两种相对的本质的调和。假使他把原诗写成了"我心里有猛虎雄踞在花旁"，那就会显得呆笨、死板，徒然加强了人性的内在矛盾。只有原诗才算恰到好处，因为猛虎象征人性的一方面，蔷薇象征人性的另一面，而"细嗅"刚刚象征着两者的关系，两者的调和统一。

原来人性含有两面：其一是男性的，其一是女性的；其一如苍鹰，如飞瀑，如怒马；其一如夜莺，如静池，如驯羊。所谓雄伟和秀美，所谓外向和内向……所谓"金刚怒目，菩萨低眉"，所谓"静如处女，动如脱兔"，所谓"骏马秋风冀北，杏花春雨江南"，所谓"杨柳岸，晓风残月"和"大江东去"，一句话，姚姬传所谓的阳刚和阴柔，都无非是这两种气质的注脚。两者粗看若相反，实质乃相成。实际上每个人多多少少都兼有这两种气质，只是比例不同而已……

但是平时为什么我们提起一个人，就觉得他是阳刚，而提起另一个人，又觉得他是阴柔呢？这是因为各人心里的猛虎和蔷薇所成的形势不同。有人的心原是虎穴，穴口的几朵蔷薇免不了猛虎的践踏；有人的心原是花园，园中的猛虎不免给那一片香潮醉倒。所以前者气质近于阳刚，而后者气质近于阴柔。然而践踏了的蔷薇犹能盛开，醉倒了的猛虎有时醒来。所以霸王有时悲歌，弱女有时杀贼；梅村、子山晚作悲凉，萨松在第一次大战后出版了低调的《心旅》（The Heart's Journey）。

"我心里有猛虎在轻嗅蔷薇"。人生原是战场，有猛虎才能在逆流里立定脚跟，在逆风里把握方向，做暴风雨中的海燕，做不改颜色的孤星。有猛虎，才能创造慷慨悲歌的英雄事业；涵蕴耿介拔俗的志士胸怀，才能做到孟郊所谓的"镜破不改光，兰死不改香"！同时人生又是幽谷，有蔷薇才能独隐显幽，体贴入微；有蔷薇才能看到苍蝇搓脚，蜘蛛吐丝，才能看到暮色潜动，春草萌芽，才能做到"一沙一世界，一花一天国"。在人性的国度里，一只真正的猛虎应该能充分地欣赏蔷薇，而一朵真正的蔷薇也应该能充分地尊敬猛虎；微蔷薇，猛虎变成了菲力斯旦；微猛虎，蔷薇变成了懦夫。……华兹华斯诗："最微小的花朵对于我，能激起非泪水所能表现的深思。"完整的人生应该兼有这两种至高的境界。一个人到了这种境界，他能动也能静，能屈也能伸，能微笑也能痛哭，能像廿世纪人一样的复杂，也能像亚当夏娃一样的纯真，一句话，他心里已有猛虎在细嗅蔷薇。

这段文字是多年前就读过的，一直记忆犹新，今日再读起来，更是深深震撼我的心灵。关于人性，再没有比这更好的表述了。优美的语言中表达着深刻的人性的辩证法，这比任何辩证法教科书中翻来覆去长篇累牍论证的辩证法更要辩证，更要生动，更能深入读者的心灵。为什么会这样？这是因为这样的论述风格符合读者的审美需求而给读者带来文本的愉悦。一般而言，人们读书有六种需求，即刺激需求、消遣需求、信息需求、知识需求、审美需求和思考需求。① 大多学术论文包括教育类学术论文，往往只注重读者知

---

① 梁衡. 读者对出版物有六种需求［J］. 新闻与写作，1999（10）：47.

识、信息、思考方面的需求，而忽视读者的审美需求，忽视读者作为主体的审美体验需要。审美是人类精神生活中一个必不可少的部分，是人生的需要，能进入到读者审美层次的论文，才能算真正进入读者的视野。许多学术论文行文风格枯燥难懂，开卷便让人望而却步。想来，作者作文旨在让人阅读，而且读者越多越好，而这类文章非有坚强的意志不能读，有违作文的初衷，当然便不能很好地实现其功能。

2. 作为作者与研究者的体验

研究与写作过程，不仅仅是一种智力活动，更是一种情感活动。"文生于情，世所恒晓"[①]。学术论著不仅仅是学术的记录，更是心灵经历的记录。学术论文也有表情达意的需要，越艰深的越高层次的研究，作者便越有表情达意的强大冲动。作为对教育理论感兴趣的研究者与作者，我深感研究与著书立说之难。研究是解构与建构同在的过程，无论解构还是建构，都是要做足研究资料和思考的功夫的。在读书过程中，有时仿佛灵感勃发，思如泉涌，但下笔却是无言或词不足以达意。这个过程虽没有古人的"两句三年得，一吟双泪流"的"高峰体验"与感人至深，但也是酸甜苦辣俱在，如果没有执着的追求和享受孤独寂寞的勇气便很难以为继。在写论文的过程中，我都极想把这种体验写下来。每每行文完毕，我都极想写下这句话："路漫漫其修远兮，吾将上下而求索。"但我最终没有写，因为那似乎不符合学术论文的写作风格与科学语体的要求，似乎与主题无关。

3. 作为编辑的体验

作为教育理论刊物编辑，我每期都要忍痛割爱，"把婴儿连同洗澡水一同泼出去"，删掉大量优美的文字。其实，有些来稿的作者和我作为作者的体验一样，把自己研究与写作过程的一些感悟添进去，我读起来感到很舒服，也在充分分享着作者的感受与进行审美体验。但我仍是把这类文字毫不留情地删去，因为我知道，即便我保留，终审时这些"并非多余的废话"仍是难逃主编的"手术刀"。作为编辑，责任就是要编发高质量的稿件，满足作者的需要和读者各种各样的需要。但在满足读者的审美需要方面，我们作为教育理论刊物的编辑似乎做得太少太少。编辑有引导阅读和写作的作用，在倡导新的写作风格和形成一代文风方面，编辑也有自己的发言权。作为编辑应有自己的价值追求，要给文本增添健美、优美的文质，给读者输送可口的食粮和给作者开拓可心的阵地。

从上面这些我个人的体验来看，为读者、为作者的体会与为学术刊物编

---

① 张会恩，曾祥芹. 文章学教程［M］. 上海：上海教育出版社，1995：44.

辑的思维方式和工作方式有些是矛盾的。读者有读到优美文章，能与作者对话的需要；作者有完整地表述自己的研究过程，表达思想感情的冲动和需要；而作为教育学术类论文的编辑，却偏偏不给这类带有感情色彩的文字留有一席之地。这是为什么？作为编辑，我们是否仍一定要坚持传统的学术论文风格样式？学术论文是否就不能有生动形象性？我们是否仍要坚持科学语体应"较少使用或者排斥使用描绘手段和修辞格式"①？文章应该具有审美性，这种审美性既表现在形式方面，也表现在内容方面。陈望道先生在《作文法讲义》中把文章的美质分别为三：一是"明晰"——"知识的美质"，二是"遒劲"——"感情的美质"，三是"流畅"——"审美的美质"。②教育学术类论文也应有这三种美质，既能给人知识的启迪，产生理智感，也能给人情感的共鸣，产生美感。

二、倡导体验式教育学术论文风格的现实可能性与必然性

体验是主体理解和把握事物的本来意义及其引申意义的心理过程，体验超越经验，"是经验中见出深义、诗意与个性色彩的那一种形态"③。体验体现了人的心灵的丰富性。对于文章写作主体来说，重要的是善于体验，即自觉地主动地体验自身经历中的酸甜苦辣。体验式教育学术论文风格是指教育学术论文不仅仅是要表达出教育的"事与理"，也要表达出教育的"人与情"。教育学术论文应有充分的情感表达的空间，允许作者把个人主观体验写在论文里，要尽可能文笔优美，以凸显教育研究的人文性和文章的审美性。凡事都有其存在的土壤，倡导一种新事物，先要探究其成长的可能性。正如哲学解释学的代表人伽达默尔所说："人们所需要的东西并不只是锲而不舍地追究终极的问题，而且还要知道：此时此地什么是行得通的，什么是可能的以及什么是正确的。"④ 下面从历史的与现状的及本体论的角度探询这种论文风格存在的可能性与必然性。

---

① 张会恩，曾祥芹. 文章学教程［M］. 上海：上海教育出版社，1995：67.
② 张会恩，曾祥芹. 文章学教程［M］. 上海：上海教育出版社，1995：218.
③ 童庆炳. 经验、体验与文学［J］. 北京师范大学学报（人文社会科学版），2000（1）：92-99.
④ 伽达默尔. 真理与方法：哲学诠释学的基本特征［M］. 洪汉鼎，译. 上海：上海译文出版社，1999：16.

1. 对传统科学语体特征及教育类学术论文风格的解读与解构

人们在不同的社会活动领域中，由于交际环境和任务的不同而形成了不同的语言特点。语体就是为了适应表述内容和交际需要而形成的语言材料和表现方法的特点的总和。根据文章在交际活动中的功能区别，文章语体大致可以分为科学语体、政论语体、事务语体和散文语体四大类别。科学语体的功能在于准确地记述自然、社会和人类思维的现象；严密论证其内在规律，为科学技术本身的研究、发展和传播服务。学术论文的写作无疑是属于科学语体。传统的科学语体的主要特征有：广泛地使用意义单一的科技术语，并且形成术语系列；句类和句型较为单一；较少使用或者排斥使用描绘手段和修辞格式；较多地使用符号、公式、图表、图解，使语言更具备信息量大、简洁明快的特征等。在这种科学语体的限定下，我们可以读到大量的干瘪瘪的艰涩难懂的拒人于千里之外的教育类学术论文。而且有些论文越写越有让人读不懂的趋势，仿佛只有读者读不懂才能显示作者的学问高深。文章有认知功能、实用功能和审美功能，文章追求的最高境界是求真、向善、启美，学术论文也概莫能外。文章要能实现这些功能，前提条件是必须能进入读者的视野，能打动读者的心灵，能符合读者作为审美主体的需要。拒读者于千里之外的教育学术论文，无疑不能做到这一点。理论是现实的反映，一定的论文风格或文风也打上时代的烙印。传统或现行的艰涩的学术论文风格是与近代以来理性至上主义、工具主义相对应的。在科学理性主义的狭缝挤迫中，人的情感无处藏身，人的表情达意的需要被肆意压抑与扭曲，学术论文便变成理性的过度张扬。在工具主义的主宰下，人的本体功能被异化，人是理性的工具，文章便也异化成一种政治的或经济的工具，学术论文当然便也蜕变为纯粹的学术工具，见物不见人，见理不见情。谁知，"把人的精神、价值、心灵等排除在教育研究之外，势必造成教育的畸形，从而扭曲人的发展"①。教育学术论文作为教育研究的成果体现，也是这样的一种状况，它扭曲的不只是作者，还有读者。

2. 当下的背景

时代文风，是由某一时代的社会思潮与风尚对文章的写作影响而造成的。政治的治乱、制度的优劣、社会风气的刚柔等，都影响文风的形成。刘勰说："文变染乎世情，兴废系乎时序。"（《文心雕龙·时序》）感悟我们现在所处的时代，它正日益发生全面的翻天覆地的变化，这种变化是过去任何

---

① 金生鈜. 理解与教育：走向哲学解释学的教育哲学导论 [M]. 北京：教育科学出版社，1997：27.

一个时代所不能比拟的。社会主义市场经济体制的确立和发展；经济体制改革带来生产力的巨大进步，物质财富的增加；政治民主化进程的推进；科技的发展带来的人类学习、工作、生活方式的变化；文化活动的空前繁荣等以及这些变化对人类心灵层面的冲击。这次伟大的社会变革的最大意义是引起人们对人的主体性的重视和作为个体的人获得了自由。经济、科技的发展使人获得了物质生活的自由，人事体制的改革使人获得了选择的自由，政治的开明使人获得了精神的自由。在这自由的氛围中，人获得了更大的生存与发展空间，更多的自由表达与平等交流的权利。从封闭到开放，从保守到改革，从贫穷到富裕，从压制到宽容，从局促到自由，从"一张嘴巴说话"到"群体对话"，我们正处于社会转型时期。凡转型期必也是理论的解构与建构异常活跃的时期。正如罗蒂在《哲学与自然之镜》中主张哲学不再是一种理智活动，而是人类多种对话中的一种声音，"强调哲学的方法不再是论证的或提供论据的，而是一种'文明的、启示的、智力的、显现的、兴奋的'对话，应由文学风格代替科学风格"①。倡导营造一个哲学对话的新语境——"后哲学文化"，因此"后哲学文化"是把文学和哲学融为一体的写作过程，既有文学的隐喻性又有哲学的主题确定性。② 本文开头引注的余光中先生的文章对此是一个极好的说明，我们既可以把它看作是"散文化的哲学文本"，也可以把它看作是"哲学化的散文文本"。毫无疑问，这种论述风格会把读者带向文本的愉悦。课程理论研究中也出现这样一种倾向，在西方有众多的学术研究支持"课程即美学文本"这一理念。早在 20 世纪 60 年代，著名课程论专家休伯纳就曾指出，美学语言堪成为替代泰勒原理之技术语言的一种重要语言。③ 在这样的时代特征和理论背景下，文章语体的变动是一种必然的趋势，而且是一种越来越快的趋势。随着社会交际活动的复杂化和人类表述心灵的自由化，语体之间不断混合和交叉，出现种种中间型语体。比如，当代科学技术迅速发展，为满足面向广大群众普及科学技术知识的需要，产生了通俗科学语体。它广泛吸收艺术语体的特点，通俗简易而又形象生动地说明各种科学原理和规律。又如政论语体借鉴和吸收艺术语体的特点，而形成艺术政论语体。再如，原本限于小说和剧本中的对白体也出现在散文和政论语体中；外交事务文件中也出现了带有感情色彩的恭维词语等等。④ 在

---

①　汝信. 现代西方思想文化精要［M］. 长春：吉林人民出版社，1998：393.

②　汝信. 现代西方思想文化精要［M］. 长春：吉林人民出版社，1998：394.

③　张华. 走向课程理解：西方课程理论新进展［J］. 全球教育展望，2001（7）：40－48.

④　张会恩，曾祥芹. 文章学教程［M］. 上海：上海教育出版社，1995：70.

"对话"的时代，阅读是读者和作者对话与分享的过程，中间型语体为这种对话与分享提供了便利。只有愉悦的文本才能给人带来文本的愉悦。试看朱镕基总理的外交风格及由此显示的感染力和独特魅力，也可见中间语体的强大生命力。体验式的教育学术论文风格便是一种中间语体，是文学与教育学融为一体的写作风格，是科学与人文相结合，理智和情感交融的写作过程。

3. 教育科研的人文性与情感性

从某种意义上来说，教育学科具有人文性，教育科研是关注人、研究人从而更好地发展人的活动。教育是一种"源于现实，高于现实"的理想的行动，持之以恒的教育科研体现了理想的执着追求及炽热情感的参与，体现了作者强烈的个体性与主体性。这在许多学者的论著中可见一斑，如金生鈜在《理解与教育：走向哲学解释学的教育哲学导论》（教育科学出版社 1997 年版）后记所言："教育学是对教育者挑战极高的一门学术，……它的实践品性要求研究者要有高尚的精神境界、圆满的人格，有着对人的关切、同情、热爱、宽容、启迪的情怀，有着对教育及教育学的执着与真诚。""这本书不仅是我作为一个学人的学术纪录，更是我在 20 世纪末这个激动人心的年代的心灵经历的记录，同时也是踏上遥远征程的标记。……路漫漫其修远兮，吾将上下而求索。"胡家祥在《心灵结构与文化解析》（北京大学出版社 1998 年版）前言中说："治学必须真诚。……治学还需天真。……缺少真诚者容易为物欲所蔽，缺少天真者容易为观念所蔽，他们都丢失了赤子之心，自然无从达到学问的澄明之境。真诚便有献身精神，天真才会发挥创造潜力，二者一体方能求实、创新。"过程决定结果，结果反映过程，教育科研（过程）的人文性与情感性决定了教育学术论文（结果）的表述方式与风格，尤其是在探讨教育的应然价值追求的论文当中，它更应该区别于一般的自然科学学术论文语体风格，而允许人的情感表达在论文中留有一席之地。而且有时只有这样，才能把问题表述得更清楚。正如檀传宝在《信仰教育与道德教育》（教育科学出版社 1999 年版）前言中所说："导言可以写得很长、很理性，这里却反其道而行，用了较短和较感性的形式。……我这样做的理由是：……以一种心路历程来反映本研究的框架也许更能体现我个人的'历史与逻辑'的统一。"在今天，培养"完人"（the whole person）已成为教育目标中的自觉追求，作为教育科研的主体——作者，当然也不能忽视自身作为"完整的人"的地位和需求而勇敢地表达自己。作为编辑，我们当然不能忽视作者、读者还有我们自己作为一个完整的人的追求。

4. 体验式的教育学术论文风格已渐露端倪

正如海德格尔所说，人应诗意地栖居。诗意是人的心灵的真诚状态，诗意地阅读，阅读诗意的文本应是诗意地栖居的一部分。① 我欣喜地看到，诗意的学术文本逐渐出现，体验式的教育学术论文风格已渐露端倪。这从一些论文的题目可窥一斑，如刘国正的《似曾相识燕归来——中学文学教育的风雨历程》（《课程·教材·教法》2000 年第 6 期），叶澜的《世纪初中国教育理论发展的断想》[《华东师大学报》（教育科学版）2001 年第 3 期]，石鸥的《从学校批评看学校不能承受之重》（《教育研究》2002 年第 1 期）等等。特别是郭思乐的专著《教育走向生本》（人民教育出版社 2001 年版）最值得一提。这是一本在内容和表达方式上都充满创新的教育论著，作者在写法上追求"力图联系实际，同广大教育工作者的阅读习惯相一致"，全书娓娓道来，文笔优美流畅，读它既如读散文或随笔，又像读夸美纽斯的《大教学论》，心中充满美好的体验，让人在不知不觉中领悟了生本教育的理论体系。随着人的心灵对自由与诗意的越来越自觉的追求，这样的文章与论著将日渐多起来。

综上所述，体验式教育学术论文风格体现了科学与人文的综合。传统的科学语体尽管曾有其历史的合理性作用，但它的不合时宜日益明显。在当下的时代背景中，体验型教育学术论文风格有其存在的可能性和必然性。这应成为作者、读者与编辑的自觉追求。

（本文原载于《学术界》2003 年第 4 期）

---

① 北京大学附近一个很受学人欢迎的书店（确切名字我已记不清楚）的门上和墙上写着："人，诗意地栖居。"那情那景，总使人想到，最诗意的生活方式莫不过于与一个优美的文本对话。

教育叙事研究探源

摘要：教育叙事研究的崛起，有多方面的根源：从哲学认识论起源看，它与现象解释学一脉相承；从教育背景起源看，它反映了教育研究者对研究方法"科学化"的反思及教育文本表达方式的创新追求；从人性起源看，它是教育研究者心灵复归与真情流露的需要。叙事研究合法地位的取得，依赖于对它的正确理解与运用。

关键词：教育叙事研究；现象解释学；研究方法；表达方式

近几年来，关于教育叙事研究的研究及其应用，学界极大关注。不少研究者就教育叙事研究兴起的背景、特点及其理论基础等方面做了很有意义的探讨，但认识还不够全面与深入，甚至存在误解。本文尝试探讨教育叙事研究的来龙去脉，以期为教育叙事研究的"合法性"做辩护。

一、教育叙事研究在国内外的崛起

稍微留意一下近几年国内外教育报刊和书籍，我们便会发现"体验"一词出现的高频率和文学表达方式在教育学文本创作中的应用的现象，其中最明显的是叙事法在教育研究中的迁移。如英国公开大学出版社（Open University Press）21 世纪初出版了一套质化研究丛书，其中两本分别是 Peter Clough（2002）的《教育研究中的叙事和虚构》（*Narratives and Fictions in Educational Research*）和 Ivoy Goodson（2001）的《教育背景中的生活史研究》（*Life History Research in Educational Setting*）。此外，还有 Robin Usher（2001）的一篇论文《讲述研究的故事和作为叙事的研究：社会科学研究的后现代方法》（*Telling A Story About Research and Research as Story-telling：Postmodern Approaches to Social Research*）。在我国，《全球教育展望》2003年 3、4、5 连续三期开辟了《叙事研究》栏目，除了翻译和介绍国外这方面的研究外，还探讨了叙事研究在教师发展和课程研究中的应用。此后，其他刊物也开辟了类似的栏目，并在中小学中推广应用。原来井水不犯河水的文学与教育学，为什么能走到一起？我们必须从教育研究的历史与现状中寻找原因。

二、教育叙事研究探源

全面探讨教育叙事研究的源头，才能正确运用叙事研究，实现叙事研究的功能与目的。从教育叙事研究的哲学认识论起源看，它与现象解释学一脉相承；从它的教育背景起源看，它反映了教育研究者对研究方法"科学化"的反思及教育文本表达方式的创新追求；从它的人性起源看，它是教育研究者心灵复归与真情流露的需要。

（一）教育叙事研究的哲学认识论根源——与现象解释学一脉相承

教育学脱胎于哲学，教育研究方法与哲学主流思潮始终密切联系在一起。19世纪下半叶，针对科学知识型正从自然科学领域向其他知识领域进军的现状，狄尔泰（Wilhelm Dilthey）便提出"精神科学"的概念，并从历史理性批判入手，探讨精神科学的方法论，主张用精神科学的研究方法去研究教育。但直至今天狄翁的观点才引起我们的重视并得到越来越多的运用。这正与哲学的转向或后现代主义思潮有关。

教育叙事研究有深刻的哲学根源——现象解释学。教育叙事研究与现象解释学的方法是一脉相承的，因为"解释现象学研究及其理论构建是无法与写作的具体实践相分离的"①，"故事/叙述的方法当然就是解释的方法，就像科学的/理性的方法是逻辑分析的方法一样"②。所以，现象解释学方法与教育叙事研究不是平行的两种方法，而是源与流的关系，是本质和现象的关系。

现象解释学认为，科学认识乃是我们认识世界许多方式中的一种，我们决不能以近代自然科学的认识和真理概念作为衡量一切其他认识方式的标准；理解、解释、体验等也是人类探索世界的方式，通过它们获得的知识和真理不同于科学的认识和真理。现象解释学的方法，是现象学与解释学相嫁接的产物，其基本功能就是解释。对现象学，我们可以做这样的理解：从研究的对象看，现象学界于逻辑学与心理学之间；从研究的方法看，现象学在实证主义与形而上学之间；从思维的风格看，现象学在思辨哲学与诗化哲学

---

① 范梅南. 生活体验研究：人文科学视野中的教育学［M］. 北京：教育科学出版社，2003：前言.

② 多尔，柯蓉，罗丽新. 寻找精神：对西方课程思想的反思［J］. 全球教育展望，2004，33（1）：20 - 21，34.

之间。① 思辨方法的哲学思考方式是揣摩的、解释的、构建的；现象学的哲学思考方式则是描述的、写实的、分析的。舍勒对现象学的理解则是：现象学是一种精神直观态度（einstellung），人们通过这种态度就可以直观或者体验那如果没有这种态度便始终不会显现出来的事物，即由现象学事实组成的特殊"王国"；以现象学为基础的哲学，要求哲学家必须最直接、最强烈和最生动地体验和接触世界本身。②

现象解释学方法，要求"面对实事本身""生活世界""此在""理解""体验"等，对知识价值进行描述和分析，从而寻求人的价值与意义的回归，即通过诗（艺术）和思（思想），去接近"实事"，开辟一条非对象性的思与言的道路，一条不同于科学—技术所开发出来的对象性思维、客观性思维的道路。现象学研究是对生活体验的研究，是对引起人们注意的现象的解释，是对本质的研究，是对我们生活经验的意义的描述，是一种对人类生存意义的追寻，是一种诗化活动。

由此可以看出，教育叙事研究方法与现象解释学的方法有相通之处，都融进了研究者个人的生命体验。教育也必须如哲学一样敏感，才能完成自己的任务，才能找到教育改革的真正方向；处于教育共同体中的人也必须对所有的人和事保持一种敏感，才能找到教育的机智与生活的智慧。"生活和学习的丰富来自于科学的分析、对故事的解释以及对精神的感受的结合"③，富于时代精神的有生命力的研究当也是如此。教育叙事研究于是应运而生。

（二）叙事研究的教育背景起源：研究方法的反思与表达方式的创新追求

1. 教育研究方法上的反思——对教育科学化的继续寻求

教育研究方法的演变过程与教育理论的发展过程共始终。在一定程度上，教育研究方法决定教育理论的发展现状与水平。教育学自产生以来，从没停止过对科学化的追求。教育学初期的论证方法，大多采用思辨式的演绎和推理。随着心理学、社会学等经验学科的逐渐兴起，教育学逐渐利用社会学所常用的实证方法和心理学所采用的实验方法来研究教育问题，从而使教育学在科学化的道路上前进了一步。又随着自然科学的发展，教育研究强调

---

① 倪梁康. 面对实事本身：现象学经典文选 ［M］. 北京：东方出版社，2000：10－15.

② 舍勒. 知识社会学问题 ［M］. 艾彦，译. 北京：华夏出版社，1999：17.

③ 多尔，柯蓉，罗丽新. 寻找精神：对西方课程思想的反思 ［J］. 全球教育展望，2004，33（1）：20－21，34.

用自然科学的方法论与技术手段如实验和试验、统计和测量等去研究教育的规则与规律，以使教育学踏上自然科学的客观、精确的道路。但在教育实践的具体性、复杂性和丰富性面前，科学主义方法论常常无能为力，导致"教育研究所面临的困境之一是：往往教育研究越是精确，其与人类经验的联系则越来越少"①。既然我们用自然科学的精确的、客观的方法不能使教育科学化，那尝试用"人文"的方法去研究教育或作为一种补充，就未尝不是一条出路。所以叙事研究是作为我国教育研究的另一种倾向，是站在"即总想把教育研究科学化，总想把教育学变成像自然科学那样的精密科学，似乎不这样，教育学就不是'科学'"的对立面产生的。这便是叙事研究产生的教育背景。

但是，或许因为我们在"教育科学化"的"自然科学范式"与"理性主义范式"路上走了太久，所以一开始总是有人不大能接受教育叙事的方法，并对它的"科学性"表示怀疑。正如 R. Usher 所说，因为我们总是习惯于把研究看作是一种产生社会有效知识（validated knowledge）的特殊活动，以致我们不容易接受叙事研究的概念。我们认为叙事是"不严肃"（unserious）的，是虚构的，而研究是发现真理因而是严肃的事情。这迫使我们反思，教育研究的"科学化"究竟是什么？我们过去所追求的"教育科学化"的"自然科学范式"或"理性主义范式"是否真的"科学"？是否完全符合教育与教育研究的"真"本质与"真"性情？若我们所追求的"教育科学化"的路径恰恰有违教育和教育研究的"真"与客观事实，那还能叫"科学"吗？"活泼泼"的东西为什么不能成为"科学"？若因为追求"科学"而影响读者对文本的接受，那这样的"科学"还有什么意义？

人是教育的出发点，教育是关涉人的价值的实践活动。教育"科学化"若缺少对人的关注，缺少对教育客观事实与教育研究过程的整体把握，便很难说其是"科学"的。这是由教育学的学科性质与教育科研的特点决定的。教育是科学性与人文性相融合的一种培养人的活动。教育作为一种社会历史的存在，作为一种价值的事实，应该作为精神科学的研究领域；教育研究具有人文性和情感性；教育学可以成为一门科学，但不是自然科学，而是精神科学。教育知识的客观性及完整性的必要前提是运用"体验""理解"等精神科学或解释学的方法。这样，文学的叙事方法应用于教育研究中并逐渐产生影响便是理所当然的事。

从现代知识观来看，科学的重要特点是客观、普遍。用叙事方法进行教

---

① 康纳利，克莱丁宁. 叙事探究 [J]. 丁钢，译. 全球教育展望，2003（4）：6 - 10.

育研究，更能反映教育与教育研究的"真"本质与"真"性情，更符合科学的"客观性"要求。人的主观性也是一种"客观存在"，承认与肯定人的主观性，便是一种实事求是的科学精神的表现。"科学"不等于"死板"，"活泼泼"的东西也可以成为"科学"。所以，叙事研究依然反映了人们对"教育科学化"的追求与认识的深化，是事物发展否定之否定规律的表现。

2. 表达方式上的创新追求——对理性语言的批判及对情感语言的倡导

目前，在相关论述中，大多只认识到教育叙事研究作为一种方法的运用，忽视教育叙事研究作为一种表达方式的自我追求。教育叙事研究的另一针对点是教育论文的晦涩难懂，它的目的是创造"愉悦的文本"及让读者体会阅读文本的"愉悦"，增强思想的可接受性。

教育叙事研究既是一种发源于非理性主义哲学的方法，也是一种新的表达方式。非理性主义哲学对理性哲学的批判也是从语言批判开始的。这首先与尼采（Friedrich Wilhelm Nietzsche）有关。尼采由对形而上学思维方式的批判转入对语言的批判，他认为，语言及我们在语言中形成的判断简化了活生生的过程的复杂性，歪曲、忽视了我们经验的独特性，从而歪曲了生命。尼采与形而上学家的区分在于：尼采意识到语言总要歪曲生命；我们是我们的语言世界的艺术创造者；我们对世界的语言描述仅仅带有隐喻的性质，而不是对生命的精确刻画。① 所以，非理性主义哲学对理性哲学的批判也是从倡导一种新的表达方式开始的。这充分体现在后来的海德格尔（Martin Heidegger）、萨特（Jean-paul Sartre）等人的哲学观及其著作的语言风格上。

当代哲学家更是不停地对逻辑与理性语言进行批判并倡导新的表达方式。如莫兰指出，类比和隐喻不仅是诗歌所必需的，也是人的思维本身所必需的。对自然语言、共同语言和普通语言的鄙视态度表明"人们想把讨论一切问题的基本权限留给内行、专家或专业人士，它倾向于剥夺公民的认识权"②。普通语言是为人的精神提供最开放的场地的语言，不但不可能放弃普通语言，而且必须回到普通语言，才能进行思考。这也正是维特根斯坦后期语言哲学的意义。

文化哲学家卡西尔指出，语言的形式多种多样，"与概念语言并列的同时还有情感语言，与逻辑的或科学的语言并列的还有诗意想象的语言"③。

---

① 李超杰. 理解生命：狄尔泰哲学引论［M］. 北京：中央编译出版社，1994：21-22.

② 莫兰. 方法：思想观念［M］. 秦海鹰，译. 北京：北京大学出版社，2002：186.

③ 卡西尔. 人论［M］. 甘阳，译. 北京：西苑出版社，2003：45.

语言的任务是不但要描述事物，而且要激发人类的情感；并非只是传递思想或观念，而是要促使人们去行动。在教育领域，也有不少作者"提倡停止使用逻辑理性语言，而代之以认可个性、情感、伦理及不确定性的语言"①。

科学主义的教育研究方法提倡使用形式化的语言，使用科学语体。科学语体的主要特征有：广泛地使用意义单一的科技术语，并且形成术语系列；句类和句型较为单一；较少使用或者排斥使用描绘手段和修辞格式，如类比和隐喻；较多地使用符号、公式、图表、图解，使语言更具备信息量大、简洁明快的特征等。在这种科学语体的限定下，我们可以读到大量的干瘪瘪的艰涩难懂的拒人于千里之外的教育学术论文。文章有认知功能、实用功能和审美功能，文章追求的最高境界是求真、向善、启美，学术论文也概莫能外。文章要能实现这些功能，前提条件是必须能进入读者的视野，能打动读者的心灵，能符合读者作为审美主体的需要。拒读者于千里之外的教育学术论文，无疑不能做到这一点。传统或现行的艰涩的学术论文风格是与近代以来理性至上主义、工具主义相对应的。在科学理性主义的狭缝挤迫中，人的情感无处藏身，人的表情达意的需要被肆意压抑与扭曲。

科学语体的语言习惯会限制我们的视野，而人类生活经验中的许多意义也确实会被一些习以为常的理论及其表达方式遮蔽。它造成了研究结果与研究过程的断裂，使文本作者觉得"言犹未尽""言不尽意"，并直接妨碍教育文本接受性的达成。"把人的精神、价值、心灵等排除在教育研究之外，势必造成教育的畸形，从而扭曲人的发展"②。教育学术论文作为教育研究的成果体现，它扭曲的不仅是作者，还有读者。

教育文本表达方式与研究方法是一致的，叙事研究方法的运用允许我们运用体验式表达方式。这种文学与教育学融为一体的写作风格，是科学与人文相结合，理智和情感交融的写作过程。它的内涵是指教育研究的成果不仅仅要表达出教育的"事与理"，也要表达出教育的"人与情"。③ 如果叙事可以达到这样的境界，即不仅在讲述某个人物的教育生活故事的过程中揭示了一系列复杂的教育场景与行为关系，而且传达了某个人物在此教育场景中的

---

① 奥恩斯坦，汉金斯. 课程：基础、原理和问题［M］. 柯森，等译. 南京：江苏教育出版社，2002：197.

② 金生鈜. 理解与教育：走向哲学解释学的教育哲学导论［M］. 北京：教育科学出版社，1997：27.

③ 陈彩燕. 倡导体验式的教育学术论文风格［J］. 学术界，2003（4）：135－141.

心灵颤动，可以给读者一种精神震撼，那么这就是非常好的叙事了。① 这样的教育研究才"可爱又可信"。

（三）叙事研究的人性起源——教育研究者的心灵复归与真情流露

在叙事研究没有成为显性术语之前，许多教育研究者其实有意无意地运用过叙事研究。这从许多著作的前言、后记中可以看到。这是心灵复归与真情流露的自然表现。研究与写作过程，不仅仅是一种智力活动，更是一种情感活动。"文生于情，世所恒晓"。许多研究是研究者个人生活史的展开，学术论著不仅仅是学术的记录，更是心灵经历的记录。学术论文也有表情达意的需要，越艰深的越高层次的研究，作者便越有表情达意的强大冲动。研究是解构与建构同在的过程，无论解构还是建构，都是要做足资料研究和思考的功夫的。读书过程中，有时仿佛灵感勃发，思如泉涌，但有时却是下笔无言或词不足以达意。这个过程虽没有古人的"两句三年得，一吟双泪流"的"高峰体验"与感人至深，但也是酸甜苦辣俱在，如果没有执着的追求和享受孤独寂寞的勇气便很难以为继。在写论文的过程中，很多作者都极想把这种体验写下来。这是真情流露的需要，也是表达思想的需要。

叙事集中关注人类经验，叙事是人类认识世界与认识自我的一条途径。叙事总是与体验联系在一起，教育研究中有各种各样的教育故事与研究故事，之所以"叙"这一"事"而不"叙"那一"事"，与人的体验有关，叙事与体验具有一致性，我们所叙之事必然是引起我们深刻体验的事。叙事体适用于社会科学的许多领域，因为社会科学是人的科学，充满着人的事件与体验。文学是人学，教育在终极意义上是对人的生存状态的关注，是对道德和精神美好境界的追求。教育研究与写作和小说的创作一样，都是一种文本的社会实践活动，都是通过文字去创造一个世界，都是针对人而展开的，都有一定的"意境"。理论研究必须植根于研究者的人生体验，或者说理论研究的本质其实是个人生活叙事。许多教育叙事研究的倡导者，也是基于自身研究的一种体验。教育叙事研究为研究者开辟另一条意义丰富的言说道路，可以满足研究者表达思想与情感的需要。

---

① 周勇. 教育叙事研究的理论追求：华东师范大学丁钢教授访谈［J］. 教育发展研究，2004（9）：56－60.

三、教育叙事研究的困境与展望

从教育叙事研究的起源可知，它承载着重大的使命：它不仅要在研究方法上冲破"科学主义"的樊篱，而且要在表达方式上创建一种清新的教育文本写作风格，增强文本的可读性与可接受性；它不仅要晓之以理，而且要动之以情。由此，它对教育研究者提出了更高的要求：丰富的生活积累（叙事的素材）、较好的语言表达能力、良好的教育理论素养和情感投入。这也决定了它的困境：教师有丰富的生活积累和大量的教育故事，但缺乏教育理论素养，所以教师的叙事研究，往往只有"叙事"，没有"研究"，没有上升到理性层面的反思；理论工作者有较好的理论素养，但有时又缺乏真实生活的积淀，而且许多在教育中讨生活的人，未必有真情感的投入，所以教育理论工作者的叙事研究也不丰满。也正是如此，教育叙事研究一出现便遭到怀疑。叙事研究合法地位的取得，依赖于对它的正确理解与运用。

前路尽管困难，但我相信只要努力，教育叙事研究的明天会更好。这是由它的特点与使命决定的，它承载着我们的理想：对诗意生活的追求！

（本文原载于《现代教育论丛》2005 年第 4 期）

"关系人"的存在方式及其教育意蕴

摘要：人性以两面性或二重性的方式对立统一地存在着。人是"关系人"，人性在关系中生成与实现。当代人的关系境遇在发生深刻的变化，人性表现方式也有差异。教育必须直面人的关系存在方式与当代人的关系状态。"关系人"的人性观有丰富的教育意蕴：一是对关系"场"作用的认识使我们获得一种教育智慧；二是教育目标与内容的设定要指向"关系人"的完满实现；三是道德教育要重视培养人的"关系"意识。

关键词：关系人；关系场；人性；教育意蕴；关系意识

人性是思考教育理论与实践问题的基础。每一种有影响的自成体系的教育理论，其前提必然蕴含着对人性的形而上学假设。人性是个高度复杂的概念，人性以两面性或二重性的方式对立统一地存在着。任何一种人性论都难以全面而充分地解释人；在每种人性论指导下的教育实践，也都各有缺憾。因而，对人性及其教育意义的探讨常在常新。当代对人性本体的追问方式正在发生从追问"人是什么"到追问"人是怎样存在的"的改变。本文拟从人的当代存在方式出发，探寻"关系人"的人性实现方式及其教育意蕴。

一、人的存在方式与"关系人"的人性假设

西方自近代以来，"人是理性的动物"的观念深入人心。20 世纪许多哲学家尝试超越"理性人"人性观，进行了多角度探讨，如海德格尔认为"人是会言语的动物"，卡西尔把人定义为"符号的动物"，费尼克斯提出"人是意义的动物"。这些"语言"保留了"人是什么"的提问形式，但实质上都涉及"人是怎样存在的"，并直接或间接地回答了人的"关系"存在方式。"人是关系人"的人性观也保留了这种表达形式，而且直面"人是关系地存在的"的问题，体现了当代哲学从"实体逻辑"向"关系的逻辑"的转向。

（一）各种人性论中对"关系人"存在方式的设定

古今中外理论家对人的"关系"存在多有论述，下面选取主要哲学派别

的人性论进行分析，说明人是"关系"地并在各种"互动性关系"中存在的。

1. 辩证唯物主义对"关系人"的论证

马克思提出要从人的社会性看人的本质和人性的思想。他说："人的本质并不是单个人所固有的抽象物。在其现实性上，它是一切社会关系的总和。"① 人的本质在其现实性上，是一种关系性的存在。人的社会本性不是一成不变的，它随着社会的发展和社会关系的变化而发展。一个人只有在现实的社会关系中，在与他人、社会相交往的过程中，才能真正获得自己活生生的具体存在与本质。

马克思主义又从实践论的角度提出"人的需要即他们的本性"②，进一步认为人性问题其实就是现实的人在现实的社会关系中以什么样的方式、手段去满足自己需要的具体的行为问题。需要是实践的根本动力，人性通过人对需要的满足而表现，在具体的社会关系中获得规定性。而人在满足需要过程中必然要与人、物发生各种关系，因而人性也是人在处理各种关系中的展现。

2. 现象解释学对人的"关系"存在方式的探讨

现象解释学直接探讨人的"关系"存在方式。西方自笛卡儿开始，无论是唯心主义还是唯物主义，都将物质与精神相脱离、主体与客体相分裂当成一个既定事实，从而导致哲学史上的一个"分裂"时代。海德格尔认为，古往今来的哲学家之所以在"外部世界的存在性"问题上陷入困境，关键在于人为地设立了主客体分裂的鸿沟，忽视了"人生在世"这一基本的存在现象。因此，必须以人生在世为基础，重新探讨此在与世界的关系，真正把握此在存在的真谛。此在是"在世界中"的存在，人生在世，就是同他物和他人打交道，并不断筹划自身的各种可能性。③ 舍勒在对人与社会关系的分析上，也坚持了这种现象学的观点，并分析了人的"互相"影响方式，他说："无论'互相'思考、'互相'盼望、'互相'爱慕、'互相'痛恨等最初是如何发生的，这种'互相'也是群体灵魂和群体精神这两个范畴的基础……。在我们看来，这些范畴都不是先于全部共同生活和互相体验过程而

① 马克思，恩格斯. 马克思恩格斯选集：第一卷 [M]. 北京：人民出版社，1972：18.

② 马克思，恩格斯. 马克思恩格斯全集：第三卷 [M]. 北京：人民出版社，1980：514.

③ 涂成林. 现象学的使命：从胡塞尔、海德格尔到萨特 [M]. 广州：广东人民出版社，1998：158.

存在的形而上实体；毋宁说，它们只不过是永远在与其他人共处的经验中不断重新形成自身的精神主体和内容。"① 这些探讨，表明人是在各种"互动性关系"中存在的。

3. 宗教哲学对人的"关系"性质的理解

每一种关系因人的态度与操作方式不同，都表现为既有物质的方面，也有精神的方面；既有物理的方面，也有心理的方面；既有直接性，也有间接性。宗教哲学家马丁·布伯（Martin Buber）所创的"我—它"和"我—你"的关系深刻地揭示了各种关系的性质。"我—它"的对立，是指为了自我生存及需要，人必须把他周围的在者——其他人、生灵万物，都当作与"我"相分离的对象，与我相对立的客体，通过对他们的经验而获得关于他们的知识，再假手知识以使其为我所用。人也栖身于"你"之世界，在其间他与在者的"你"相遇，此时，在者于我不复为与我相分离的对象。此种二重性便是人的真实处境。因为，尽管人为了生存不得不留存在"它"之世界，但人对"你"的炽烈渴望又使人不断地反抗它，超越它，正是这种反抗造就人的精神、道德与艺术，正是它使人成其为人。"人呵，伫立在真理的一切庄严中且聆听这样的昭示：人无'它'不可生存，但仅靠'它'则生存者不复为人"②。

哲学家们以理性的方式论证上帝的存在实际上是将自己与上帝视为"我—它"的关系，因为他们仅仅把上帝当作一个客体，当作一个需要运用理性解决的问题。可是，马丁·布伯认为，上帝与人类的关系应该是一个相互依存的、具有强烈感受性的、平等的"我—你"类型的关系。在"我—你"类型的人神关系中上帝作为永恒的"你"一直都存在着。"我—你"生命相遇而产生的有时是只可意会不可言传的精神联系。人性的超越性也在此中体现。

宗教哲学对人与神关系的探讨，深化了我们对人与人、人与自然关系中精神因素的认识，而人与各种对象的精神关系正是我们今天要强调的。经验世界是与人对立的对象世界，万物和人本身都被当作对象加以经验和利用，人甚至沉浸于经验世界的实际功利中，失去自我。"我—你"关系世界是主体与主体的相遇，是生命与生命的对话，人在关系世界中就走入了生命存在，感受到与世界一种原初的交融。人生来是要寻找安身立命之所的，意义的丧失正是与"我—它"关系的泛滥有关，与人类缺乏"关系"的概念和

---

① 舍勒. 知识社会学问题 [M]. 艾彦，译. 北京：华夏出版社，1999：61.

② 布伯. 我与你 [M]. 陈维刚，译. 北京：生活·读书·新知三联书店，2002：译者前言 5 – 8.

意识有关，或可以说与人类缺乏一种正确的"关系"概念和意识有关。

费尼克斯（P. H. Phenix）则同时受现象学与宗教哲学的影响，强调存在是关系中的存在（To be is to be in relation.），并直接提出他的人性论："人是意义的动物。""意义是互相联系的，是共享的，没有人在孤立中能过有意义的生活。"① 从而阐明人是在一定的关系中成长与发展，在关系中实现自身的价值与意义。

（二）当代社会中人的"关系"境遇变化与人性的实现

1. 人的"关系"境遇的变化

世界作为一个巨大的复杂的关系网，主要由四种关系构成：人与自身的关系、人与社会的关系、人与自然的关系、人与文化的关系。人在这些关系中存在。人所直面的各种关系在不同时代有不同的表现形式与处理原则，因而人性是在历史中展开与变化的。鲁洁指出："人就其本质而言是一种关系性的存在。在历史发展进程中，这种关系性存在曾经表现为各种不同的现实的形态，相应地也有过不同的人学理念。……在人类发展的早期，人与人的关系表现为一种整体性的存在，人对人依赖关系的肯定与认同是当时人学观的核心。随着现代化的推进，以物的依赖性为基础的人的独立性开始确定，单子式个体是与之对应的人学观。……进入当代以后，人与人之间的相互关联越益密切，共生性存在开始突显于人学理念中。"② 当代哲学、伦理学和心理学都从不同方面对人的共生性存在做了阐述与说明。在我们近年经历的事件中，我们更加直接感受到人与人、人与生物的共存关系，如2003年发生的SARS（传染性非典型肺炎）便是一个最好的例证。人类已在更大的范围内形成"一荣俱荣，一损俱损"的局面。

现代人"关系"境遇的变化，还表现在以下方面：一是新的"关系"类型产生，即人的关系对象发生了巨大的变化。如随着计算机技术的普及，人类面临人机关系的处理、人的全面发展与人的异化关系的处理；随着改革开放，我们的交往对象已扩大到全球，包括与外国人的交往、异域文化的交往；随着计划生育政策的实行，新生一代的"兄弟姐妹"关系几乎消失；随着环保问题的日益突出及对生物链的深入认识，人与自然的关系也成了人类基本的社会关系。二是旧关系被赋予新内容新规则，即各种关系的性质与处

---

① PHENIX P H. Realms of meaning：a philosophy of the curriculum for general education [M]. New York：McGraw-Hill Book Company，1964：13.

② 鲁洁. 关系中的人：当代道德教育的一种人学探寻 [J]. 教育研究，2002（1）：3－9.

理方法已与过去大不相同。如人与自然的关系、人与自我的关系、亲子关系、师生关系等。在过去，人们强调人与自然的关系是征服与被征服、利用和被利用，是人定胜天。可是，今天人类面临的则是与自然和睦相处与可持续发展；在各种物质诱惑越来越多的今天，人与自我的关系要寻求新的相处方式；今天的大多数父母与独生子女的关系与当年父母与多子女关系便不同；"师道尊严"在民主社会与"后喻时代"发生危机，新的规则逐渐形成。

2. 关系的"场"与人性实现

人性是个高度复杂的概念。从对人性的理论假设与解释看，人性以两面性或二重性的方式对立统一地存在着，如性善与性恶、理性与非理性、利他与利己、现实性与超越性、人的确定性与"非特定化"、先天与后天、应然与实然、形上与形下等。从现实的行为表现看，人性也表现出二重的"复杂性"。如人人咒骂腐败，可是有些人等到自己有机会时也会腐败；如"是人人都在诅咒不公平吗"？非也！往往是利亏者在诅咒不公平，既得利益者往往会想方设法维持这种不公平；如"防人之心不可无，害人之心不可有"等。而在具体的情境中表现出哪一面，与当时所处的关系的"场"或"情势"有关。当代哲学正从"实体逻辑"向"关系的逻辑"转向。① "实体"凝结着存在的本原性、普遍性和统一性本质。把人性预设为"善"和"恶"、"理性"和"非理性"，便是这种实体思维的体现。一物多相，从"关系的逻辑"看，任何现象、性质、个体总是在特定的关系中显现的，因而关系参量或"场"在人性实现中是不可消除与隐匿的。下面以余光中在散文《猛虎与蔷薇》中有关人性的隐喻描述说明人性实现的原理（见《余光

---

① 罗嘉昌. 从"实体逻辑"向"关系的逻辑"［M］//北大哲学系. 哲学门：第一卷第一册. 武汉：湖北教育出版社，2000：23－33.

中散文・鬼雨》，第213~216页，花城出版社，1989年版）。①

英国当代诗人西格夫里・萨松曾写过一行不朽的警句："In me the tiger sniffs the rose." 勉强把它译成中文，便是："我心里有猛虎在细嗅蔷薇。"……

我说这行诗是象征诗派的代表，因为它具体而微妙地表现出许多哲学家所无法说清的话……

但是平时为什么我们提起一个人，就觉得他是阳刚，而提起另一个人，又觉得他是阴柔呢？这是因为各人心里的猛虎和蔷薇所成的形势不同。有人的心原是虎穴，穴口的几朵蔷薇免不了猛虎的践踏；有人的心原是花园，园中的猛虎不免给那一片香潮醉倒。所以前者气质近于阳刚，而后者气质近于阴柔。然而践踏了的蔷薇犹能盛开，醉倒了的猛虎有时醒来。所以霸王有时悲歌，弱女有时杀贼；梅村、子山晚作悲凉，萨松在第一次大战后出版了低调的《心旅》（The Heart's Journey）。

"我心里有猛虎在轻嗅蔷薇。"人生原是战场，有猛虎才能在逆流里立定脚跟，在逆风里把握方向……同时人生又是幽谷，有蔷薇才能独隐显幽，体贴入微；有蔷薇才能看到苍蝇搓脚，蜘蛛吐丝，才能看到暮色潜动，春草萌芽……

康德在论证"关系的范畴"时，指出了属有性与实存性、原因性与依存性、相互性②三个关系范畴。相互性指能动者与受动者的交互作用，"一切

---

① 这里笔者"故意"用散文来说明"理论"，以使教育学知识的论证与表达方式"活泼"与"可爱"一点。思想与语言具有密切关系，同一思想可用多种不同形式语言来表达，如逻辑的语言和感情的语言，语言形式与思想表达具有一致性。马丁・布伯就是用独创的表达方式揭示出他的宗教哲学思想的丰富内涵。由此延伸到对教育学的思考，教育学知识是什么性质的知识，其适合用什么语言来表达？教育学学科地位之低，是否与人们对教育学知识性质的认识模糊及教育学语言表达的不适切有关？当人们认识到教育学具有人文学科的性质时，仍单一地使用自然科学的语言和理性的语言去论证，是否表明教育学论述方式与其知识性质的分离？探讨教育学知识的存在方式与语言表达的适切性并努力去践行是否可作为探讨教育学突围或探讨教育学科学性的一个切入点呢？教育中涉及的许多经验确实不能作为精确的科学研究的对象，但这些经验（不同于经验主义中的经验）确实客观存在，其存在方式确实也不能用纯理性纯逻辑的方法与语言去描述。也可以参阅笔者文章《倡导体验式的教育学术论文风格——作为读者、作者与编辑的体验》（《学术界》，2003年第4期）和《教育叙事研究探源》（《现代教育论丛》，2005年第4期）。

② 李泽厚. 批判哲学的批判：康德述评［M］. 天津：天津社会科学出版社，2003：115. 在邓晓芒译的《纯粹理性批判》（人民出版社2003年版，第72页）中，"相互性"译为"协同性"。

实体就其能够在空间中被知觉为同时的而言，都存在于普遍的交互作用中[①]。霸王之所以悲歌或什么时候悲歌，弱女之所以杀贼或什么时候杀贼，什么时候是"猛虎"，什么时候是"蔷薇"，决定于当时所处的各种关系"场"与"场"的交互作用，决定于当时的"场"强度是否足以改变其正常情势下的一贯行为与规定性。"是战场"时不可能做"蔷薇"，"弱女"也显"英雄"；"是幽谷"时"猛虎"也温柔，"英雄"也"儿女情长"。在2003年"非典"和2008年汶川大地震中，人性显示出更美好的方面，道理也是在此，在于"场"情景发生了变化。所以无论是历史地看还是现实地看，无论从理论上看还是从实践上看，都不能用孤立的、静止的观点来探究人，而必须从"关系"与"关系场"去理解人的存在与人性实现。当代人的关系境遇在发生深刻的变化，人性表现方式也有差异。

二、"关系人"的教育意蕴

教育必须直面人的关系存在方式与当代人的关系状态。人性在关系与关系"场"中的生成与实现，给教育思想与行动留下了更大的空间。

（一）教育智慧方面的意蕴：有为与无为

人在本质上是关系的存在物，要求人类的研究与处事原则要有一种"关系意识"。"把教育世界还原到教育中的事件与关系，使教育中的关系成为我们进行教育研究的基本出发点。"[②] 教育研究中的"关系"意识要求我们要"研究关系"，要以"场"为依据，关注"关系算子"。

人处于一个巨大的"场关系"或"关系场"中，学校教育的作用是控制"场"，让"场"发挥引导作用，促进人往正面的方向发展，这是教育的"有为"之处。但人生所处的许多"场"是教育无法控制的，这是学校教育"无为"的表现。当今教育所面临的巨大挑战，正与社会转型期人关系"场"的变化及教育对这些"场"的不能控制性有关。如大学生就业问题，既与学校有关，也与学校无关。与学校有关的，学校采取了措施便可能"有为"；与学校无关的，学校便无力采取措施或即使采取了措施也"无为"。

学生处于各种关系"场"中，对教育来说重要的相关范围要比有目的的教育活动范围大得多。对教育者能控制的"场"，我们便理智而充满信心地

---

① 康德. 纯粹理性批判［M］. 邓晓芒，译. 北京：人民出版社，2004：190.

② 蔡春，扈中平. 立足于"关系"的教育研究［J］. 教育理论与实践，2003（12）：6－11.

"为"；对不能控制的"场"，也不悲观失望。这样才能心平气和地看待当今的教育现实。不因"教育万能论"尘嚣世上便盲目乐观，也不因"教育局限性"问题的提出而悲观消极。

通过创造"场"从而实现"教育"的方式很多，"教是为了不教"，有时"不教就是教"，"此处无声胜有声"。所以教育者应该基于对"场"的敏感和洞察力，认识什么时候该"教"，什么时候"不教"或不要"过度地教"，以"无为"实现"有为"。这也是基于对教育功能的"场"实现及其有限性认识而产生的教育智慧。

（二）教育目标与内容的设定："关系人"的完满实现

关系的质量决定人生的质量。现代人所遭遇的问题实质是"关系的紊乱与危机"。如在新技术层出不穷的时代，一方面我们要让技术为我们所用；另一方面，我们不要为技术所累，被技术所"异化"。技术越发展，越把人从体力劳动中解放出来，但必要的体力劳动或体力消耗（也是一种身体锻炼）对身体健康甚至心理健康都是十分重要的。怎样在体力锻炼和技术的发展使人能"以逸待劳"之间保持一种平衡？技术改变了人的交往方式，但通过网络的交往能否代替面对面的交流？怎样才能在"高技术与高情感"之间保持平衡？等等。所以教育目标设定应指向"关系人"的完满实现，使一个人具有"关系"的知识与意识，真正认识自己和自己所处的世界，理解人存在的"关系"处境，培养人对"关系"与"关系场"的敏感与洞察力，学会和谐处理"人生在世"的各种关系。卢梭说："能够按真正的关系形成概念的心灵，便是健全的心灵；满足于表面关系的心灵，则是浅薄的心灵；能看出关系的真相的人，其心灵便是有条理的；不能正确地判断关系的人，其心灵便是错乱的；虚构出一些在实际上或表面上都不存在的关系的人，就是疯子；对各种关系不进行比较的人，就是愚人。在比较观念和关系方面的能力是大或是小，就决定了人们的智力是高还是低。"① 人生在世，对各种关系对象及其性质的感悟与处理，是幸福生活的基础。教育无疑应让学生掌握各种关于关系的知识与对各种关系的敏感判断与处理能力。

当前国际教育改革正在朝这方面努力。如联合国教科文组织在《学会生存——教育世界的今天和明天》中谈及培养完人时指出："教育的一个特定目的就是要培养感情方面的品质，特别是在人和人的关系中的感情品质。"②

---

① 卢梭. 爱弥儿［M］. 北京：商务印书馆，2001：276.
② 联合国教科文组织国际教育发展委员会. 学会生存：教育世界的今天和明天［M］. 北京：教育科学出版社，1996：194.

当代世界综合课程目标发展体现出课程人间性的特点,① 这人间性实质便是作为人间性的基本资质及学习对各种关系的处理,主要包括六个基本要素:第一是有关社会问题的知识、理解;第二是运用所获得的知识和信息解决实际问题的方法和技能;第三是提高关心他人,站在对方的立场接受和理解他人的心情和感情的同情心,即社会的感受性和人间的共感能力(sympathy);第四是按照社会的行为方式,以及普遍的、自由的责任和公正的内容为导向的价值;第五是作为市民行为所应具有的运用自己的知识、思考、价值和判断进行行动的应变能力与社会参与能力;第六是提高自我评价能力和自尊感。这六大基本要素中,第一、四、五着重于人与社会关系的处理,第二侧重于人与文化关系的处理,第三、六则分别着重于人与他人、人与自我关系的处理。英国在布莱尔执政以后,重新思考课程政策与教育目的,认为"教育目的是使年轻人获得能使他们有意义、明智、建构、合作地生活的性格、能力、理解力和价值,以使他们应对这个变化的复杂的世界"②。米勒在《全面的课程》中也提出:"通过实施全面的课程,不仅使学生意识到这些关系,而且掌握处理这些关系时所需要的各种技能。"③ 这些都体现了教育对培养人的"关系"能力的重视。

同时要探讨如何从"关系"的角度组织课程内容。如美国"宾州人文学科委员会"所设计的人文学科中便包括"人与自然界的关系""人与社会"以及"人与神的关系"三个主题科目。④ 我国综合实践活动内容的选择和组织要围绕四个"关系"来完成:一是学生与自我的关系;二是学生与他人和社会的关系;三是学生与自然的关系;四是学生与文化的关系。至少涉及学生生活四个方面的内容:第一,学生处理与自然事物关系的直接体验,如认识、观察自然事物及其对人的意义、自然探究等,从而获得关于自然的知识和体验;第二,学生认识和处理与自我关系的直接体验,如自我认识或自我意识、自我评价、自我调节和控制,从而形成主体意识、主体人格和主体能力;第三,学生处理与他人、与社会关系的直接体验,如与其他个体、群体的社会交往活动、社会研究等,从而获得关于人和社会的知识、参与社

---

① 熊梅. 当代综合课程的新范式:综合性学习的理论与实践 [M]. 北京:教育科学出版社,2001:26.

② FIELDING M. Taking education really seriously: four year's hard labour [M]. London: Routledge Falmer, 2001: 105.

③ 王坤庆. 精神与教育:一种教育哲学视角的当代教育反思与建构 [M]. 上海:上海教育出版社,2002:147.

④ 熊梅. 当代综合课程的新范式:综合性学习的理论与实践 [M]. 北京:教育科学出版社,2001:15.

会活动的体验和能力；第四，学生与文化关系的直接体验，使学生形成跨文化交往的意识和能力。可以开展有关文化现象或文化问题的人文科学领域问题的研究。总之，教育目标与内容要指向"关系人"的完满实现，要培养人对各种关系的洞察力与处理能力。

(三) 对道德教育的启示：重视"关系"意识培养

学校教育要直面人的关系存在方式，但现实中人们对"关系"意识仍缺乏认识。"关系"意识蕴含两方面意义：一是指要理解现代人的关系存在方式与关系境遇的变化；二是指要意识到人与现实中各种对象是处于互动关系之中的。从道德教育的角度看，这里主要指后者。就是说，你善待别人，别人就会善待你；你恶向他人，他人也会恶向你。所以，你善待别人，就是善待自己；你恶向他人，说不定会给自己带来恶果。即我按照某种规范 N 对待别人，别人也按照 N 对待我。若这个 N 是善的是公正的（从而也是道德的），则会获得互相支持的效果（和谐人际关系及和谐社会由此形成）；若这个 N 是恶的是不公正的，则这个"NN"相报的人际效应便是实际上的互相否定，是互相拆台的"对等关系"。"关系"意识在表述上类似于但从精神实质上区别于传统的"善有善报，恶有恶报"。后者的"善恶"结果更多是指向未来，指向"来世"，因而对人的行为束缚力越来越弱；前者指向现实人生的各种关系，与个体生活息息相关，更能引导人的道德行为。

冯友兰在解释什么是道德时曾说"德者，得也"。也就是说，道德是人们对人间之道、社会之道领悟的心得。德者，得也！也可以解释为：道德者，得益也！善待别人就是善待自己，损人必损己。这是基本的关系之"道"。"生活的'道'决定了生活的'德'"①。道德教育要让学生明白这些"道"，按"道"行事，养成自知自觉的道德行为。

总之，人是关系的人，人在关系中存在，人性在关系中生成与实现。教育必须直面人的关系存在方式与当代人的关系状态。它有丰富的教育意蕴，对关系"场"作用的认识使人容易获得一种教育智慧，教育目标与内容的设定要指向"关系人"的完满实现，道德教育要培养人的"关系"意识。

（本文原载于《教育导刊》2010 年第 3 期）

---

① 赵汀阳. 论可能生活：一种关于幸福和公正的理论［M］. 北京：中国人民大学出版社，2004：254.

现代学校制度建设：人性利己性的视角

摘要：公平公正是现代学校制度建设的基本要求。从人性利己性的视角看，个人对利益的过度追求和利益博弈主体的不对等地位，法治观念、诚信意识缺失中的利己行为对制度的僭越等，影响我国现代学校制度建设的公平公正。尊重和利用人性的利己性及其合理性，规范和约束人的利己行为，在互利互惠中向弱势群体倾斜，有助于建设公平公正的现代学校制度。

关键词：现代学校制度；公平公正；人性；利己性

人性的要求和现实的需要呼唤建设公平公正的现代学校制度。那什么因素影响现代学校制度建设的公平公正？如何才能实现现代学校制度建设的公平公正？制度建设旨在调节人的行为以协调各种关系，人的行为归因于人性，人性具有利己性。从人性利己性的视角进行分析，有助于深化对我国现代学校制度建设公平公正问题的认识。

一、公平公正是现代学校制度建设的基本要求

制度是在公共生活中用来指导和约束个人或组织的社会行为，是调节人与人之间、组织与组织之间、个人与组织之间社会关系的正式规则体系。公平公正是现代学校制度建设的基本要求。首先，从理论上看，公平公正是人性的要求。古往今来许多思想家都从人性出发，把制度公正作为理想社会目标。"正义是社会制度的首要价值，正像真理是思想体系的首要价值一样"①。公平强调社会各个成员之间、各个利益集团之间的利益分配问题，教育利益关系个人与家庭的命运，公平公正是现代学校制度建设的基本要求。

其次，从现实看，我国教育事业发展的不均衡呼唤建设公平公正的现代学校制度。建立现代学校制度是基于解决教育问题的一种理想和期望，及时

---

① 罗尔斯. 正义论 [M]. 何怀宏，何包钢，廖申白，译. 北京：中国社会科学出版社，1988：1.

研究解决教育改革发展的重大问题和群众关心的热点问题，是现代学校制度建设的应有之义。改革开放 30 多年来，尽管我国教育取得了巨大成就，但教育发展区域不均衡、城乡不均衡、校际不均衡，种种教育不公平现象仍然存在，甚至在局部地区有越来越严重、越来越突出的倾向，影响千万家庭的利益与社会和谐发展。我国教育发展的不均衡问题，其实是制度和政策的公平公正问题。"审视现行学校制度，在制度设计的理念、制度本身、制度运行等方面，其公正性都存在着问题"①。所以，公平公正是现代学校制度建设的基本要求。本文的现代学校制度建设，包括制度文本的制订与执行。

那么，如何才能实现现代学校制度建设的公平公正？什么因素影响现代学校制度建设的公平公正？制度设计旨在调节人的行为，人的行为源于人性，利己性是人的行为原动力，从人性利己性的角度分析，有助于回答这些问题。

二、关于人性利己性

人性的利己性，即自私，在思想史上有很多陈述。如卢梭认为自私"在一切欲念中名列第一而且也是最自然的欲念"②。休谟说："在自然性情方面，我们应当认为自私是其中最重大的。"③ 自私（利己）从理论上讲是一个中性词，是人趋利避害的一种自然本能。人的行为原动力"只能是自己的苦乐利害，只能是利己心，只能是利己。这是最深刻的人性定律"④。传统上我们简单地把利己等同于"恶"，自私曾被看作是"过街老鼠"。在社会转型期，学界对人的利己本性逐渐有客观公正的认识与评价。如茅于轼分析了《镜花缘》中君子国（君子国里人人都以自己吃亏让人得利为乐事）里的不停止的低效的交易争执，认为"双方让利和双方争利都会引起争论。……利己是可以达到和谐的，而利他却永远不可能达到一致同意"。"'私'是中性的，它无所谓好，也无所谓坏；它既可以做好事，也可以做坏事。其分界点就是是否侵犯了别人的利益"⑤。

经济学对人性利己性的意义有鞭辟入里的论述。如亚当·斯密说："每个人都在不断努力为自己所能支配的资本找到最有利的用途。当然，他所考

① 冯建军. 论现代学校制度的公正性［J］. 教育科学研究，2008（11）：5－8.
② 卢梭. 爱弥儿［M］. 北京：商务印书馆，2001：285.
③ 休谟. 人性论：下册［M］. 关文运，译. 北京：商务印书馆，2008：527.
④ 王海明. 人性论［M］. 北京：商务印书馆，2005：57.
⑤ 茅于轼. 中国人的道德前景［M］. 广州：暨南大学出版社，2003：2－11.

虑的是自身的利益，而不是社会的利益。但是，他对自身利益的关注自然会，或者说，必然会使他青睐最有利于社会的用途。""而他管理产业的目的在于使其产品的价值能达到最大程度，所想到的也只是他自己的利益。……他追求自己的利益，往往使他能比在真正出于本意的情况下更有效地促进社会的利益。"① 我国民营企业的发展与国企破产及其后的改革、农村实行承包责任制后发生的巨大变化等事实已充分证明了这一论点。利己是实践的根本动力，利己是利他的基础。

每个人关心自己，有私心，是正常的。但在现实生活中，又看到许多纠纷都是由私心引起的，"损人利己"的事情时有发生。制度是"人为"并"为人"的，现代学校制度建设必须从人性的利己性事实出发，既要承认人的利己本性和利己的合理性，也要避免利己导致的"恶"。

三、人性利己性的负面展示与学校制度建设的公平公正

在市场经济中，在制度失范和缺乏有效监管的情况下，人性中的弱点或负面因素更容易被诱发。纵观我国现代学校制度建设的现实，直接或间接、表面或深层地都与人性的利己性有关。人性中对利益的过度追求和利益博弈主体的不对等地位，法治观念、诚信意识缺失中的利己行为对制度的僭越等，影响我国现代学校制度的公平公正运行。

（一）利益本位主义与利益博弈主体的不对等地位

人性有自利的要求，追求个人的利益无可厚非。但是，建立现代学校制度的一些问题，恰恰是由于个体过度追求个人利益（利益本位）造成的。择校、"假民办教育"等现象引发的教育公平公正问题，正与强势群体对既得利益的维护和对弱势群体利益的掠夺有关。如在面对质疑中，一些"假民办教育"机构会"为我所用"地引用关于民办教育的官方文件去为"自己"撑腰。一些地方政府对学校管理的"越位"与"缺位"，主要不是认识问题而是部门利益问题。甚至，导致学校对学生发展不负责的症结，"并不在于学校对其基本职能把握上的偏颇，也不宜简单归结为校长和教师的职业道德问题，而是在于校长和教师对其切身利益的追求"②。如2011年秋季学期出

---

① 亚当·斯密. 国富论［M］. 唐日松，等译. 北京：华夏出版社，2005：325 – 327.

② 吴康宁. 为什么学校会对学生的发展不负责［J］. 教育研究，2007（12）：12 – 25.

现的某地方部分学校教师要求差生去医院测试智商，因为如果测试结果显示孩子智商低，那么即使成绩差也不会影响到老师的绩效工资。

利益本位主义是一个重要的行为影响因素。人的许多行为一旦同自己的切身利益相关联，便会变得复杂起来。"人们在利益面前，很难理性地克制人性"①。在当下，在人们的切身利益诉求普遍变得前所未有的强烈的社会境况和教育境况中，人们更多的是从个人利益而不是从公益角度去"立言"和行动。如在大多数人认为择校现象造成教育不公平时，也有名牌学校校长说"择校是满足家长需求"的表现。有学者指出，概览近年来有关现代学校制度的研究也不难看出，有些研究实际上已背离学校教育的本真，陷入了"企业"的"市场"的泥潭；他们不但忽视了现代学校制度所具有的丰富内涵，也忽视了绝大多数学校利益相关者的利益，从而有意无意地成为为少数人争利益的"代言人"②。现在一些人认为"政校分离""学校自主经营"等应当成为现代学校制度建设的有机组成部分，但是，如果我们仔细分析提出这些观点的研究者或实践工作者的主客观背景，就会发现他们所代表的是那些优势的教育资源和办学条件、社会资源、经济基础都比较好的办学主体。它们要么是已经与政府"分离"的私立学校，要么是拥有丰富资源的公立学校，它们有"独立"的资本与优势。即是，这些主体会在这种制度设计中得益。利益决定立场，利益导致人失去理性。

建立现代学校制度是教育利益的再调整。"教育制度归根到底来源于个人的利益追求和利益追求过程中的成本—收益计算"，"教育制度是利益驱动的社会装置"③。建章立制本身就是一种多方利益的博弈，基于不同的利益立场，不同主体有不同的主张。而现行学校制度的既得利益者（往往也是强势群体）会努力去维护这种制度及其既得利益，因而出现利益博弈主体的不对等地位，强势群体绝对掌握了话语权，容易"公器"私用，而弱势群体发不出自己的声音。制度建设的公平公正问题由此而起。

（二）法治观念、诚信意识缺失中的利己行为对制度的僭越

法治观念、诚信意识缺失中的利己行为对制度的随意僭越也是影响现代

---

① 黄秀华. 管理科学发展中的人性障碍：后金融危机下的管理危机思考［J］. 甘肃理论学刊，2011（1）：122－126.

② 张新平，李金杰. 现代学校制度的认识偏差与重新定位［J］. 教育研究与实验，2006（2）：1－5.

③ 康永久. 教育制度的生成与变革［M］. 北京：教育科学出版社，2003：129，139.

学校制度公平公正建设的重要因素。我国社会是人情社会，法治观念薄弱，人们办事习惯于找"熟人"，找"关系"，而不是照章办事。这容易导致现代学校制度的理念流于空谈。如就学校而言，通过关系网络，可以使本单位获得较多的资源配置；通过关系网络，可以使本单位获得上级、媒体及社会各界的关注，获得良好的环境支持等。在各类教育评估活动中，为了得到奖励，避免惩罚，有的学校不惜铤而走险，贿赂评价人员；有的则私下弄虚作假，糊弄评价人员，使评价失去真实性和公平性，造成"强者更强，弱者更弱"。

信春鹰在《人为什么要遵守规则》一文中说到他在国外考察时遇到的一件事：一个中国孩子因为经常逃学，考试未能通过而又利用学校规则让中国医生开生病证明（送小礼物给医生）以轻易通过补考逃避重修的事（补考的卷子和原来的卷子基本一样，让考完试的同学把题目告诉他）。由此，作者感叹："学校的制度想必是经过充分论证的，其前提假设是每个没有通过考试的学生都是诚实的人，给诚实的学生一个补救的机会，这是教育制度的合理性之一。这个制度在这所有着百年历史的世界名校公平而有效地适用多年，在这个中国孩子这里竟然失效了。这样的例子很多，从托福的分数到个人成绩单，小到个人资料，大到以国家名义进行的公证，那些以诚实为前提的规则和制度被我们的同胞一一逃避和超越。"[①] 这些行为与手段本质上是为个人、为某个集体争取利益。为了利己，法治观念、诚信意识缺失的个体可以随意僭越制度。或许，我国不缺乏好的制度文本，也不缺少产生好的制度文本的智慧，但我们缺少良好的制度执行环境。这是影响我国现代学校制度公平公正建设的一个很重要的因素。

四、人性利己性的积极意义与现代学校制度建设的公平公正

人的行动出于人性，利己是人的行为的基本原动力。从真实的人性出发，实事求是地理解和运用人性的利己性，激励人对自身利益的追求，抑制人"非法"谋取自身利益的行为，有助于推进现代学校制度建设的公平公正。

---

① 信春鹰. 人为什么要遵守规则 [J]. 读者，2004（21）.

（一）尊重和利用人性的利己性及其合理性，建设关照各方利益的现代学校制度

一种制度的优劣，取决于其在多大程度上符合与尊重人性。社会主义市场经济体制比传统的计划经济体制更能促进生产力的解放和人的发展，究其原因，就是市场经济体制更好地解决了人性利己性与制度之间的关系。国企建立现代企业制度的成功，某种程度上也是因为尊重与利用了个体的"利己性"。

教育"寄托着亿万家庭对美好生活的期盼"，教育利益是每个家庭的利益所在。就外部的学校制度建设而言，其利益主体是广大人民群众；就内部的学校制度建设而言，其利益主体是教师和学生。一个人性化的公平公正的学校制度必须尊重每个利益主体的合理利益，表达公众的合理利益诉求，使其正当权益得到有效的维护。

学校制度建设中，要关心教师的利己需求，使师生利益一致。人类的合作起因于"存在着一种利益的一致"，合作"使所有人有可能过一种比他们仅靠自己的努力独自生存所过的生活更好的生活"，人类利益冲突起因于"人对由他们协力产生的较大利益怎样分配并不是无动于衷的（因为他们每个人都更喜欢较大的份额而非较小的份额）"。某些制度中，"当对基本权利和义务的分配没有在个人之间作出任何任意的区分时，当规范使各种对社会生活利益的冲突要求之间有一种恰当的平衡时，这些制度就是正义的"①。教师也是人，也有追求利益的"利己心"。前面提及的学校出现对学生发展不负责的行为，并不是校长、教师的全部意愿，而是由教育评价制度的功利化与简单化决定的，是校长、教师出于人性的"自利"而做出的无奈应对之举。要据此进行制度改造和创新，使校长和教师对切身利益的追求同促进学生发展的实绩关联起来，而不是单纯和"考试成绩"相一致，这样才能杜绝学校出现"反发展""反教育"的行为，促进教育公平公正。

（二）规范和约束人的利己行为，加强监督和完善问责制

从前面的分析可以看出，在当今的环境条件下，靠个体"自我"去放弃个人利益不大容易。《荀子·性恶》中指出："今人之性，生而有好利焉，顺是，故争夺生而辞让亡焉；生而有疾恶焉，顺是，故残贼生而忠信亡焉；生而有耳目之欲，有好声色焉，顺是，故淫乱生而礼义文理亡焉。然则从人

---

①　罗尔斯. 正义论［M］. 何怀宏，何包钢，廖申白，译. 北京：中国社会科学出版社，1988：2 - 3.

之性，顺人之情，必出于争夺，合于犯分乱理而归于暴。"① 这里的几个"是"，均指人的自然欲望，如喜欢有利的东西，讨厌不利的东西，追求感官的快乐，等等。如果无限制地顺从这些欲望，就会导致各种各样的恶。必须要有好的制度，规范和约束人的利己行为，防止"利己致恶"情况发生。"利己在现实社会中更多的是导致恶还是善，这在根本上取决于社会的制度和人与人之间的规则。好的制度和规则能够最大限度地抵制利己恶的一面和彰显利己善的一面，进而规范利己的手段，使个人和社会都充满活力，而坏的制度和规则则恰恰相反"②。

有好的制度文本，还要有保证制度执行的有效措施。从现实看，很多被强势群体掌握或解释的制度，靠内部或同级是很难去保证执行的。一切有权力的人都容易滥用权力，要防止滥用权力，就必须以权力约束权力。因此要加强上级对下级的监察，站在公众利益的立场上，完善监督机制和问责制，以防止制度执行偏离方向，杜绝学校腐败和特权，维护弱势群体的利益，防止产生新的不公平。

从人性利己性看，保证制度得以执行的最有效机制依然是利益调整。如果不遵守规章制度不会受到惩罚而且能够带来利益，那么人们一定不遵守规则。遵守规则是利益驱动，不遵守规则也是利益驱动。如从笔者掌握的情况看，这两年广东西部某两个县学生寒暑假补课现象少了，原因之一是上级加强了检查监督和处罚力度。若没有检查和重罚，再多的"禁止补课"制度也制止不了补课，因为一些学校已把这个当作"创收"的路径，甚至是校长个人"创收"的手段。迫使人们遵守制度的最有效手段是运用利益机制。因此，要加强检查，完善问责制度，对负有责任的权力机关和个人的不遵守制度的行为进行重罚，让违反制度者"得不偿失"。这样，才能更好地规范和约束人的利己行为，防止"歪嘴和尚念歪经"，杜绝强势群体"公器私用"和个体随意僭越制度的现象。

（三）在互利互惠中向弱势群体倾斜

在教育不公平有扩大化趋势中，要建立公平公正的现代学校制度，必须向弱势群体的利益倾斜，即"弱势补偿平等观"。这是解决教育公平问题的关键。可是，若这种倾斜损害了其他群体的利益，那这种制度便很难推行，而且会产生新的问题。罗尔斯"作为公平的正义"的两个原则首先是强调

---

① 周炽成. 荀·韩：人性论与社会历史哲学［M］. 广州：中山大学出版社，2009：8.

② 扈中平. 德育应如何看待"利己"［J］. 学术研究，2005（6）：117－120.

"平等"，其次是允许有"差别"，但"差别原则"的运用要"合乎每一个人的利益"。他说："在当前所有社会价值——自由和机会、收入和财富、自尊的基础——都要平等地分配，除非对其中的一种价值或所有价值的一种不平等分配合乎每一个人的利益。这样，不正义就仅是那种不能使所有人得益的不平等了。""社会的和经济的不平等应这样安排；使它们：①适合于最少受惠者的最大利益；②依系于在机会公正平等的条件下职务和地位向所有人开放。""差别原则将分配教育方面的资源，以便改善最不利者的长远期望。"①因此，现代学校制度建设在向弱势群体利益倾斜时要体现互利互惠，既要合乎弱势群体的利益，也要让其他群体得益。

可是，这种倾斜有时体现为其他群体要直接让渡一部分利益给弱势群体，"互利互惠"并不容易被认识，因为处于利己追求中的个体往往只看到直接利益和物质利益。那如何才能让其他群体认识到这种倾斜是互利互惠并支持这种"差别"原则呢？这就需要一种新的解释方式——"关系"意识来说明。当前的社会已处于一荣俱荣、一损俱损的互相关联中，人们其实是分享各自的命运。每个人都在参与社会的形成，社会环境是"好"是"坏"，每个人都有"贡献"也都有"分享"。当社会发生危机时，每个人都难逃干系而要付出更多的社会生活成本。而当前存在的一些危机其实是个体缺乏公平公正的社会待遇或制度环境的自然结果。"每个人的福利都依靠着一个社会合作体系，没有它，任何人都不可能有一个满意的生活。"②所以，向弱势群体利益倾斜而不再单方面地竭力维护自身利益，建设公平公正的现代学校制度，应成为强势群体的一种自觉意识。否则，当环境恶化时，每个人都不会有好的生活。强势群体更多应从间接获利与非物质利益方面理解互利互惠的意义。这样才能实现利益和谐的理想，给公众提供满意的教育环境和生活。

总之，公平公正是现代学校制度建设的基本要求。人性具有利己性，利己是实践的根本动力。实事求是看待与尊重人性的利己性，有助于深化对我国现代学校制度建设公平公正问题的认识，促进现代学校制度建设朝人性化与正义的方向发展。

（本文原载于《教育导刊》2014 年第 1 期）

---

①　罗尔斯. 正义论［M］. 何怀宏，何包钢，廖申白，译. 北京：中国社会科学出版社，1988：58，79，96.

②　罗尔斯. 正义论［M］. 何怀宏，何包钢，廖申白，译. 北京：中国社会科学出版社，1988：98.

双语教育：跨文化教育功能及其实现

摘要：目前我国普遍推行的双语教学或双语教育在本质上属于外语教学的范畴。应把双语教育的功能定位于跨文化教育；在双语教育中，学校要有强烈的跨文化教育意识和正确的文化选择观，有正确的目标定位，要充分挖掘各种跨文化教育的资源。

关键词：双语教育；跨文化教育

随着经济全球化与全球信息化时代的到来，以及我国对外开放步伐和国际交往的日益频繁，一个以汉、英两种语言为媒介语的双语教育正在我国经济发达地区的中小学蓬勃兴起。它体现了 21 世纪我国基础教育课程改革的一种方向。作为一种新的教育模式或课程开发模式，必须加强研究，深化对它的认识。

一、对双语教育的一般认识与实践倾向：忽视语言的文化特性

纵观国外关于双语教育的相关文献，目前对双语教育（bilingual education）概念的解释主要有以下几种：

一是麦凯（W. F. Mackey）和西格恩（M. Siguan）在《双语教育概论》一书中指出："双语教育这个术语指的是一个把两种语言作为教学媒介的教育系统，其中一种语言常常是但并不一定是学生的第一语言。"① 这里双语教育指的不是在学校里开设两门独立的语言课程，而是指通过发挥两种语言的教学媒介作用，帮助学生学会两种语言的使用技巧。

二是理查兹（J. C. Richard）. 在《朗文语言教学及应用语言学辞典》对双语教育的解释是："the use of a second or foreign language in school for

---

① 麦凯，西格恩. 双语教育概论［M］. 北京：光明日报出版社，1989：45.

the teaching of content subject"①，即在学校教育中使用第二语言或外语所进行的学科内容教学。在这种意义上讲，双语教育就是以英语作为媒介的学科教育，它有着既要完成学科教学任务又要提高学生英语水平的双重目标。

三是德里克·朗特里（Derek Rowntree）编著的《英汉双解教育辞典》（*An English Dictionary of Education with Chinese Translation*）对双语教育的解释是："An education in which a pupil is brought up to use two languages with equal competence." 即"培养学生以同等的能力运用两种语言的教育"。②

四是卡明斯（Cummins）指出，"双语教育"这个词有时候是根据"目标"来定义的，指的是为促进学生两种语言技能而设计的教育课程。

五是美国语言学家费仕曼（Fisherman）的定义，他认为：从最一般的意义上来说，双语教育指的是在语言课以外的所有课程使用两种语言进行教学的一种教育模式。③

以上这些定义的表述大同小异，强调的是"双语"能力的培养。

我国学者在理解双语教育实质及其目标时侧重英语语言能力或技能的形成，认为双语教育的实质是"用教育语言来促进能力发展"，双语教育是"用两种语言作为教学媒介语，从而使学生通过授课语言的运用来达到掌握两种语言的最终目标"④。"双语教育的目标是培养学生具有两种语言能力"⑤。这些认识强调的是语言的工具职能，有意无意地忽视了语言的文化特性；在双语教育目标上，则忽视多元文化理解与交往能力。

在实践双语教育时，则出现一些偏颇。如目前有些学校把双语教育简单地理解为"英语强化班"或"课外活动中加入英语兴趣小组"，甚至有的学校误认为，只要教师在课堂上说几句英语课堂用语就算是双语教学了。又如经济发达地区很多学校聘请外籍教师，但外教只是用来上外语课，只是发挥其"外语工具"的功能。所以，钟启泉教授指出，我国目前普遍推行的

---

① 理查兹，等. 朗文语言教学及应用语言学辞典［Z］. 管燕江，译. 北京：外语教学与研究出版社，2002：45.

② 朗特里. 英汉双解教育辞典［Z］. 赵宝恒，等译. 北京：教育科学出版社，1992：37.

③ 潘章仙. 对我国双语教育的几点思考［J］. 教育研究，2003（12）：77－81.

④ 陈君，周波. 我国"双语教育"的前景展望［J］. 宁波职业技术学院学报，2002（2）：17－19.

⑤ 钟晓. 双语教育的定位与思考［J］. 四川职业技术学院学报，2003（11）：58－60.

"双语教学"在本质上属于外语教学的范畴，① 双语教学或双语教育被看成是一项成功的外语教学策略。这提出了一个新的问题：如何认识和赋予双语教育丰富的文化内涵？

二、双语教育的跨文化教育功能

随着对语言功能认识的深化，双语教育的文化功能也逐渐引起重视。如有学者指出："双语教育不仅是两种语言的教育，还是两种文化的教育。"② 提倡把文化教育与语言教育紧密结合。2001 年 7 月颁布的《英语课程标准》则明确了英语教育的跨文化教育（intercultural education，也译多元文化教育）功能，规定英语教育的目标包括"文化知识、文化理解、跨文化交际意识和能力"，并具体规定了各级不同的跨文化教育的目标。在基础教育不同阶段，英语学科教育的跨文化教育目标分别是：对英语学习中接触到的外国文化习俗感兴趣；乐于了解异国文化、习俗；能意识到语言交际中存在的文化差异；在学习和日常交际中能注意到中外文化的差异；进一步增强对文化差异的理解和认识，能体会交际中语言的文化内涵和背景；理解交际中的文化差异。初步形成跨文化交际意识；理解交际中的文化内涵和背景，对异族文化采取尊重和包容的态度；具有较强的世界意识。③

这些论述丰富了双语教育的内涵，即双语教育不仅仅是培养两种语言能力或英语能力的教育，而且是跨文化教育。双语教育表面上似乎只解决语言与教育的关系问题，但实质上是一个极其复杂的过程。如果从民族文化、民族心理、社会语言学等不同学科的观点出发，双语教育则又是民族文化传承的工具、民族心理的表征、民族认同的标志等。双语教育是多元文化教育理念的一个基本前提。④

跨文化是关于不同文化的知识和理解，以及在一国内部各种文化成分之间和世界各国不同文化之间建立积极的交流与相互充实的关系。开展跨文化教育是要促进对文化多样性的尊重、相互理解和丰富。其目的应是从理解自己人民的文化发展到鉴赏邻国人民的文化，并最终鉴赏世界性文化。语言是

---

① 钟启泉. "双语教学"之我见 [J]. 全球教育展望，2003（2）：5–7.

② 姜宏德. 论双语教育目标定位中的几个关系问题 [J]. 中国教育学刊，2003（4）：34–37.

③ 中华人民共和国教育部. 英语课程标准 [S]. 北京：北京师范大学出版社，2001：6–9.

④ 王鉴. 多元文化教育论纲 [J]. 西北师范大学学报，1998（3）：75–81.

文化的载体，一种语言便是一种文化，一种文化便是一种生活方式与思维方式。双语教育可以使学生在更宽广的课程领域接受两种文化的熏陶，既能继承中华民族的优秀传统文化，又能吸纳丰富多彩的世界文化。两种不同文化的融合与优势互补，有助于开阔学生的视野，使他们摆脱传统狭隘观念的束缚，以开放的心态和跨文化的素养迎接全球化社会所带来的诸多挑战。跨文化教育日益成为培养国际竞争人才不容忽视的问题，双语教育则是跨文化教育的载体。这样便突出了语言的文化性，赋予了语言教育的文化内涵和双语教育的跨文化教育功能。

三、双语教育跨文化教育功能的实现

要超越目前我国大多数实践中仅把双语教育看作是提高外语水平手段的做法，从跨文化意识培养的高度开展全方位的双语教育，拓展双语教育的内涵与空间，实现其跨文化教育功能。

1. 学校要有强烈的跨文化教育意识与正确的文化选择观

语言天生具有文化的功能，学生学习某一外语也是在接触外来的文化，但语言的跨文化教育功能的理想实现，需要学校有强烈的跨文化教育意识与正确的文化选择观。随着国际交往的日益频繁，每个人都处于跨文化的交往环境中，每个人都要应对跨文化交往的挑战；从人的文化本性看，人与人的交往就是不同文化的交往，人际误解或冲突往往是个体文化差异性的展现，因为每个人总是根据地域文化铭刻在自己身上的范式来认识、思考和行动。学校要有跨文化教育的意识，为学生在多元世界中生存做好准备。

学校有正确的文化选择观，首先要倡导形成一种互相尊重与宽容文化差异性的氛围。师生群体中的差异也是跨文化教育的催化剂。当然，我们也不能因为文化的不同就认为所有的行为都是合理的，而不考虑人类价值中的共同因素。

其次要认识各种文化的长处与不足，取长补短。多元文化课程认为个体的发展在于透过社会文化的共同经验学习，提倡建立一个"文化共同领域"，互相对话，把个人对不同团体的偏见呈现出来，而且得到正视，推动社会正义。学校要学会在文化差异中寻找共同点，要有不同文化互相学习互相取长补短的意识，照顾和发展学生群体的差异性和不同文化团体之间的协助关系，创生新的更富有时代性的学校文化。西方文化也有糟粕，或一些西方文化并不适合我国国情，校长对此要具有敏感性。有的双语实验小学为了让学生全面接触西方的文化，在学校里也过一些西方的节日，但对过什么节日，如何组织活动，要有严格的选择。如在 2004 年情人节，有个学校的外教给每个学生发一封信，让他们给班上同学送一份礼物。学校知道后，校长及时与该外教进行沟通，制止了这件事。同样，中国文化的不足或已不适应时代要求的方面，也应接受西方先进文化理念的改造。如我国传统的师道尊严观。有些外教为了把课上得直观生动有趣，可以在地上摸爬滚打，使尽浑身解数。这便是我们要学习的。

2. 双语教育的目标定位

确立"全球化课程"的观念，是当前国内外课程研究与改革的趋势之一。2000 年 5 月，在墨尔本举行的澳大利亚课程组织第七届全国大会上，提出了一个崭新的课程概念——"全球化课程"，即未来课程的设置要有全球化观念，各国应在 21 世纪经济全球化的国际大背景下思考教育国际化问题，重新构建本国中小学课程体系，如跨文化教育与课程、双语教学等。实施"全球化课程"教育，将会使世界各国青少年一代从小就能学习到介绍各国文明历史成果和先进文化的课程，学会用 21 世纪人类进步的眼光观察世界，从而增进相互了解，消除文化偏见。

要把双语教育看作是培养复合型和国际型现代人才的有效模式。随着世界经济和资讯的全球化、一体化，必将推动我国教育的现代化、国际化。教育要实现"三个面向"，意味着教育应在服务社会、经济、文化的可持续发展中，以创新求得自身的进步与发展；意味着教育应以开放系统的方式运行，让中国更好地了解世界，让世界也更好地了解中国。教育是一种文化现象，文化多样性与跨文化理解是开放时代所必需的。只把语言看作是一种"工具"的双语教学无法完成国际化人才的培养，应让学生全面理解西方文化，吸收西方文化精华，成为具有国际文化视野与意识的新型人才。

3. 充分挖掘各种跨文化教育的资源

跨文化教育资源十分丰富，并不只是存在于外语教学中，也存在于各个中文学科教学中；并不只存在于教材中，也体现在每个教职员工及学生身上；并不只存在于学术课程中，也体现在各种活动上。学校要善于挖掘各种跨文化教育的资源，利用各种途径进行跨文化教育。

首先，要充分发挥外语教学的文化教育功能。过去，人们认为英语学习的目的就在于让学习者掌握英语听、说、读、写的基本技能。这种做法的理论假设是英语工具论。当英语仅仅被当作工具的时候，学生往往是被动地、功利主义地获取碎片的英语语言知识。真正的英语学习是工具与文化互动的过程，即将语言作为工具去摄取知识，同时又通过知识学习去了解文化。语言只有在其相应的文化氛围中才可以被真正地激活；文化也只有在积极的语言应用与交流中才充满魅力。外语教学中要充分发挥语言的文化教育功能，促进学生对西方文化的感悟。

其次，充分发掘各个中文学科中的跨文化教育资源。我国现代意义上的学科课程体系是向西方学习的产物，这些学科课程本身便含有丰富的跨文化信息与资源。如数学、物理、化学、生物、地理等学科的教学内容中包含了来自西方的科学思想、归纳演绎的思维方式、因果关联的逻辑思想、大量的西方人物和历史事件等。语文、音乐、美术、体育等学科中也同样含有丰富的对外国文学作品、外国音乐、外国美术与流派、外国体育人物等的介绍。这些都是丰富的跨文化教育资源。

再次，要发挥个体的跨文化教育资源。每个人都是一个文化的存在物，对外教、对跨民族跨省调动或转学而来的师生，其身上更是蕴含着当地所没有的文化特色与文化体验；对出国考察或从外地出差旅游回来的员工，其或许刚经历过不同文化的碰撞与冲突事件，这些事件也是很好的跨文化教育资源。跨文化教育要善于将这些生活的例子引用于课堂活动（如讨论、分享等）和考核内容（如作文）中。如笔者访问英国期间，听说某店复印 100 张以上会获得较大优惠，于是兴冲冲拿了几本外文专业文献去复印，但却被店主严词拒绝，因为我复印太多有侵犯作者版权的嫌疑。西方国家的知识产权保护意识及法治意识由此可见一斑。这样的故事体现了不同文化的差异，给经历者留下深刻的印象，听故事的人也从中感受到不同文化的碰撞。

4. 营造双语教育的氛围

餐厅、走廊、宣传窗、实验室等标志，尽量用汉英两种文字对照写上；多搞一些内容丰富的国际化图片展览或摄影展览，展示世界各地的名胜古迹与风土人情，让学生处于两种不同的文化氛围中，看到的、听到的、触摸到的，都是中西两种风格与特色的，进而在他们的大脑和心灵中产生碰撞、磨合与交融，理解及欣赏别的文化。

总之，跨文化教育代表了基础教育改革的一种方向，也是学校面临的普遍课题。双语教育要超越原来的外语教学范畴而走向全面的跨文化教育。

（本文原载于《教育导刊》2005 年第 7 期）

后　　记

几年来，一直有个心愿——结集出版自己多年笔耕的东西。公事家事繁多，竟一直未能成愿。岁月匆忙，甘苦自知。

我从事课程基本理论研究，始于 2001 年师从华南师范大学黄甫全教授攻读课程与教学论专业硕士研究生之时。黄老师严谨负责，专业敬业，爱生如己，富于理想情怀并努力去践行，让学生获益良多。那几年发表的文章大多经过黄老师斧正。

课程研究在我国曾一度停止。2001 年新一轮课程改革开始时，课程研究对中小学教师来说则是全新的领域，教师课程意识缺乏正是本次课程改革遭遇的难题之一。曾为小学教师、大学教师、教育刊物编辑、教研人员的经历，赋予我在这个问题上更多的敏感，我深深知道中小学教师课程培训与课程意识培养是多么迫切的事情。我把自己研读课程论、身体力行过程中的体验和感悟写下来，期待它对教师专业发展有帮助。

我在学校教务处度过了近 13 个年头。人道教务处人员有"三光"——头发掉光、专业掉光、人得罪光。刚开始几年，为了坚持做专业研究，我几乎在本职工作之余不分昼夜地沉浸下去，有时甚至觉得连多说一句话的时间也没有，由此造成同事误解颇多。那是一段心很痛的日子，因为忙碌中不时升起的学术宏愿让我泪流满面。或许正因为痛苦，我选择了艰难地坚持，才有今天这个文集。

近几年内心相对平静，但似乎也意味着我对学术的疏懒。前段时间翻看三年多前完成的博士学位论文《知识与人性：当代我国人文教育的知识观建构》，不由又心痛起来。这是我师从扈中平教授攻读教育学原理专业博士学位 6 年的结果，里面的思想需要进一步清理。突然觉得，痛苦不一定是坏事，没有痛苦的人生不是真正的人生，我仍需要逐梦，让理想的鸽子在下雨的天空中飞翔。因而，我给自己一个提醒：不要让生活太舒适！

成果的写作与出版，实属不易。作为一个年幼孩子的母亲、一个教务处的管理人员、一个曾经在职攻读博士学位的学生，时间总是困迫着我。一方面是成长的不可逆唯恐错失年幼孩子的最佳教育时机，一方面是职业责任感使命感让我不敢怠慢管理工作，还有一方面是对理论的兴趣使我不能放弃学术研究。每一方面都需要大量的时间和精力投入，几年来，我竭力在家庭与事业、工作与学业之间保持平衡，在超越的理论思考与现实烦琐的管理事务中艰难地穿梭。没有众人的关心支持帮助和鼓励，我不可能越来越好地走到今天。

感谢所有教过我的老师！少年情怀今犹在，遥想初中、中师时老师课堂上或严谨推理或精辟分析或激情洋溢，犹历历在目，留下思念几许。本硕博都是在华南师范大学度过的，感谢母校在本科入学时的收留。这些阶段特别得到李方老师、黄甫全老师、扈中平老师和刘朝晖老师等众多老师的悉心指导与人文关怀，我在心里永远记取。

感谢各阶段同窗好友。同学少年，意气风发，激扬文字，相互勉励，友谊长存。人生际遇，各有不同，有些毕业后便不曾谋面，只能遥寄祝福。

感谢许许多多的同行作者。求学与写作路上，读过他们的书，受过他们的启迪。很长的时间，我一直惭愧，仿佛只是索取没有贡献。什么时候我也能出一本对别人有启发的书？

感谢出版社的编辑。正是因为他们专业而智慧的劳动，本书才能顺利出版。

感谢我的爱人廖伟群和儿子廖可知。爱人的理解、支持，为我腾出了时间。八年多来，他风雨无阻每周奔波两千里的情意、责任、光明磊落和担当，我从心里铭记。儿子俊朗活泼，聪明懂事，他让我感觉生活是如此美好！

最后，感谢命运！一路走来，很多故事。感谢命运对我的考验和眷顾！

陈彩燕
2017 年 3 月